中经金课会计专业精品课程

新时代高等教育"互联网+"创新型教材

纳税实务

Tax Practice

主　编　王彩峰　尹常君　张　穆
副主编　杨　珊　赵　月　王英兰

中国经济出版社

图书在版编目（CIP）数据

纳税实务 / 王彩峰，尹常君，张穆主编． -- 北京：中国经济出版社，2022.3

中经金课会计专业精品课程

ISBN 978-7-5136-6816-3

Ⅰ．①纳… Ⅱ．①王… ②尹… ③张… Ⅲ．①纳税－税收管理－中国－高等学校－教材 Ⅳ．① F812.423

中国版本图书馆 CIP 数据核字（2022）第 025948 号

选题策划　雷　生
责任编辑　彭　欣
责任印制　马小宾
封面设计　高鹏博

出版发行	中国经济出版社
印 刷 者	北京富泰印刷有限责任公司
经 销 者	各地新华书店
开　　本	889mm×1194mm　1/16
印　　张	14
字　　数	370 千字
版　　次	2022 年 3 月第 1 版
印　　次	2022 年 3 月第 1 次
定　　价	59.00 元

广告经营许可证　京西工商广字第 8179 号

中国经济出版社 网址 www.economyph.com **社址** 北京市东城区安定门外大街 58 号 **邮编** 100011
本版图书如存在印装质量问题，请与本社销售中心联系调换（联系电话：010-57512564）

版权所有　盗版必究（举报电话：010-57512600）
国家版权局反盗版举报中心（举报电话：12390）　　服务热线：010-57512564

EDITORIAL BOARD 编委会

主　任　唐大鹏（东北财经大学教授）
成　员　蔡启茂　高　源　何　玲
　　　　李宝锋　刘　靖　刘　榕
　　　　刘雪峰　卢有秀　穆　婵
　　　　饶水林　单　蕊　时长洪
　　　　孙雪梅　王彩峰　王立新
　　　　王淑秀　王英兰　徐德安
　　　　杨净雯　杨　珊　杨银开
　　　　尹常君　殷俊杰　永　恒
　　　　袁美华　袁　敏　张慧娟
　　　　张　穆　张晓毅　赵　月

（以姓名拼音排序）

PREFACE 前言

《纳税实务》适用于高等院校财会类专业和经济管理类相关专业的"纳税实务""税法"和"税费计算与申报"等课程的教学,也可供相关在职人员自学。

《纳税实务》以企业作为纳税主体,不仅介绍了我国主要税种的税收制度,同时也创新了教材的编写思路,整体内容由浅入深,循序渐进,立足职业岗位对涉税业务知识的需要,注重以培养能力为本,以就业为导向的办学宗旨,形成以下鲜明的教材特色。

1. 及时性

在理论知识上,吸收税法改革的最新信息,结合新的《企业会计制度》《企业会计准则》,避免出现内容过时、政策依据失效甚至错误的情况。本教材以现行的税收法规为依据,对各项应纳税款进行准确的确认、计量、记录和申报。

2. 易懂性

本教材在编写上从细分到汇总,从重要到次要,从分散到整合,将每一项目的内容设计为"认知税种—税种计算—纳税申报和税款缴纳"等,使读者更能把握重点、关注全局,切实熟悉税务处理的流程。

3. 新颖性

本教材用大量案例分析了企业在正常运营过程中出现的各种问题,如应该如何办理涉税事务,如何确定企业应纳税的种类,如何计算企业应纳税费金额,以及如何进行纳税申报及税款缴纳,为读者熟悉与掌握企业税收的计算以及账务处理提供了符合实际的业务实操指导。同时,本教材辅以一定的课后作业,还配备了电子版教学课件、习题库、实训操作等教学资源库。

受我们的理论水平和学术视野所限,本教材在编写过程中,参考了不少同行的著作和教材,在此一并向作者表示感谢。由于编者水平有限,教材中难免有疏漏和不当之处,敬请读者指正,并及时向我们反馈。

编 者

2022 年 3 月

CONTENTS 目录

前言 ······ V

项目 1 总论 ······ 1
任务 1.1 税收与税法 ······ 2
任务 1.2 税收分类和我国的税法体系 ··· 3
任务 1.3 税法要素 ······ 6
项目小结 ······ 7
思考与练习 ······ 8

项目 2 增值税纳税实务 ······ 10
任务 2.1 增值税概述 ······ 11
任务 2.2 增值税的计算 ······ 21
任务 2.3 增值税的申报和缴纳 ······ 31
任务 2.4 增值税发票的使用和管理 ··· 36
项目小结 ······ 41
思考与练习 ······ 41

项目 3 消费税纳税实务 ······ 44
任务 3.1 消费税概述 ······ 45
任务 3.2 消费税的计算 ······ 50
任务 3.3 消费税的申报和缴纳 ······ 58
项目小结 ······ 60
思考与练习 ······ 60

项目 4 企业所得税纳税实务 ······ 62
任务 4.1 企业所得税概述 ······ 63
任务 4.2 企业所得税应纳税所得额的计算 ······ 65
任务 4.3 企业所得税的优惠政策 ······ 78
任务 4.4 企业所得税纳税申报管理 ··· 82
项目小结 ······ 84
思考与练习 ······ 84

项目 5 个人所得税纳税实务 ······ 86
任务 5.1 个人所得税概述 ······ 87
任务 5.2 个人所得税的征收对象 ······ 88
任务 5.3 个人所得税的税率 ······ 93
任务 5.4 个人所得税应纳税所得额的确定和应纳税额的计算 ······ 94
任务 5.5 个人所得税的申报与缴纳 ··· 110
项目小结 ······ 115
思考与练习 ······ 115

项目 6 资源税、城镇土地使用税和环境保护税纳税实务 ······ 117
任务 6.1 资源税纳税实务 ······ 118
任务 6.2 城镇土地使用税纳税实务 ··· 124
任务 6.3 环境保护税纳税实务 ······ 129
项目小结 ······ 136
思考与练习 ······ 137

项目 7 财产税纳税实务 ………… 139
任务 7.1 房产税纳税实务 ………… 140
任务 7.2 车船税纳税实务 ………… 144
项目小结 ………… 149
思考与练习 ………… 149

项目 8 行为税纳税实务 ………… 151
任务 8.1 印花税纳税实务 ………… 152
任务 8.2 契税纳税实务 ………… 158
项目小结 ………… 163
思考与练习 ………… 164

项目 9 特定目的税纳税实务 ………… 166
任务 9.1 城市维护建设税纳税实务 ………… 167
任务 9.2 车辆购置税纳税实务 ………… 171
任务 9.3 耕地占用税纳税实务 ………… 176
任务 9.4 船舶吨税纳税实务 ………… 180
任务 9.5 烟叶税纳税实务 ………… 184
项目小结 ………… 186
思考与练习 ………… 186

项目 10 税收征收管理法和税务行政法制 ………… 188
任务 10.1 税收征收管理法 ………… 189
任务 10.2 税务行政法制 ………… 200
项目小结 ………… 211
思考与练习 ………… 212

参考文献 ………… 214

项目 1　总论

知识目标

◎ 理解税收的概念和主要特征；
◎ 掌握税法的概念及税法的法律关系；
◎ 掌握我国的税法体系。

技能目标

◎ 掌握企业纳税的种类；
◎ 掌握税法的要素。

案例导入

2020年4月，某房地产开发企业为了响应当地政府旧城改造号召，购买一块原工业企业土地并拟在该地块开发建造商品房。该公司通过竞价方式支付5亿元，因为获得土地的性质为工业用地，要想开发商品房必须改变土地性质。2021年4月，该房地产企业经政府批准，按国土局要求补缴改变土地用途的土地出让金1亿元，补缴政府的其他费用0.3亿元。该房地产企业在竞价过程中向国土局支付的5亿元已经缴纳了3%，合计1 500万元的契税。

案例思考

因改变用途补缴的土地出让金1亿元以及补缴的其他费用0.3亿元是否还要缴纳契税？

本章导语

税收作为国家筹集财政资金的重要手段和对国民经济实行宏观调控的重要杠杆，几乎涵盖了所有的经济活动，它与政府、企业、个人的利益息息相关。

任务1.1 税收与税法

1.1.1 税收

税收是国家凭借其政治权力，强制、无偿地参与国民收入分配，取得财政收入的一种手段。

1. 税收的概念

税收是国家（政府）公共财政最主要的收入形式和来源。税收的本质是国家为满足社会公共需要，凭借公共权力，按照法律规定的标准和程序，参与国民收入分配，强制取得财政收入所形成的一种特殊分配关系。它体现了一定社会制度下国家与纳税人在征收、纳税利益分配上的一种特定分配关系。

2. 税收的主要特征

（1）税收的强制性。

税收的强制性是指税收是国家以社会管理者身份，依据政治权力，通过颁布法律或政令来强制征收。

（2）税收的固定性。

税收的固定性是指税收是按照国家法律规定的标准征收的，即纳税人、课税对象、税目、税率、计价办法和期限等，都是税法预先规定的。

（3）税收的无偿性。

税收的无偿性是指通过征税，社会集团和社会成员的一部分收入转归国家所有，国家不向纳税人支付任何形式的报酬或代价。

1.1.2 税法

1. 税法的概念

税法即税收法律制度，是调整税收关系的法律规范的总称，是国家法律体系的重要组成部分。税法以宪法为依据，是调整国家与社会成员在征纳税方面的权利与义务关系，维护社会经济秩序和税收秩序，保障国家利益和纳税人合法权益的一种法律规范，是国家税务机关及一切纳税单位和个人依法征纳税的行为规则。

2. 税收法律关系

税收法律关系是税法所确认和调整的国家与纳税人之间、国家与国家之间以及各级政府之间在税收分配过程中形成的权利与义务关系。国家征税与纳税人纳税在形式上表现为利益分配的关系，但经过法律明确双方的权利与义务后，这种关系实质上已上升为一种特定的法律关系。

（1）税收法律关系的构成。税收法律关系由税收法律关系的主体、客体和内容三个方面构成。

税收法律关系的主体，即税收法律关系中享有权利和承担义务的当事人。在我国，税收法律关系的主体包括征纳税双方：一方是代表国家行使征税职责的国家行政机关，包括国家各级税务机关、海关和财政机关；另一方是履行纳税义务方，包括法人、自然人和其他组织以及在华的外国企业和组织、外籍人、无国籍人等。

税收法律关系的客体，即税收法律关系主体的权利与义务共同指向的对象，也就是征税对象。例如，所得税法律关系客体是生产经营所得和其他所得；财产税法律关系客体是财产；流转税法律关系客体是销售商品或提供劳务、服务等取得的流转额。

税收法律关系的内容就是主体所享有的权利和所应承担的义务，这是税收法律关系中最实质的东西，也是税法的灵魂。它规定了权利主体可以有什么行为，不可以有什么行为，若违反了这些规定，就必须承担相应的法律责任。

税务机关的权利主要表现在依法征税、税务检查以及对违法违规者进行处罚；其义务主要是向纳税人宣传、辅导、解释税法，及时将税款解缴国库，依法受理纳税人对税收争议的申诉等。纳税义务人的权利主要有延期纳税权、依法申请减免税权、申请复议和提起诉讼权以及多缴税款申请退还权等；其义务主要是按税法规定办理税务登记、进行纳税申报、接受税务检查、依法缴纳税款等。

（2）税收法律关系的产生、变更与消灭。税法虽是引起税收法律关系的前提条件，但税法本身并不能产生具体的税收法律关系。税收法律关系的产生、变更和消灭必须有能够引起这些情形的客观情况，也就是由税收法律事实决定。

税收法律事实可以分为税收法律事件和税收法律行为。税收法律事件是指不以税收法律关系权利主体的意志为转移的客观事件。例如，自然灾害可以导致税收减免，从而改变税收法律关系的内容。税收法律行为是指税收法律关系主体在正常意志支配下做出的活动。例如，纳税人开业经营会产生税收法律关系，纳税人转业或停业会造成税收法律关系的变更或消灭。

3. 税收与税法的关系

税收是国家财政收入的主要手段，税法是保障税收的法律手段，税收遵守税法的规定。

税收基于政治权力和法律规定，是以实现国家公共财政职能为目的的，由政府专门机构向居民和非居民就其财产或特定行为实施强制、非罚与不直接偿还的金钱或实物课征，是国家最主要的财政收入形式。国家取得财政收入的手段多种多样，如税收、发行货币、发行国债、收费、罚没等，而税收则由政府征收，"取之于民、用之于民"。税收所具有的强制性、固定性和无偿性特征是一个完整的体系，三者之间相辅相成，缺一不可。

税法是由国家制定的，用以调整国家和纳税人之间在征纳税方面权利与义务关系的法律规范的总称。税法是税收法律制度的具体表现形式。

任务 1.2　税收分类和我国的税法体系

1.2.1　税收分类

税收分类是指按照一定标准，对各个不同税种隶属税类所做的一种划分。进行税收分类，有利于了解各个税种的特点、性能、作用及税制结构体系。

1. 按征税对象分类

征税对象是税法的一个基本要素，是一种税区别于另一种税的主要标志。按征税对象不同对税收进行分类，是税收最基本、最主要的分类方法。

（1）流转税。流转税是指对销售商品或提供劳务的流转额征收的一种税。这类税种与商品生产和流通以及商品价格和营业额紧密相连。对什么商品征税、税率多高，对商品经济活动有直接影响，易于发挥对经济的宏观调控作用。现行税制中属于这类税种的主要有增值税、消费税和关税。流转税是我国现行税制中最大的一种税，是主体税类。

（2）所得税。所得税是指以所得额为征税对象征收的一种税。所得额是指全部收入减去为取得收入所耗费的各项成本费用后的余额。主要有：企业所得税和个人所得税。

（3）财产税。财产税是指以纳税人所拥有或支配的财产为征税对象征收的一种税。财产税以财产为征税对象，一般情况下应税财产额是相对稳定的，因此财产税收入比较稳定。主要有：房产税、车船税、契税等。

（4）行为税。行为税是指为了调节某些行为，以这些行为为征税对象征收的一种税。主要有：印花税等。

（5）资源税。资源税是指对开发、利用和占有国有自然资源的单位和个人征收的一种税。资源税主要对因开发和利用自然资源而形成的级差收入发挥调节作用。主要有：资源税、土地增值税和城镇土地使用税。

（6）特定目的税。特定目的税是指为达到特定目的而征收的一种税。主要有：城市维护建设税、车辆购置税、耕地占用税。

（7）烟叶税。烟叶税是指国家对收购烟叶的单位按照收购金额征收的一种税。

2. 按税负能否转嫁分类

按税负能否转嫁，税收可以分为直接税和间接税。

直接税是指税法规定的纳税人即税款的最终承担者，不发生税负转嫁的一类税，纳税人就是负税人，如所得税、财产税等。

间接税是指税法规定的纳税人与负税人不一致，纳税人可将税负全部或部分转嫁给他人负担的一类税。间接税主要是指课征于一般消费品或劳务的税收，如增值税、消费税、关税等流转税。

3. 按计税依据分类

按计税依据不同，税收可以分为从量税、从价税和复合税。

从量税是以征税对象的自然实物量（重量、件数、面积、体积等）为标准，采用固定单位税额征收的税种，如我国现行的车船税、城镇土地使用税等。

从价税是以征税对象的价值量为标准，按照规定税率征收的税种，如我国现行的增值税、企业所得税等。

复合税是同时以征税对象的自然实物量和价值量为标准征收的一种税，如卷烟和白酒的消费税等。

4. 按税收管理与使用权限分类

按税收管理与使用权限不同，税收可以分为中央税、地方税、中央和地方共享税。

中央税是指管理权限归中央，税收收入归中央支配和使用的税种，如我国现行的关税、消费税等。

地方税是指管理权限归地方，税收收入归地方支配和使用的税种，如我国现行的车船税、房产税等。

中央和地方共享税是指主要管理权限归中央，税收收入由中央和地方政府共同享有，按一定比例分成的税种，如我国现行的增值税、个人所得税等。

5. 按税收与价格的关系分类

按税收与价格的关系不同，税收可以分为价内税和价外税。

价内税是指税金包含在商品价格之中，商品价格由"成本+税金+利润"构成，如消费税。价外税是指商品价格中不包含商品税金，仅由成本和利润构成，商品税金只作为商品价格之外的一个附加额，如我国现行的增值税就是一种典型的价外税。

6. 按会计核算中使用的会计科目分类

按会计核算中使用的会计科目不同，税收可以分为销售税金、费用性税金、资本性税金、所得税及增值税。销售税金在销售过程中实现，按销售收入或数量计税并作为销售利润减项，在"税金及附加"科目核算，如消费税、资源税、土地增值税、城市维护建设税等；费用性税金在生产经营过程中发生，记入"税金及附加"科目核算，如房产税、印花税、车船税、城镇土地使用税等；资本性税金在投资活动中发生，会计上计入资产价值，如契税、耕地占用税等；从净利润角度来看，所得税也是费用性税金，但它是通过"所得税费用"科目核算，影响净利润；增值税是价外税，会计核算上有它的特殊性。

1.2.2 我国的税法体系

税法体系是指一个国家在一定时期内、一定体制下以法定形式规定的各种税收法律、法规的总和。我国现行税法体系由税收法律、行政法规、规章及地方性税收法规等构成。其内容主要包括税收实体法和税收程序法两大类。

1. 税收实体法体系

就实体法而言，我国现行的税法体系按征税对象大致分为以下五类：

（1）流转税类。流转税类主要是在生产、流通或者服务业中发挥调节作用。包括增值税、消费税和关税等。

（2）所得税类。所得税类主要是在国民收入形成后，对生产经营者的利润和个人的纯收入发挥调节作用。包括企业所得税、个人所得税等。

（3）资源税类。资源税类主要是对因开发和利用自然资源差异而形成的级差收入发挥调节作用。包括资源税、土地增值税和城镇土地使用税等。

（4）特定目的税类。特定目的税类主要是为了达到特定目的，对特定对象和特定行为发挥调节作用。包括城市维护建设税、车辆购置税、耕地占用税和烟叶税等。

（5）财产和行为税类。财产和行为税类主要是对某些财产和行为发挥调节作用。包括房产税、车船税、印花税和契税等。

上述税种一共有18个，其中关税由海关负责征收管理，其他税种由税务机关负责征收管理。除企业所得税、个人所得税是以国家法律的形式发布实施外，其他各税种都是经全国人大授权立法，由国务院以暂行条例的形式发布实施的。这些法律、法规共同组成了我国的税收实体法体系。

2. 税收程序法体系

除税收实体法外，我国对税收征收管理适用的法律制度，是按照税收管理机关的不同而分别规定的：

（1）由税务机关负责征收的税种的征收管理，按照全国人大常委会发布实施的《中华人民共和国税收征收管理法》执行。

（2）由海关负责征收的税种的征收管理，按照《中华人民共和国海关法》及《中华人民共和国进出口关税条例》等有关规定执行。

上述税收实体法和税收程序法的法律制度构成了我国现行的税法体系。

任务 1.3　税法要素

1.3.1　纳税人

纳税人是税法规定的直接负有纳税义务的法人和自然人，在税收法律关系上称为"纳税主体"，是代表国家征税的各级税务机关——征税主体的对称。每一种税都规定了它的纳税人。依法纳税是纳税人应尽的义务，纳税人如果不依法纳税，就要受到法律的制裁。

1.3.2　征税对象

征税对象又称课税对象、征税客体，是指税法规定的对什么征税，是征纳税双方权利和义务共同指向的客体或标的物，是区别一种税与另一种税的重要标志。如消费税的征税对象是消费税条例所列举的应税消费品，房产税的征税对象是房屋等。征税对象是税法最基本的要素，因为它体现着征税的最基本界限，决定着某一种税的基本征税范围。

征税对象是税法最基本的要素，因为它体现着征税的最基本界限，决定着某一种税的基本征税范围。同时，征税对象也决定了各个不同税种的名称。如消费税、土地增值税、个人所得税等，这些税种因征税对象不同、性质不同，税名也就不同。

征税对象随社会生产力的发展而变化。在自然经济中，土地和人口是主要的征税对象。在商品经济中，货物、劳务、企业利润和个人所得等成为主要的征税对象。

1.3.3　税率

税率是指对征税对象的征收比例或征收额度。税率是计算税额的尺度，也是衡量税负轻重的重要标志。我国现行的税率主要有以下几种：

（1）比例税率，即对同一征税对象，不分数额大小，规定相同的征收比例。我国的增值税、城市维护建设税、企业所得税等采用的是比例税率。

（2）超额累进税率，即把征税对象按数额的大小分成若干等级，每个等级规定一个税率，税率依次提高，但每一纳税人的征税对象若依所属等级同时适用几个税率时则分别计算，将计算结果相加后得出应纳税款。目前采用这种税率的是个人所得税。

（3）定额税率，即按征税对象确定的计算单位，直接规定一个固定的税额。目前采用定额税率的有资源税、城镇土地使用税、车船税等。

（4）超率累进税率，即以征税对象数额的相对率划分若干级距，分别规定相应的差别税率，相对率每超过一个级距的，对超过的部分就按高一级的税率计算征税。目前，采用这种税率的是土地增值税。

1.3.4　纳税环节

所谓纳税环节，就是对处于运动之中的征税对象，选定应该缴纳税款的环节。一般指的是在商品流转过程中应该缴纳税款的环节。一个税种只在一个流转环节征税的，称为一次课征制，如消费税；一个税种在商品流转各个环节多次征税的，称为多次课征制，如增值税。

1.3.5 纳税期限

所谓纳税期限，是指纳税人按照税法规定缴纳税款的期限。比如，企业所得税在月份或者季度终了后15日内预缴，年度终了后5个月内汇算清缴，多退少补。

1.3.6 减税免税

减税免税是对某些纳税人和征税对象采取减少征税或者免予征税的特殊规定。

1.3.7 纳税地点

纳税地点主要是指根据各个税种纳税对象的纳税环节和有利于对税款的源泉控制而规定的纳税人（包括代征、代扣、代缴义务人）的具体纳税地点。

1.3.8 违章处理

违章处理是指对纳税人发生违反税法行为采取的惩罚措施，它是税收强制性的体现。纳税人必须依法及时、足额缴纳税款，凡有拖欠税款、逾期不交、偷漏税等税收违法行为，都应受到制裁。违章处理的措施主要有加收滞纳金、罚款、税收保全和强制执行等。

项目小结

本项目介绍了税收的概念及主要特征、税法的概念、税收法律关系、税收与税法的关系、税收的分类、税收实体法体系、税收程序法体系、纳税人、征税对象、税率、纳税环节、纳税期限、减税免税、纳税地点和违章处理等。

思考与练习

一、单项选择题

1. 下列法律地位最高的法是（ ）。
A. 宪法 B. 法律
C. 法规 D. 规章

2. 行政法规是由（ ）制定、发布的。
A. 财政部
B. 全国人大及其常委会
C. 国务院
D. 地方政府

3. 下列选项中属于法律的是（ ）。
A.《企业财务会计报告条例》
B.《中华人民共和国企业所得税法》
C.《中华人民共和国增值税暂行条例实施细则》
D.《河北省消费者权益保护条例》

4. 下列税法要素中，能够区别一种税与另一种税的重要标志是（ ）。
A. 纳税地点 B. 纳税义务人
C. 纳税环节 D. 征税对象

5. 区别不同税种的重要标志是（ ）。
A. 纳税环节 B. 税目
C. 税率 D. 征税对象

二、多项选择题

1. 下列选项中法的特征包括（ ）。
A. 国家意志性 B. 国家强制性
C. 规范性 D. 明确公开性和普遍约束性

2. 下列各项税法要素中，表述正确的有（ ）。
A. 对于累进税率，一般情况下，课税数额越大，适用税率越高
B. 比例税率是对同一征税对象，不分数额大小，规定相同的征收比例
C. 税目反映具体的征税范围
D. 纳税义务人或纳税人又称纳税主体

3. 下列关于税法和税收的说法中，错误的有（ ）。
A. 国家征税的依据是财产权利
B. 税法属于义务性法规
C. 税法属于授权性法规
D. 税法属于综合性法规

4. 下列关于税收法律关系的说法中，正确的有（ ）。
A. 税收法律关系的主体是征税对象
B. 税收法律关系的内容是主体所享有的权利和所承担的义务
C. 税收法律关系的产生、变更、消灭由征税主体决定
D. 纳税人权利包括多缴税款申请退还权、延期纳税权等

5. 下列各项中，构成税法的三个最基本的要素包括（ ）。
A. 纳税义务人 B. 税率
C. 征税对象 D. 税目

三、判断题

1. 法是统治阶级的国家意志的体现。（ ）
2. 征税对象又称课税对象，是纳税的客体，不同的征税对象是区别不同税种的重要标志。（ ）
3. 国家征税的依据是政治权力，它有别于按生产要素进行的分配。（ ）
4. 税法的构成要素一般包括征税人、纳税义

务人、征税对象、税目、税率、计税依据、纳税环节、纳税期限、纳税地点、减税免税和法律责任等要素。（ ）

5. 税收主体是国家。（ ）

四、简答题

1. 简述税收的概念。
2. 我国的现行税法体系就其实体法而言，按征税对象大致分为哪几类？
3. 我国现行的税率主要有哪几种？

项目 2　增值税纳税实务

知识目标

◎ 理解增值税的概念、纳税人和扣缴义务人、征税范围；

◎ 掌握增值税税率和征收率。

技能目标

◎ 掌握增值税的计算；

◎ 掌握增值税的申报和缴纳；

◎ 掌握增值税发票的使用和管理。

案例导入

某生产企业为增值税一般纳税人，其生产的货物适用 13% 增值税税率。2021 年 8 月，该企业的有关生产经营业务如下。

（1）销售甲产品给某大商场，开具了增值税专用发票，取得不含税销售额为 80 万元；同时取得销售甲产品的送货运输费收入为 5.65 万元（含增值税价格，与销售货物不能分别核算）。

（2）销售乙产品，开具了增值税普通发票，取得含税销售额为 22.6 万元。

（3）将自产的一批应税新产品用于本企业集体福利项目，成本价为 20 万元，该新产品无同类产品市场销售价格，国家税务总局确定该产品的成本利润率为 10%。

（4）销售 2020 年 9 月购进的作为固定资产使用过的进口摩托车 3 辆，开具的增值税专用发票上面注明，每辆摩托车不含税销售额为 1 万元。

案例思考

（1）计算当月允许抵扣进项税额的合计数？

（2）计算该企业 8 月合计应缴纳的增值税税额？

本章导语

增值税属于一种流转税，它在我国的税制当中占有非常高的地位，同时每年也贡献了非常多的财政收入。

任务 2.1 增值税概述

2.1.1 增值税的概念

增值税是对在我国境内销售货物或者提供加工、修理修配劳务以及进口货物的单位和个人，就其销售货物或提供劳务的增值额和货物进口金额为计税依据而课征的一种流转税。

增值额是指企业或者其他经营者从事生产经营或者提供劳务，在购入的商品或者取得劳务的价值基础上新增加的价值额。从理论上讲，增值额是指生产经营者在生产经营过程中新创造的价值额，相当于商品价值 C+V+M 中的 V+M 部分。C 即商品生产过程中所消耗的生产资料转移价值；V 即工资，是劳动者为自己创造的价值；M 即剩余价值或盈利，是劳动者为社会创造的价值。增值额是劳动者新创造的价值，从内容上讲大体相当于净产值或国民收入。

提示

各国的增值税均以计税增值额进行征税，但具体到每个国家，所规定的计税增值额并不相同。例如，在对待外购固定资产所含增值税方面，有的国家规定可以一次性扣除，有的国家规定只能按折旧扣除，有的国家规定不能扣除，由此形成不同的计税依据及不同类型的增值税。

2.1.2 增值税的纳税人和扣缴义务人

1. 纳税义务人及其登记

（1）纳税义务人。

在中华人民共和国境内（以下简称境内）销售货物、劳务、服务、无形资产、不动产的单位和个人，为增值税纳税人。

单位是指企业、行政单位、事业单位、军事单位、社会团体及其他单位。个人是指个体工商户和其他个人。

单位以承包、承租、挂靠方式经营的，承包人、承租人、挂靠人（以下统称承包人）以发包人、出租人、被挂靠人（以下统称发包人）名义对外经营并由发包人承担相关法律责任的，以该发包人为纳税人。否则，以承包人为纳税人。

采用承包、承租、挂靠经营方式的，区分以下两种情况界定纳税人：

①同时满足上述两个条件的，以发包人为纳税人，以发包人名义对外经营，由发包人承担相关法律责任。

②不同时满足上述两个条件的，以承包人为纳税人。

纳税人应当按照国家统一的会计制度进行增值税会计核算。

资管产品运营过程中发生的增值税应税销售行为，以资管产品管理人为增值税纳税人。

（2）纳税义务人登记。

增值税实行凭增值税专用发票（不限于增值税专用发票）抵扣税款的制度，客观上要求纳税人具备健全的会计核算制度和能力。在实际经济生活中我国增值税纳税人众多，会计核算水平参差不齐，大量的小企业和个人还不具备使用专用发票抵扣税款的条件，为了既简化增值税的计算和征收，也有利于减少税收征管漏洞，税法将增值税纳税人按会计核算水平和经营规模分为一般纳税人和小规模纳税人，分别采取不同的登记管理办法。

①一般纳税人的登记。

Ⅰ.一般纳税人的登记条件。

《增值税一般纳税人登记管理办法》里规定，增值税纳税人（以下简称纳税人），年应税销售额超过财政部、国家税务总局规定的小规模纳税人标准（以下简称规定标准）的，除按规定选择按照小规模纳税人纳税的以外，应当向主管税务机关办理一般纳税人登记。

年销售额是指纳税人在连续不超过12个月或4个季度的经营期内累计应征增值税销售额，包括纳税申报销售额、稽查查补销售额、纳税评估调整销售额。

销售服务、无形资产或者不动产（以下简称应税行为）有扣除项目的纳税人，其应税行为年应税销售额按未扣除之前的销售额计算。纳税人偶然发生的销售无形资产、转让不动产的销售额，不计入应税行为年应税销售额。

年应税销售额未超过规定标准的纳税人，会计核算健全，能够提供准确税务资料的，可以向主管税务机关办理一般纳税人登记。

会计核算健全是指能够按照国家统一的会计制度规定设置账簿，根据合法、有效凭证进行核算。

纳税人应当向其机构所在地主管税务机关办理一般纳税人登记手续。

提示

纳税人登记为一般纳税人后，不得转为小规模纳税人，国家税务总局另有规定的除外。

Ⅱ.不得办理一般纳税人登记的情况。

● 根据政策规定，选择按照小规模纳税人纳税的（应当向主管税务机关提交书面说明）。

● 年应税销售额超过规定标准的其他个人。

Ⅲ.办理一般纳税人登记的程序

● 纳税人向主管税务机关填报《增值税一般纳税人登记表》，如实填写固定生产经营场所等信息，并提供税务登记证件。

● 纳税人填报内容与税务登记信息一致的，主管税务机关当场登记。

● 纳税人填报内容与税务登记信息不一致，或者不符合填列要求的，税务机关应当场告知纳税人需要补正的内容。

Ⅳ.登记的时限

纳税人应在年应税销售额超过规定标准的月份（或季度）的所属申报期结束后15日内按照规定办理相关手续；未按规定时限办理的，主管税务机关应当在规定时限结束后5日内制作《税务事项通知书》，告知纳税人应当在5日内向主管税务机关办理相关手续；逾期仍不办理的，次月起按销售额依照增值税税率计算应纳税额，不得抵扣进项税额，直至纳税人办理相关手续为止。

纳税人自一般纳税人生效之日起，按照增值税一般计税方法计算应纳税额，并可以按照规定领用增值税专用发票，财政部、国家税务总局另有规定的除外。

提示

生效之日是指纳税人办理登记的当月1日或者次月1日，由纳税人在办理登记手续时自行选择。

②小规模纳税人的登记。

小规模纳税人是指年销售额在规定标准以下，并且会计核算不健全，不能按规定报送有关税务资料的增值税纳税人。

小规模纳税人的具体认定标准为年应征增值税销售额500万元及以下。

已登记为增值税一般纳税人的单位和个人，转登记日前连续12个月（以1个月为1个纳税期）累计销售额未超过500万元的一般纳税人，在2020年12月31日前，可选择转登记为小规模纳税人。

提示

转登记纳税人按规定再次登记为一般纳税人后，不得再转登记为小规模纳税人。

2. 扣缴义务人

中华人民共和国境外（以下简称境外）的单位或者个人在境内销售劳务，在境内未设有经营机构的，以其境内代理人为扣缴义务人；在境内没有代理人的，以购买方为扣缴义务人。

2.1.3 增值税的征税范围

增值税的征税范围，包括在境内发生应税销售行为以及进口货物等。根据《增值税暂行条例》《增值税暂行条例实施细则》和"营改增通知"的规定，我们将增值税的征税范围分为一般规定和特殊规定。

1. 增值税征税范围的一般规定

增值税征税范围包括货物的生产、批发、零售和进口四个环节。凡在上述四个环节中销售货物或者劳务，销售服务、无形资产、不动产以及进口货物都要按规定缴纳增值税。增值税征税范围的具体内容如下：

（1）销售货物。"货物"是指有形动产，包括电力、热力和气体在内。销售货物是指有偿转让货物的所有权。"有偿"不仅指从购买方取得货币，还包括取得货物或其他经济利益。

（2）销售劳务。在中国境内销售劳务，是指提供的劳务发生地在境内。

销售劳务，是指有偿提供加工、修理修配劳务。单位或者个体工商户聘用的员工为本单位或者雇主提供的加工、修理修配劳务不包括在内。

提示

加工，是指受托加工货物，即委托方提供原料及主要材料，受托方按照委托方的要求，制造货物并收取加工费的业务；修理修配，是指受托对损伤和丧失功能的货物进行修复，使其恢复原状和功能的业务。

（3）销售服务。销售服务是指提供交通运输服务、邮政服务、电信服务、建筑服务、金融服务、现代服务、生活服务。

①交通运输服务。交通运输是指使用运输工具将货物或者旅客送达目的地，使其空间位置得到转移的业务活动。包括陆路运输服务、水路运输服务、航空运输服务和管道运输服务。

Ⅰ.陆路运输服务。陆路运输服务是指通过陆路（地上或者地下）运送货物或者旅客的运输业务活动，包括铁路运输服务和其他陆路运输服务。

铁路运输服务，是指通过铁路运送货物或者旅客的运输业务活动。

其他陆路运输服务，是指铁路运输以外的陆路运输业务活动。包括公路运输、缆车运输、索道运输、地铁运输、城市轻轨运输等。

出租车公司向使用本公司自有出租车的出租车司机收取的管理费用，按陆路运输服务征收增值税。

Ⅱ.水路运输服务。水路运输服务是指通过江、河、湖、川等天然、人工水道或者海洋航道运送货物或者旅客的运输业务活动。

远洋运输的程租、期租业务，属于水路运输服务。

程租业务，是指远洋运输企业为租船人完成某一特定航次的运输任务并收取租赁费的业务。

期租业务，是指远洋运输企业将配备有操作人员的船舶承租给他人使用一定期限，承租期内听候承租方调遣，不论是否经营，均按日向承租方收取租赁费，发生的固定费用均由船东负担的业务。

Ⅲ.航空运输服务。航空运输服务是指通过空中航线运送货物或者旅客的运输业务活动。

航空运输的湿租业务，属于航空运输服务。

湿租业务，是指航空运输企业将配备有机组人员的飞机承租给他人使用一定期限，承租期内听候承租方调遣，不论是否经营，均按一定标准向承租方收取租赁费，发生的固定费用均由承租方承担的业务。

航天运输服务，按照航空运输服务征收增值税。

航天运输服务，是指利用火箭等载体将卫星、空间探测器等空间飞行器发射到空间轨道的业务活动。

Ⅳ. 管道运输服务。管道运输服务是指通过管道设施输送气体、液体、固体物质的运输业务活动。

②邮政服务。邮政服务是指中国邮政集团公司及其所属邮政企业提供邮件寄递、邮政汇兑、机要通信和邮政代理等邮政基本服务的业务活动。包括邮政普遍服务、邮政特殊服务和其他邮政服务。邮政储蓄业务按照金融保险业税目征收营业税。

Ⅰ. 邮政普遍服务。邮政普遍服务是指函件、包裹等邮件寄递，以及邮票发行、报刊发行和邮政汇兑等业务活动。函件是指信函、印刷品、邮资封片卡、无名址函件和邮政小包等。

包裹是指按照封装上的名址递送给特定个人或者单位的独立封装的物品，其重量不超过50千克，任何一边的尺寸不超过150厘米，长、宽、高合计不超过300厘米。

Ⅱ. 邮政特殊服务。邮政特殊服务是指义务兵平常信函、机要通信、盲人读物和革命烈士遗物的寄递等业务活动。

Ⅲ. 其他邮政服务。其他邮政服务是指邮册等邮品销售、邮政代理等业务活动。

中国邮政速递物流股份有限公司及其子公司（含各级分支机构），不属于中国邮政集团公司所属邮政企业。

③电信服务。电信服务是指利用有线、无线的电磁系统或者光电系统等各种通信网络资源，提供语音通话服务，传送、发射、接收或者应用图像、短信等电子数据和信息的业务活动。包括基础电信服务和增值电信服务。

Ⅰ. 基础电信服务。基础电信服务是指利用固网、移动网、卫星、互联网，提供语音通话服务的业务活动，以及出租或者出售带宽、波长等网络元素的业务活动。

Ⅱ. 增值电信服务。增值电信服务是指利用固网、移动网、卫星、互联网、有线电视网络，提供短信和彩信服务、电子数据和信息的传输及应用服务、互联网接入服务等业务活动。卫星电视信号落地转接服务，按照增值电信服务计算缴纳增值税。

④建筑服务。建筑服务是指各类建筑物、构筑物及其附属设施的建造、修缮、装饰，线路、管道、设备、设施等的安装以及其他工程作业的业务活动。包括工程服务、安装服务、修缮服务、装饰服务和其他建筑服务。

Ⅰ. 工程服务。工程服务是指新建、改建各种建筑物、构筑物的工程作业，包括与建筑物相连的各种设备或者支柱、操作平台的安装或者装设工程作业，以及各种窑炉和金属结构工程作业。

Ⅱ. 安装服务。安装服务是指生产设备、动力设备、起重设备、运输设备、传动设备、医疗实验设备以及其他各种设备、设施的装配、安置工程作业，包括与被安装设备相连的工作台、梯子、栏杆的装设工程作业，以及被安装设备的绝缘、防腐、保温、油漆等工程作业。

固定电话、有线电视、宽带、水、电、燃气、暖气等经营者向用户收取的安装费、初装费、开户费、扩容费以及类似收费，均按照安装服务缴纳增值税。

Ⅲ. 修缮服务。修缮服务是指对建筑物、构筑物进行修补、加固、养护、改善，使之恢复原来的使用价值或者延长其使用期限的工程作业。

Ⅳ. 装饰服务。装饰服务是指对建筑物、构筑物进行修饰装修，使之美观或者具有特定用途的工程作业。

Ⅴ. 其他建筑服务。其他建筑服务是指上列工程作业之外的各种工程作业服务，如钻井（打井）、拆除建筑物或者构筑物、平整土地、园林绿化、疏浚（不包括航道疏浚）、建筑物平移、搭脚手架、爆破、矿山穿孔、表面附着物（包括岩层、土层、沙层等）剥离和清理等工程作业。

⑤金融服务。金融服务是指经营金融保险的业务活动。包括贷款服务、直接收费金融服务、保险服务和金融商品转让。

Ⅰ. 贷款服务。贷款服务是指将资金贷给他人使用而取得利息收入的业务活动。

Ⅱ. 直接收费金融服务。直接收费金融服务是指为货币资金融通及其他金融业务提供相关服务并且收取费用的业务活动。包括提供货币兑换、账户管理、电子银行、信用卡、信用证、财务担保、资产管理、信托管理、基金管理、金融交易场所（平台）管理、资金结算、资金清算、金融支付等服务。

Ⅲ. 保险服务。保险服务是指投保人根据合同约定，向保险人支付保险费，保险人对于合同约定的可能发生的事故因其发生所造成的财产损失承担赔偿保险金责任，或者当被保险人死亡、伤残、疾病或者达到合同约定的年龄、期限等条件时承担给付保险金责任的商业保险行为。包括人身保险服务和财产保险服务。

Ⅳ. 金融商品转让。金融商品转让是指转让外汇、有价证券、非货物期货和其他金融商品所有权的业务活动。其他金融商品转让包括基金、信托、理财产品等各类资产管理产品和各种金融衍生品的转让。

⑥现代服务。现代服务是指围绕制造业、文化产业、现代物流产业等提供技术性、知识性服务的业务活动，包括研发和技术服务、信息技术服务、文化创意服务、物流辅助服务、租赁服务、鉴证咨询服务、广播影视服务、商务辅助服务和其他现代服务。

Ⅰ. 研发和技术服务。研发和技术服务包括研发服务、技术转让服务、技术咨询服务、合同能源管理服务、工程勘察勘探服务。

Ⅱ. 信息技术服务。信息技术服务是指利用计算机、通信网络等技术对信息进行生产、收集、处理、加工、存储、运输、检索和利用，并提供信息服务的业务活动。包括软件服务、电路设计及测试服务、信息系统服务和业务流程管理服务。

Ⅲ. 文化创意服务。文化创意服务包括设计服务、商标著作权转让服务、知识产权服务、广告服务和会议展览服务。

Ⅳ. 物流辅助服务。物流辅助服务包括航空服务、港口码头服务、货运客运场站服务、打捞救助服务、货物运输代理服务、代理报关服务、仓储服务、装卸搬运服务和收派服务。

Ⅴ. 租赁服务。租赁服务包括融资租赁服务和经营性租赁服务。

水路运输的光租业务、航空运输的干租业务属于经营性租赁。

光租业务是指运输企业将船舶在约定的时间内出租给他人使用，不配备操作人员，不承担运输过程中发生的各项费用，只收取固定租赁费的业务活动。

干租业务是指航空运输企业将飞机在约定的时间内出租给他人使用，不配备机组人员，不承担运输过程中发生的各项费用，只收取固定租赁费的业务活动。

Ⅵ. 鉴证咨询服务。鉴证咨询服务包括认证服务、鉴证服务和咨询服务。

认证服务是指具有专业资质的单位利用检测、检验、计量等技术，证明产品、服务、管理体系符合相关技术规范、相关技术规范的强制性要求或者标准的业务活动。

鉴证服务是指具有专业资质的单位受托对相关事项进行鉴证，发表具有证明力意见的业务活动。包括会计鉴证、税务鉴证、法律鉴证、职业技能鉴定、工程造价鉴证、工程监理、资产评估、环境评估、房地产土地评估、建筑图纸审核、医疗事故鉴定等。

咨询服务是指提供信息、建议、策划、顾问等服务的活动。包括金融、软件、技术、财务、税收、法律、内部管理、业务运作、流程管理、健康等方面的咨询。

提示

翻译服务和市场调查服务按照咨询服务缴纳增值税。

Ⅶ. 广播影视服务。广播影视服务包括广播影视节目（作品）的制作服务、发行服务和播音（含放映）服务。

Ⅷ. 商务辅助服务。商务辅助服务包括企业管理服务、经纪代理服务、人力资源服务、安全保护服务。

Ⅸ. 其他现代服务。其他现代服务是指除研发和技术服务、信息技术服务、文化创意服务、物流辅助服务、租赁服务、鉴证咨询服务、广播影视服务和商务辅助服务以外的现代服务。

⑦生活服务。生活服务是指为满足城乡居民日常生活需求提供的各类服务活动。包括文化体育服务、教育医疗服务、旅游娱乐服务、餐饮住宿服务、居民日常服务和其他生活服务。

Ⅰ. 文化体育服务。文化服务是指为满足社会公众文化生活需求提供的各种服务。包括文艺创作、文艺表演、文化比赛，图书馆的图书和资料借阅，档案馆的档案管理，文物及非物质遗产保护，组织举办宗教活动、科技活动、文化活动，提供游览场所。

体育服务是指组织举办体育比赛、体育表演、体育活动，以及提供体育训练、体育指导、体育管理的业务活动。

Ⅱ. 教育医疗服务。教育服务是指提供学历教育服务、非学历教育服务、教育辅助服务的业务活动。学历教育服务是指根据教育行政管理部门确定或者认可的招生和教学计划组织教学，并颁发相应学历证书的业务活动，包括初等教育、初级中等教育、高级中等教育、高等教育等；非学历教育服务包括学前教育、各类培训、演讲、讲座、报告会等；教育辅助服务包括教育测评、考试、招生等服务。

医疗服务是指提供医学检查、诊断、治疗、康复、预防、保健、接生、计划生育、防疫服务等方面的服务，以及与这些服务有关的提供药品、医用材料器具、救护车、病房住宿和伙食的业务。

Ⅲ. 旅游娱乐服务。旅游服务是指根据旅游者的要求，组织安排交通、游览、住宿、餐饮、购物、文娱、商务等服务的业务活动。

娱乐服务是指为娱乐活动同时提供场所和服务的业务。具体包括：歌厅、舞厅、夜总会、酒吧、台球、高尔夫球、保龄球、游艺（包括射击、狩猎、跑马、游戏机、蹦极、卡丁车、热气球、动力伞、射箭、飞镖）。

Ⅳ. 餐饮住宿服务。餐饮服务是指通过同时提供饮食和饮食场所的方式为消费者提供饮食消费服务的业务活动。住宿服务是指提供住宿场所及配套服务等的活动。包括宾馆、旅馆、旅社、度假村和其他经营性住宿场所提供的住宿服务。

Ⅴ. 居民日常服务。居民日常服务是指主要为满足居民个人及其家庭日常生活需求提供的服务，包括市容市政管理、家政、婚庆、养老、殡葬、照料和护理、救助救济、美容美发、按摩、桑拿、氧吧、足疗、沐浴、洗染、摄影扩印等服务。

Ⅵ. 其他生活服务。其他生活服务是指除文化体育服务、教育医疗服务、旅游娱乐服务、餐饮住宿服务和居民日常服务之外的生活服务。

（4）销售无形资产。销售无形资产是指有偿转让无形资产，是转让无形资产所有权或者使用权的业务活动。无形资产，是指虽不具有实物形态，但能带来经济利益的资产，包括技术、商标、著作权、商誉、自然资源使用权和其他权益性无形资产。

技术包括专利技术和非专利技术。

自然资源使用权，是指海域使用权、探矿权、采矿权、取水权和其他自然资源使用权（不含土地使用权）。

其他权益性无形资产包括基础设施资产经营权、公共事业特许权、配额、经营权（包括特许经营权、连锁经营权、其他经营权）、经销权、分销权、代理权、会员权、席位权、网络游戏虚拟道具、域名、名称权、肖像权、冠名权、转会费等。

（5）销售不动产。销售不动产是指有偿转让不动产，是转让不动产所有权的业务活动。

不动产是指不能移动或者移动后会引起性质、形状改变的财产，包括建筑物、构筑物等。

建筑物包括住宅、商业营业用房、办公楼等可供居住、工作或者进行其他活动的建造物。

构筑物包括道路、桥梁、隧道、水坝等建造物。

转让建筑物有限产权或者永久使用权的，转让在建的建筑物或者构筑物所有权的，以及在转让建筑物或者构筑物时一并转让其所占土地的使用权的，按照销售不动产缴纳增值税。

有偿是指取得货币、货物或者其他经济利益。

（6）进口货物。进口货物指申报进入我国海关境内的货物。确定一项货物是否属于进口货物，必须看其是否办理了报关进口手续。通常，境外产品要输入境内，必须向我国海关申报进口，并办理有关报关手续。只要是报关进口的应税货物，均属于增值税征税范围，在进口环节缴纳增值税（享受免税政策的货物除外）。

2. 增值税征税范围的特殊规定

增值税征税范围的特殊规定是指除了上述的一般规定以外，对特殊项目或行为需要进行具体确定。

（1）货物期货（包括商品期货和贵金属期货），应当征收增值税，在期货的实物交割环节纳税。其中：交割时采取由期货交易所开具发票的，以期货交易所为纳税人。期货交易所增值税按次计算，其进项税额为该货物交割时供货会员单位开具的增值税专用发票上注明的销项税额，期货交易所本身发生的各种进项不得抵扣。交割时采取由供货的会员单位直接将发票开给购货会员单位的，以供货会员单位为纳税人。

（2）银行销售金银的业务，应当征收增值税。

（3）典当业的死当物品销售业务和寄售业代委托人销售寄售物品的业务，均应征收增值税。

（4）电力公司向发电企业收取的过网费，应当征收增值税。

（5）依法征收增值税的其他特殊项目。

3. 视同销售行为

一项行为虽然没有销售之名，但有销售之实，因此被称为视同销售行为。税法规定，单位或者个体工商户的下列行为，视同销售货物。

（1）将货物交付其他单位或者个人代销。

（2）销售代销货物。

（3）设有两个以上机构并实行统一核算的纳税人，将货物从一个机构移送其他机构用于销售，但相关机构设在同一县（市）的除外。

（4）将自产或者委托加工的货物用于非增值税应税项目。

（5）将自产、委托加工的货物用于集体福利或者个人消费。

（6）将自产、委托加工或者购进的货物作为投资，提供给其他单位或者个体工商户。

（7）将自产、委托加工或者购进的货物分配给股东或者投资者。

（8）将自产、委托加工或者购进的货物无偿赠送其他单位或者个人。

（9）向其他单位或者个人无偿提供交通运输业、邮政业、电信业和部分现代服务业服务，无偿转让无形资产或者不动产，但以公益活动为目的或者以社会公众为对象的除外。

上述9种行为应该被确定为视同销售货物行为，均要征收增值税。视同销售行为的确定目的主要有三个：一是保证增值税税款抵扣制度的实施，不致因发生上述行为而造成各相关环节税款抵扣链条的中断，如前两种情况就是这种原因。如果不将其视同销售就会出现销售代销货物方仅有销项税额而无进项税额，而将货物交付给其他单位或者个人的代销方仅有进项税额而无销项税额的情况，从而导致增值税抵扣链条不完整。二是避免因发生上述行为而造成货物销售税收负担不平衡的矛盾，防止以上述行为逃避纳税的现象。三是体现增值税计算的配比原则，即购进货物、劳务等已经在购进环节实施了进项税额抵扣，这些购进货物既然应该产生相应的销售额，同时就应该产生相应的销项税额，否则就会产生不配比情况。如上述（4）～（8）就属于此种情况。

4. 混合销售行为和兼营行为

（1）混合销售行为。一项销售行为如果既涉及货物又涉及服务，则为混合销售。从事货物的生产批发或者零售的单位和个体工商户的混合销售，按照销售货物缴纳增值税；其他单位和个体工商户的混合销售，按照销售服务缴纳增值税。

上述从事货物的生产、批发或者零售的单位和个体工商户，包括以从事货物的生产、批发或者零售为主，并兼营销售服务的单位和个体工商户在内。

混合销售行为成立的行为标准有两点：一是其销售行为必须是一项；二是该项行为必须既涉

及货物销售又涉及应税行为。

在确定混合销售是否成立时，行为标准中的上述两点必须同时存在，如果一项销售行为只涉及销售服务，不涉及货物，这种行为就不是混合销售行为；反之，如果涉及销售服务和涉及货物的行为，不是存在于一项销售行为之中，这种行为也不是混合销售行为。

（2）兼营行为。兼营行为是指纳税人的经营范围既包括销售货物和应税劳务，又包括提供非应税劳务，但销售货物或应税劳务与提供非应税劳务不同时发生在同一购买者身上，即不发生在同一项销售行为中。

纳税人兼营非应税劳务的，应分别核算货物或应税劳务与非应税劳务的销售额，对货物的销售额计征增值税。如果不分别核算，或者不能准确核算货物或应税劳务的销售额与非应税劳务的营业额的，由主管税务机关核定货物或应税劳务的销售额，并分别计征。

5. 不征收增值税项目

（1）根据国家指令无偿提供的铁路运输服务、航空运输服务，属于《营业税改征增值税试点实施办法》规定的用于公益事业的服务。

（2）存款利息。

（3）被保险人获得的保险赔付。

（4）房地产主管部门或者其指定机构、公积金管理中心、开发企业以及物业管理单位代收的住宅专项维修资金。

（5）在资产重组过程中，通过合并、分立、出售、置换等方式，将全部或者部分实物资产以及与其相关联的债权、负债和劳动力一并转让给其他单位和个人，其中涉及的不动产、土地使用权转让行为，不征收增值税。

（6）纳税人在资产重组过程中，通过合并、分立、出售、置换等方式，将全部或者部分实物资产以及与其相关联的债权、负债和劳动力一并转让给其他单位和个人，不属于增值税的征税范围，其中涉及的货物转让不征收增值税。

2.1.4 增值税税率和征收率

1. 增值税的税率

（1）基本税率。

一般纳税人销售或进口货物，提供加工、修理修配劳务，除有特殊规定外，增值税适用税率一律为13%。

（2）低税率。

①一般纳税人销售或者进口下列货物，税率为9%。

Ⅰ. 粮食等农产品、食用植物油、食用盐；

Ⅱ. 自来水、暖气、冷气、热水、煤气、石油液化气、天然气、二甲醚、沼气、居民用煤炭制品；

Ⅲ. 图书、报纸、杂志、音像制品、电子出版物；

Ⅳ. 饲料、化肥、农药、农机、农膜；

Ⅴ. 国务院规定的其他货物。

②一般纳税人提供交通运输、邮政、基础电信、建筑、不动产租赁服务，销售不动产，转让土地使用权，税率为9%。

③一般纳税人提供增值电信、金融、现代服务（除有形动产租赁服务和不动产租赁服务外）、生活服务，销售无形资产（除转让土地使用权外），税率为6%。

（3）零税率。

出口货物和发生的跨境应税行为，税率为0。

出口货物（国务院另有规定的除外）包括报关出境货物和输往海关管理的保税工厂、保税仓库和保税区的货物。

跨境应税行为指：

①国际运输服务。

②航天运输服务。

③向境外单位提供的完全在境外消费的下列服务：研发服务；合同能源管理服务；设计服务；广播影视节目（作品）的制作和发行服务；软件服务；电路设计及测试服务；信息系统服务；业务流程管理服务；离岸服务外包业务服务；转让技术服务；国务院规定的其他服务。

2. 增值税的征收率

（1）小规模纳税人。

自2009年1月1日起，小规模纳税人销售货物或提供应税劳务、应税服务的征收率为3%。

提示

小规模纳税人销售自己使用过的固定资产，减按2%征收率征收增值税；自2014年7月1日起，销售旧货，依据简易办法减按2%征收增值税。

（2）一般纳税人。

①3%征收率。自2014年7月1日起，一般纳税人销售自产的下列货物，可选择按简易办法依3%的征收率计征增值税。

Ⅰ. 销售自产的用微生物、微生物代谢产物、动物毒素、人或动物的血液或组织制成的生物制品；

Ⅱ. 寄售商店代销寄售物品（包括居民个人寄售的物品在内）；

Ⅲ. 典当业销售死当物品；

Ⅳ. 销售自产的县级及县级以下小型水力发电单位生产的电力；

Ⅴ. 销售自产的自来水；

Ⅵ. 销售自产的建筑用和生产建筑材料所用的砂、土、石料；

Ⅶ. 销售自产的以自己采掘的砂、土、石料或其他矿物连续生产的砖、瓦、石灰（不含黏土实心砖、瓦）；

Ⅷ. 销售自产的商品混凝土（仅限于以水泥为原料生产的水泥混凝土）；

Ⅸ. 单采血浆站销售非临床用人体血液；

Ⅹ. 药品经营企业销售生物制品，兽用药品经营企业销售兽用生物制品；

Ⅺ. 提供物业管理服务的纳税人，向服务接受方收取的自来水水费，以扣除其对外支付的自来水水费后的余额为销售额，按照简易计税方法依3%的征收率计算缴纳增值税。

②3%征收率减按2%征收。

Ⅰ. 2008年12月31日以前未被纳入扩大增值税抵扣范围试点的纳税人，销售自己使用过的2008年12月31日以前购进或者自制的固定资产。

Ⅱ. 2008年12月31日以前已被纳入扩大增值税抵扣范围试点的纳税人，销售自己使用过的在本地区扩大增值税抵扣范围试点以前购进或者自制的固定资产。

Ⅲ. 销售自己使用过的属于《增值税暂行条例》第十条规定不得抵扣且未抵扣进项税额的固定资产。

Ⅳ. 纳税人购进或者自制固定资产时为小规模纳税人，认定为一般纳税人后销售该固定资产。

Ⅴ. 一般纳税人销售自己使用过的、被纳入营改增试点之日前取得的固定资产。

以上销售自己使用过的固定资产，适用简易办法依照3%的征收率减按2%征收增值税政策的，可以放弃减税，按照简易办法依照3%的征收率缴纳增值税，可以开具增值税专用发票。

Ⅵ. 纳税人销售旧货。

3. 增值税的税收优惠和起征点

（1）增值税的税收优惠。

①《增值税暂行条例》规定下列项目免征增值税：

Ⅰ. 农业生产者销售的自产农业产品；

Ⅱ. 避孕药品和用具；

Ⅲ. 古旧图书；

Ⅳ. 直接用于科学研究、科学试验和教学的进口仪器、设备；

Ⅴ. 外国政府、国际组织无偿援助的进口物资和设备；

Ⅵ. 由残疾人组织直接进口供残疾人专用的物品；

Ⅶ. 销售个人（不包括个体工商户）自己使用过的物品。

Ⅷ. 除上述规定外，增值税的免税、减税项目由国务院规定。任何地区、部门均不得规定免税、减税项目。

② 补充免税项目。

Ⅰ. 对销售下列自产货物实行免征增值税政策：再生水；以废旧轮胎为全部生产原料生产的胶粉；翻新轮胎；生产原料中掺兑废渣比例不低于30%的特定建材产品。

Ⅱ. 对污水处理劳务，免征增值税。

Ⅲ. 对残疾人个人提供的加工、修理、修配劳务，免征增值税。

Ⅳ. 自2007年7月1日起，纳税人生产销售和批发、零售滴灌带和滴灌管产品，免征增值税。

Ⅴ. 自2009年1月1日起，单位和个人销售再生资源，应当依法缴纳增值税。但个人（不含个体工商户）销售自己使用过的废旧物品，免征增值税。

Ⅵ. 自2013年8月1日起，对增值税小规模纳税人月销售额不超过2万元的企业或非企业性单位，暂免征收增值税。

（2）增值税的起征点。

纳税人销售额未达到国务院财政、税务主管部门规定的增值税起征点的，免征增值税；达到起征点的，依照规定全额计算缴纳增值税。

增值税起征点仅适用于个人，包括：个体工商户和其他个人，但不适用于登记认定为一般纳税人的个体工商户，即增值税起征点仅适用于按照小规模纳税人纳税的个体工商户和其他个人。

增值税起征点幅度如下：

① 按期纳税的，月销售额5 000～20 000元（含本数）。

② 按次纳税的，每次（日）销售额300～500元（含本数）。

另外，对增值税月销售额10万元以下（含本数）的增值税小规模纳税人，免征增值税。

4. 出口退税

出口退税是指国家将报关出口的货物在出口前所缴纳的有关税金退还给出口企业；出口免税是指国家对企业报关出口的货物在出口环节，免征有关税金。

出口退（免）税是为了鼓励货物出口，以增强本国货物在国际市场上的竞争能力。我国增值税对出口产品实行零税率，不但出口环节不必纳税（免税），而且可以退还以前环节已纳的税款（退税）。出口货物退（免）税政策，使货物销售价格更具竞争优势，有利于扩大出口创汇，减轻出口企业税负，激发企业生产出口产品的积极性。

出口货物退（免）税是国际贸易中通常采用的旨在鼓励各国出口货物公平竞争的一种退还或免征间接税的税收措施。我国对出口货物遵循"征多少、退多少"和"未征不退、彻底退税"的基本原则，实行免税和退税相结合的政策，具体包括以下三种类型：

（1）出口免税并退税。出口免税是指对货物出口环节不征收增值税；出口退税是指对货物在出口前实际承担的税款，按规定的退税率计算后予以退还。

（2）出口免税不退税。适用此项政策的出口货物因在出口前各环节是免税的，报关出口时该货物的价格中本身就不含增值税，因而出口环节不需退税。

（3）出口不免税也不退税。出口不免税也不退税是指对国家限制或禁止出口的某些货物，出口环节视同内销环节正常征税，同时也不退还其出口前各环节所负担的税款。

上述出口货物退（免）税政策及其适用对象归纳，如表2-1所示。

表 2-1 出口货物的退（免）税政策类型

政策类型	适用对象
又免又退	①生产企业自营或委托外贸企业代理出口自产货物；②由出口经营企业收购后直接出口或委托其他外贸企业代理出口货物；③出口企业从小规模纳税人购进并取得增值税专用发票的抽纱、工艺品、香料油、山货、草柳竹藤制品、渔网渔具、松香、五倍子、生漆、山羊板皮、纸制品等 12 类货物；④特定出口的货物
只免不退	①属于生产企业的小规模纳税人自营出口或委托外贸企业代理出口的自产货物；②外贸企业从小规模纳税人购进并持普通发票的出口货物；③外贸企业直接购进国家规定的免税货物（包括免税农产品）出口的；④其他的免税货物或项目，如来料加工复出货物、避孕药品和用具、古旧图书等
不免不退	①国家计划外出口的原油；②援外出口货物；③国家禁止出口的货物，如天然牛黄、麝香、铜及铜基合金（出口电解铜按 13% 的退税率退税）、白银等

任务 2.2　增值税的计算

2.2.1　一般纳税人增值税应纳税额的计算

根据《增值税暂行条例》规定，一般纳税人销售货物或者提供应税劳务，应纳税额为当期销项税额抵扣当期进项税额后的余额。当期销项税额小于当期进项税额，不足抵扣时，不足部分可以结转下期继续抵扣。应纳税额的计算公式为：

应纳税额 = 当期销项税额 − 当期进项税额

销项税额是纳税人销售货物或者提供应税劳务，按照销售额和《增值税暂行条例》规定的税率，计算并向购买方收取的增值税额。销项税额计算公式为：

销项税额 = 销售额 × 税率

其中，销售额为纳税人销售货物或者应税劳务向购买方收取的全部价款和价外费用，但是不包括收取的销项税额。销售额以人民币计算，纳税人以人民币以外的货币结算销售额的，应当折合成人民币计算。一般纳税人销售货物或者应税劳务，采用销售额和销项税额合并定价方法的，按下列公式计算计税销售额：

$$不含税销售额 = \frac{含税销售额}{1+增值税税率}$$

进项税额是纳税人因为购进货物或应税劳务所支付或负担的增值税额，也是购买货物或应税劳务时购货发票上注明的增值税额。

【情景 2-1】北京市惠达股份有限公司（增值税一般纳税人）向华天集团销售货物取得含税销售收入 339 000 元，同期向扬升材料有限公司购入甲材料，取得可以抵扣的进项税额 30 000 元，上月没有未抵扣的进项税额，计算该公司本月应纳增值税额。

本期销项税额 =339 000/（1+13%）×13%
　　　　　　=39 000（元）

本期进项税额 =30 000（元）

本期应纳税额 =39 000−30 000=9 000（元）

1. 销项税额的计算

（1）一般销售方式下销售额的确定。

①销售额的概念。一般销售（或视同销售）方

式下的销售额，是指纳税人销售货物或提供应税劳务向购买方（承受应税劳务视为购买方）收取的全部价款和价外费用，但不包括收取的销项税额。

所谓价外费用，是指随同货物销售向购买方收取的手续费、补贴、基金、集资费、返还利润、奖励费、违约金、滞纳金、延期付款利息、赔偿金、包装费、包装物租金、储备费、优质费、运输装卸费、代收款项、代垫款项及其他各种性质的价外收费。凡随同销售货物、劳务或提供应税服务向购买方收取的价外费用，无论其会计如何核算，均应并入销售额计算应纳税额。但下列项目不认定为价外费用：

Ⅰ. 受托加工应征消费税的消费品代收代缴的消费税；

Ⅱ. 以委托方名义开具发票代委托方收取的款项；

Ⅲ. 同时符合以下条件的代为收取的政府性基金或行政事业性收费：由国务院或财政部批准设立的政府性基金；由国务院或省级人民政府及其财政、价格主管部门批准设立的行政事业性收费；收取时开具省级以上财政部门印制的财政票据；所收款项全额上缴财政；

Ⅳ. 销售货物的同时因代办保险等而向购买方收取的保险费，以及向购买方收取的代购买方缴纳的车辆购置税、车辆牌照费。

②含税销售额的换算。增值税实行价外税，计算销项税额时，销售额中不应含有增值税款。如果销售额中包含了增值税款即销项税额，则应将含税销售额换算成不含税销售额。计算公式为：

$$不含税销售额 = \frac{含税销售额}{1+增值税税率}$$

【情景2-2】北京市惠达股份有限公司（增值税一般纳税人）本月向个人消费者销售A型号电冰箱50台，收取货款226 000元，另收取安装费10 170元，全部开具增值税专用发票。计算该公司销售A型号电冰箱业务的增值税销项税额。

销项税额 =（226 000+10 170）÷（1+13%）×13%
= 27 170（元）

（2）特殊销售方式下销售额的确定。

在销售活动中，纳税人为了提高销售额会采用多种销售方式。由于销售方式不同，纳税人销售额的确定方式也会有所不同。

①视同销售行为为销售额的确定。

增值税法规定：发生视同销售行为而无销售额的，税务机关有权按下列顺序确定销售额。

按纳税人最近时期同类货物的平均销售价格确定。

按其他纳税人最近时期同类货物的平均销售价格确定。

按组成计税价格确定。计算公式为：

组成计税价格 = 成本 + 利润 + 消费税

或

$$组成计税价格 = \frac{成本 \times (1+成本利润率)}{消费税}$$

公式中，"成本"的核算存在以下两种情况：销售自产货物的，为实际生产成本；销售外购货物的，为实际采购成本。公式中的"成本利润率"由国家税务总局确定，除特殊规定外，一律按10%计算。

纳税人销售货物或提供应税劳务的价格明显偏低且无正当理由的，税务机关有权按照上述视同销售行为同样的方法核定销售额。

【情景2-3】北京市惠达股份有限公司外购A原材料，取得的增值税专用发票上注明金额为200 000元，增值税税额为26 000元。本月该公司用该批原材料的20%向胜达公司投资，原材料加价10%后作为投资额；月底，该公司职工活动室装修领用该批原材料的10%。计算该公司应纳销项税额。

销项税额 = 200 000×20%×（1+10%）×13%
= 5 720（元）

【情景2-4】北京市惠达股份有限公司为增值税一般纳税人，12月将自产家电移送职工活动中心一批，成本价450 000元，市场销售价格600 000元（不含税）。公司核算时按成本价直接冲减了库存商品。计算该公司应纳销项税额。

销项税额 = 600 000×13% = 78 000（元）

②包装物押金的处理。包装物是指纳税人包装本单位货物的各种物品。一般情况下，销货方向购货方收取包装物押金，购货方在规定时间内返还包装物，销货方再将收取的包装物押金返还。纳税人为销售货物而出租、出借包装物收取的押金，单独

记账核算的，且时间在1年以内，又未过期的，不并入销售额征税；但对因逾期未收回包装物不再退还的押金，应按所包装货物的适用税率计算增值税款。实践中，应注意以下具体规定：

Ⅰ. "逾期"是指按合同约定实际逾期或以1年为期限，对收取1年以上的押金，无论是否退还均并入销售额征税。

Ⅱ. 包装物押金是含税收入，在并入销售额征税时，需要先将该押金换算为不含税收入，再计算应纳增值税款。

Ⅲ. 包装物押金不同于包装物租金，包装物租金属于价外费用，在销售货物时随同货款一并计算增值税款。

Ⅳ. 自1995年6月1日起，对销售除啤酒、黄酒外的其他酒类产品而收取的包装物押金，无论是否返还以及会计上如何核算，均应并入当期销售额征收增值税。

【情景2-5】 北京市惠达股份有限公司（增值税一般纳税人）本月销售白酒一批，发票上注明的价款为67 800元，同时收取包装物押金4 520元，约定6个月后返还；销售啤酒一批给万达商场，开具增值税专用发票注明的价款为40 000元，同时收取包装物押金2 000元，约定3个月后返还。计算该公司计税销售额和销项税额。

因销售白酒收取的包装物押金，收取时即并入销售额征税；因销售啤酒收取的包装物押金，收取时并不并入销售额征税，待逾期时征税。

白酒销售额 =（67 800+4 520）÷（1+13%）

=64 000（元）

销售啤酒的销售额 =40 000（元）

计税销售额 =64 000+40 000=104 000（元）

增值税销项税额 =104 000×13%=13 520（元）

③折扣方式销售额的确定。折扣销售也称商业折扣，是指销货方在销售货物时，因购买方购货数量大等原因而给予购货方的价格优惠。如购买100件，可享受销售价格5%的折扣；购买200件，可享受销售价格10%的折扣。增值税法规规定：只要销售额和折扣额在同一张发票上分别注明，就可按扣除折扣后的余额作为计税销售额计算增值税；但如果将折扣额另开发票，则无论财务上如何处理，计算增值税时其折扣额均不得从销售额中减除。

另外，上述折扣销售仅限于价格折扣，如果销货方将自产、委托加工和购买的货物采取"买就送"等方式实现实物折扣，则对所送货物的价款一律不得从销售额中减除，实物折扣应按视同销售行为"无偿赠送"规定计算增值税。

现金折扣是指销货方在销售货物或提供应税劳务时，为了鼓励购货方及早付款，以协议的形式给予购货方的一种折扣。如10天内付款，优惠2%；20天内付款，优惠1%；超过20天付款不优惠。现金折扣是企业的一种融资行为，折扣额不得从销售额中减除。

销售折扣又不同于销售折让。销售折让是指企业因售出商品的质量不合格等原因而在售价上给予的减让。对于增值税而言，销售折让其实是指纳税人发生应税销售行为后因为劳动成果质量不合格等原因在售价上给予的减让。销售折让与销售折扣相比较，虽然都是在应税销售行为销售后发生的，但因为销售折让是由于应税销售行为的品种和质量引起销售额的减少，所以对销售折让可按折让后的货款为销售额。

税法对于折扣销售、销售折扣与销售折让的增值税税务处理的规定是不同的，如表2-2所示。

表2-2 折扣销售、销售折扣与销售折让的税务处理

折扣方式	折扣目的	税务处理
折扣销售（商业折扣）	为促销对购买数量大等原因给予的价格优惠。该折扣在销售实现时发生并确定	只要开具的票据符合要求，折扣额可以从销售额中扣除
销售折扣（现金折扣）	为鼓励购买方及早偿还贷款给予的金额优惠。该折扣只有在收到货款时才能确定	折扣额不得从销售额中扣除
销售折让	为保证商业信誉，对已售商品存在质量、品种不符合等原因给予购买方的金额补偿。该折扣发生在货物销售之后	折让额可以从折让当期销售额中扣除

【情景2-6】北京市惠达股份有限公司（增值税一般纳税人）2021年2月12日批发销售给恒通企业电脑200台，每台标价（不含税）5800元，由于购买数量较大，给予购买方七折优惠，并将折扣额与销售额开在同一张专用发票上。同时约定付款条件为"2/10，1/20，n/30"。当月20日收到恒通企业支付的全部货款。计算上述销售业务应申报的增值税销项税额。

该公司采取的是"折扣销售"与"现金折扣"相结合的促销方式。其中：七折优惠属于折扣销售，并且折扣额与销售额开在同一张发票上，按折扣后的金额计税；约定"2/10，1/20，n/30"的付款条件属于现金折扣，按折扣前的金额计税。

销项税额 =200×5800×70%×13%=105560（元）

④以旧换新销售额的确定。以旧换新是指纳税人在销售新货物的同时有偿收回旧货的行为。增值税法规规定：除金银首饰外的货物以旧换新销售，应按新货物的同期销售价格确定销售额，不得扣减旧货物的收购价格。但对金银首饰以旧换新业务，可扣除旧金银首饰的回收价格，即按销售方实际收取的不含增值税的全部价款征收增值税。

【情景2-7】北京市惠达股份有限公司为增值税一般纳税人，销售蓝天牌电视机一批，本月采用以旧换新方式促销，销售该型号电视机500台，每台旧电视机作价450元，扣除旧货收购价实际取得不含税销售收入300000元。计算该公司销项税额。

销项税额 =（300000+500×450）×13%
　　　　　=68250（元）

【情景2-8】金凤凰首饰商城为增值税一般纳税人，2021年8月发生以下业务：采取"以旧换新"方式向消费者销售金项链800条，新项链每条零售价3200元，旧项链每条作价2500元，每条项链取得差价款700元，计算应缴纳的增值税销项税额。

应缴纳的增值税销项税额 = 800×700÷（1+13%）×13%=64424.78（元）

⑤还本销售额的确定。还本销售是指纳税人销售货物后，到一定期限由销售方一次或分次退还给购货方全部或部分货款的一种销售方式。增值税法规规定，采取还本销售方式销售货物的，以所售货物的销售价格核定销售额，不得扣除还本支出。

【情景2-9】北京市惠达股份有限公司（增值税一般纳税人）与万象商场签订家具购销合同，双方约定商场购入家具15套，每套含税价为5650元，商场在购货时一次性付清全部货款，万象商场在货物销售后的6个月全部返还货款。请问上述业务申报的增值税销项税额是多少？

增值税法规规定，还本销售业务的增值税计税依据为货物的全部销售额，不得扣除还本支出。

销项税额 =5650÷（1+13%）×13%×15=9750（元）

⑥以物易物方式销售额的确定。以物易物是一种较为特殊的购销活动，是指购销双方不是以货币结算，而是以同等价款的货物相互结算、实现货物销售的一种方式。增值税法规规定：采取以物易物方式销售货物的，以物易物双方均应作正常的购销业务处理，以各自发出的货物核算销售额并计算销项税额，以各自收到的货物按规定核算购货额并计算进项税额。应注意的是，在以物易物活动中，应分别开具合法的票据，如收到的货物不能取得相应的增值税专用发票或其他合法凭证，则不能抵扣进项税额。

【情景2-10】北京市惠达股份有限公司（增值税一般纳税人）2021年7月销售某型号电冰箱300台，取得不含税销售收入300000元，以该型号电冰箱25台换回小轿车一辆。该项行为增值税计税销售额是多少？

销售额 =（300000+300000÷300×25）×13%
　　　 =42250（元）

⑦混合销售行为。混合销售行为如属于应当征收增值税的，其销售额应是货物与应税劳务的销售额合计，该非应税劳务的销售额应视为含税销售额，需先换算为不含税销售额再并入销售额征税；且该混合销售行为涉及的非增值税应税劳务所用购进货物的进项税额，凡符合《增值税暂行条例》规定的，在计算该混合销售行为增值税时，准予从销项税额中抵扣。

【情景2-11】北京市惠达股份有限公司（增值税一般纳税人）本月向恒达企业销售大型设备一

台，开具增值税专用发票注明货款 280 000 元，设备需安装调试，由北京市惠达股份有限公司负责，收取安装调试费 11 300 元。计算该业务的计税销售额和销项税额。

销售设备并同时提供安装调试劳务，属于混合销售行为。因北京市惠达股份有限公司的主营业务是交增值税的，所以该混合销售行为一并征收增值税。

混合销售的销售额 =280 000+11 300÷（1+13%）
=290 000（元）

销项税额 =290 000×13%=37 700（元）

2. 进项税额的计算

进项税额是指纳税人购进货物或接受应税劳务所支付的增值税税额。在同一项购销业务中，进项税额与销项税额是相互对应的，即销售方收取的销项税额就是购买方支付的进项税额。

（1）准予抵扣的进项税额。

①从销售方取得的增值税专用发票（含货物运输业增值税专用发票、税控机动车销售统一发票）上注明的增值税额。

②从海关取得的完税凭证上注明的增值税额。

上述两款规定是指增值税一般纳税人在购进或进口货物及劳务时取得对方的增值税专用发票或海关完税凭证上已注明规定税率或征收率计算的增值税额，不需要纳税人计算。

注意

要认真做好增值税专用发票及海关完税凭证的合法性检验，对不符合规定的扣税凭证一律不准抵扣。

增值税一般纳税人取得所有需抵扣增值税进项税额的海关完税凭证，应根据相关海关完税凭证逐票填写"海关完税凭证抵扣清单"，在进行增值税纳税申报时随同纳税申报表一并报送。如果纳税人未按照规定要求填写"海关完税凭证抵扣清单"或者填写内容不全，则该张凭证不得抵扣进项税额。

增值税一般纳税人当期未取得海关完税凭证的可不向主管税务机关报送"海关完税凭证抵扣清单"。

③购进免税农产品进项税额的确定与抵扣。

Ⅰ. 纳税人购进农产品，取得一般纳税人开具的增值税专用发票或海关进口增值税专用缴款书的，以增值税专用发票或海关进口增值税专用缴款书上注明的增值税额为进项税额。

Ⅱ. 按照简易计税方法依 3% 的征收率计算缴纳增值税的小规模纳税人取得增值税专用发票的，以增值税专用发票上注明的金额和 9% 的扣除率计算进项税额。

Ⅲ. 取得（开具）农产品销售发票或收购发票的，以农产品销售发票或收购发票上注明的农产品买价和 9% 的扣除率计算进项税额。

【情景 2-12】 北京市惠达股份有限公司（增值税一般纳税人）购进某国有农场自产小麦收购凭证注明价款为 85 000 元。计算进项税额和采购成本。

进项税额 =85 000×9%=7 650（元）

采购成本 =85 000×（1-9%）=77 350（元）

Ⅳ. 纳税人购进用于生产销售或委托加工 13% 税率货物的农产品，按照 10% 的扣除率计算进项税额。

Ⅴ. 购进农产品进项税额的计算公式为

进项税额 = 买价 × 扣除率

Ⅵ. 纳税人从批发、零售环节购进适用免征增值税政策的蔬菜、部分鲜活肉蛋而取得的普通发票，不得作为计算抵扣进项税额的凭证。

Ⅶ. 纳税人购进农产品既用于生产销售或委托受托加工 13% 税率货物又用于生产销售其他货物服务的，应当分别核算用于生产销售或委托受托加工 13% 税率货物和其他货物服务的农产品进项税额。未分别核算的，统一以增值税专用发票或海关进口增值税专用缴款书上注明的增值税额为进项税额，或以农产品收购发票或销售发票上注明的农产品买价和 9% 的扣除率计算进项税额。

Ⅷ. 对烟叶税纳税人按规定缴纳的烟叶税，准予并入烟叶产品的买价计算增值税的进项税额，并在计算缴纳增值税时予以抵扣。购进烟叶准予抵扣的增值税进项税额，按照收购烟叶实际支付的价款总额和烟叶税及法定扣除率计算。计算公式为：

$$\text{烟叶税应纳税额} = \text{收购烟叶实际支付的价款总额} \times \text{税率(20\%)}$$

$$\text{准予抵扣的进项税额} = (\text{收购烟叶实际支付的价款总额} + \text{烟叶税应纳税额}) \times \text{扣除率}$$

上述购进农产品抵扣进项税额的办法，不适用于《农产品增值税进项税额核定扣除试点实施办法》中购进的农产品。

【情景2-13】 北京市惠达股份有限公司2021年6月向烟农收购烟叶以备生产卷烟，开具收购发票上注明的价款为500 000元，并向烟农支付了规定10%的价外补贴款（烟叶税税率20%）计算该公司6月收购烟叶准予抵扣的进项税额。

根据税收法规规定，外购烟叶准予抵扣进项税额的计税依据，包括支付的收购金额、负担的烟叶税和支付的价外补贴三个部分。

烟叶收购金额 = 500 000×（1+10%）= 550 000（元）

烟叶税应纳税额 = 550 000×20% = 110 000（元）

准予抵扣进项税 =（550 000+110 000）×9%
= 59 400（元）

④运输费用进项税额的确定与抵扣。增值税一般纳税人外购或销售货物以及生产经营过程中接受交通运输服务所支付的运输费用（代垫运费除外），准予按规定抵扣进项税额。

在营业税改征增值税以前接受的运输劳务，取得运输劳务提供方开具的运费结算单据，可按运输费用结算单据上注明的运费金额和9%的扣除率计算进项税额抵扣。

进项税额 = 运输费用金额 × 扣除率

这里所称的准予抵扣的运输费用金额，是指在运输单位开具的货票上注明的运费、建设基金，但不包括随同运费支付的装卸费、保险费等其他杂费。

在营业税改征增值税以后接受的运输服务，按照从运输劳务提供方开具增值税专用发票注明的增值税额确定准予从销售税额中抵扣的进项税额。

⑤企业购置增值税防伪税控系统专用设备和通用设备，可凭购货所取得的专用发票所注明的税额从增值税销项税额中抵扣。其中，专用设备包括税控金税卡、税控IC卡和读卡器；通用设备包括用于防伪税控系统开具专用发票的计算机和打印机。

⑥自2004年12月1日起，增值税一般纳税人购进税控收款机所支付的增值税额（以购进税控收款机取得的增值税专用发票上注明的增值税额为准），准予在企业当期销项税额中抵扣。

需要强调的是，纳税人购进的税控收款机不论是否达到固定资产标准，其取得的增值税专用发票上注明的增值税额均可以从当期销项税额中抵扣；但如果购进税控收款机时未取得增值税专用发票，则不得抵扣进项税额。

（2）不得抵扣的进项税。

纳税人购进货物、劳务、服务、无形资产、不动产，取得的增值税扣税凭证不符合法律、行政法规或者国务院税务主管部门有关规定的，进项税额不得从销项税额中抵扣。增值税扣税凭证是指增值税专用发票、海关进口增值税专用缴款书、农产品收购发票和农产品销售发票、从税务机关或者境内代理人取得的解缴税款的税收缴款凭证及增值税法规允许抵扣的其他扣税凭证。

按《增值税暂行条例》和"营改增通知"及其他相关政策规定，下列项目的进项税额不得从销项税额中抵扣：

①用于简易计税方法计税项目、免征增值税项目、集体福利或者个人消费的购进货物、劳务、服务、无形资产和不动产。

其中涉及的固定资产、无形资产、不动产仅指专用于上述项目的固定资产、无形资产（不包括其他权益性无形资产）、不动产。但是，发生兼用于上述不允许抵扣项目情况的，该进项税额准予全部抵扣。

另外，纳税人购进其他权益性无形资产，无论是专用于简易计税方法计税项目、免征增值税项目、集体福利或者个人消费，还是兼用于上述不允许抵扣项目，均可以抵扣进项税额。

纳税人的交际应酬消费属于个人消费，即交际应酬消费不属于生产经营中的生产投入和支出。

②非正常损失的购进货物，以及相关劳务和交通运输服务。

③非正常损失的在产品、产成品所耗用的购进货物（不包括固定资产）、劳务和交通运输服务。

④非正常损失的不动产，以及该不动产所耗用的购进货物、设计服务和建筑服务。

⑤非正常损失的不动产在建工程所耗用的购进货物、设计服务和建筑服务。纳税人新建、改建、扩建、修缮、装饰不动产，均属于不动产在建工程。

上述第②、③、④、⑤项所说的非正常损失，是指因管理不善造成货物被盗、丢失、霉烂变质，以及因违反法律、法规造成货物或者不动产被依法没收、销毁、拆除的情形。这些非正常损失都是由纳税人自身原因造成导致征税对象实体的灭失，为保证税负公平，损失不应由国家承担，因而纳税人无权要求抵扣进项税额。

⑥购进的贷款服务、餐饮服务、居民日常服务和娱乐服务。

一般情况下，餐饮服务、居民日常服务和娱乐服务的主要接受对象是个人。对于一般纳税人购买的餐饮服务、居民日常服务和娱乐服务，难以准确地界定接受劳务的对象是企业还是个人。因此，一般纳税人购进的餐饮服务、居民日常服务和娱乐服务的进项税额不得从销项税额中抵扣。

对于贷款服务进项税不得抵扣，也就是利息支出进项税不得抵扣的规定，主要是考虑如果允许抵扣借款利息，就从根本上打通了融资行为的增值税抵扣链条，按照增值税"道道征道道扣"的原则，首先就应当对存款利息征税，但在现有条件下，难度很大。一方面涉及对居民存款征税，无法解决专用发票的开具问题，另一方面也与当下实际存款利率为负数的现状不符。

对于住宿服务和旅游服务未被列入不得抵扣项目，主要是考虑到这两个行业属于公私消费参半的行业，因而用个人消费进行规范。

⑦纳税人接受贷款服务向贷款方支付的与该笔贷款直接相关的投融资顾问费、手续费、咨询费等费用，进项税额不得从销项税额中抵扣。

⑧提供保险服务的纳税人以现金赔付方式承担机动车辆保险责任的，将应付给被保险人的赔偿金直接支付给车辆修理劳务提供方，不属于保险公司购进车辆修理劳务，进项税额不得从保险公司销项税额中抵扣。

纳税人提供的其他财产保险服务，比照上述规定执行。

⑨财政部和国家税务总局规定的其他情形。

上述第④、⑤项所称的货物，是指构成不动产实体的材料和设备，包括建筑装饰材料和给排水、采暖、卫生、通风、照明、通信、煤气、消防、中央空调、电梯、电气、智能化楼宇设备及配套设施。

⑩适用一般计税方法的纳税人，兼营简易计税方法计税项目、免征增值税项目而无法划分不得抵扣的进项税额，按照下列公式计算不得抵扣的进项税额：

不得抵扣的进项税额＝当期无法划分的全部进项税额×（当期简易计税方法计税项目销售额＋免征增值税项目销售额）÷当期全部销售额

主管税务机关可以按照上述公式依据年度数据对不得抵扣的进项税额进行清算。这是因为对于纳税人而言，虽然进项税额转出是按月进行的，但由于年度内取得进项税额的不均衡性，有可能造成按月计算的进项税额转出与按年度计算的进项税额转出产生差异，主管税务机关可在年度终了时对纳税人进项税额转出计算公式进行清算，可对相关差异进行调整。

⑪一般纳税人已抵扣进项税额的固定资产、无形资产或者不动产，发生《增值税暂行条例》和"营改增通知"规定不得从销项税额中抵扣进项税额情形的，按照下列公式计算不得抵扣的进项税额：

不得抵扣的进项税额＝已抵扣进项税额×不动产净值率

$$不动产净值率 = \frac{不动产净值}{不动产原值税额} \times 100\%$$

固定资产、无形资产或者不动产净值，是指纳税人根据财务会计制度计提折旧或摊销后的余额。

⑫存在下列情形之一的，应当按照销售额和增值税税率计算应纳税额，既不得抵扣进项税额，也不得使用增值税专用发票：

Ⅰ. 一般纳税人会计核算不健全，或者不能够提供准确税务资料的。

Ⅱ. 应当办理一般纳税人资格登记而未办理的。

该规定是为了加强对符合一般纳税人条件的纳税人的管理，防止利用一般纳税人和小规模纳税人的两种不同的征税办法少缴税款。

⑬财政部和国家税务总局规定的其他情形。

【情景2-14】北京市惠达股份有限公司（增值税一般纳税人）从农业生产者手中收购粮食60 000斤，收购凭证上注明支付金额150 000元，支付运输费用5 000元、装卸费用2 500元（未取得货票），运输途中损失2 000斤（运输途中管理不善造成）。计算可抵扣的进项税额。

从农业生产者手中购进粮食的单价 =150 000÷60 000=2.5（元/斤）

可以抵扣的进项税额 =（150 000–2 000×2.5）×9%
=13 050（元）

（3）特殊问题的处理。

①根据《增值税暂行条例实施细则》的规定，一般纳税人当期购进的货物或应税劳务用于生产经营，进项税额在当期销项税额中予以抵扣。但已抵扣进项税额的购进货物或应税劳务如果事后改变用途，用于集体福利或者个人消费、购进货物发生非正常损失、在产品或产成品发生非正常损失等，应当将该项购进货物或者应税劳务的进项税额从当期的进项税额中扣减；无法确定该项进项税额的，按当期外购项目的实际成本计算应扣减的进项税额。

②已抵扣进项税额的购进服务，发生不得从销项税额中抵扣情形（简易计税方法计税项目、免征增值税项目除外）的，应当将该进项税额从当期进项税额中扣减；无法确定该进项税额的，按照当期实际成本计算应扣减的进项税额。

③已抵扣进项税额的无形资产或者固定资产，发生不得从销项税额中抵扣情形的，按照下列公式计算不得抵扣的进项税额：

不得抵扣的进项税额 = 无形资产或者固定资产净值 × 适用税率

④纳税人适用一般计税方法计税的，因销售折让、中止或者退回而退还给购买方的增值税税额，应当从当期的销项税额中扣减；因销售折让、中止或者退回而收回的增值税税额，应当从当期的进项税额中扣减。

⑤存在下列情形之一的，应当按照销售额和增值税税率计算应纳税额，不得抵扣进项税额，也不得使用增值税专用发票：

Ⅰ. 一般纳税人会计核算不健全，或者不能够提供准确税务资料的；

Ⅱ. 应当办理一般纳税人资格登记而未办理的。

⑥按照相关规定，不得抵扣且未抵扣进项税额的固定资产、无形资产、不动产，发生用途改变，用于允许抵扣进项税额的应税项目，可在用途改变的次月按照下列公式，计算可以抵扣的进项税额：

可抵扣进项税额 = 增值税扣税凭证注明或计算的进项税额 × 不动产净值率

⑦一般纳税人发生特殊应税行为可以选择适用简易计税方法计税，不允许抵扣进项税额。

3. 一般纳税人增值税应纳税额的计算

一般纳税人增值税应纳税额的基本计算步骤如下：

（1）计算当期销项税额；

（2）分析确定或计算确定当期允许抵扣的进项税额（包括进项税额转出）；

（3）根据"当期应纳税额 = 当期销项税额 – 当期进项税额"公式，计算当期实际应纳税额。

上述计算结果如果是正数，为当期应纳税额；如果计算结果是负数，则形成留抵税额，待下期抵扣，下期应纳税额的计算公式为：

当期应纳税额 = 当期销项税额 – 当期进项税额 – 上期留抵税额

【情景2-15】某银行为增值税一般纳税人，2021年第三季度发生的有关经济业务如下：

（1）购进5台自助存取款机，取得增值税专用发票注明的金额为800 000元，增值税为104 000元；

（2）办理公司业务，收取结算手续费（含税）265 000元，收取账户管理费（含税）212 000元；

（3）办理贷款业务，取得利息收入（含税）159 000 000元；

（4）吸收存款8亿元。

已知：该银行取得增值税专用发票均符合抵扣规定；提供金融服务适用的增值税税率为6%。计算该银行第三季度应纳增值税税额。

(1) 进项税额 =104 000（元）。

(2) 销项税额 =265 000÷（1+6%）×6% + 212 000÷（1+6%）×6%+159 000 000÷（1+6%）×6%=15 000+12 000+9 000 000=9 027 000（元）。

(3) 应纳增值税税额 =9 027 000-104 000=8 923 000（元）。

【情景2-16】 某小五金制造企业为增值税一般纳税人，2021年10月发生经济业务如下：

(1) 购进一批原材料，取得增值税专用发票注明的金额为400 000元，增值税为52 000元。支付运费，取得增值税普通发票注明的金额为20 000元，增值税为1 800元。

(2) 接受其他企业投资转入材料一批，取得增值税专用发票注明的金额为1 000 000元，增值税为130 000元。

(3) 购进低值易耗品，取得增值税专用发票注明的金额为50 000元，增值税为6 500元。

(4) 销售产品一批，取得不含税销售额为2 000 000元，另外收取包装物租金11 300元。

(5) 采取以旧换新方式销售产品，新产品含税售价为67 800元，旧产品作价20 000元。

(6) 因仓库管理不善，上月购进的一批工具被盗，该批工具的买价为60 000元（购进工具的进项税额已抵扣）。

已知：该企业取得增值税专用发票均符合抵扣规定；购进和销售产品适用的增值税税率为13%。计算该企业当月应纳增值税税额。

(1) 进项税额 =52 000+130 000+6 500=188 500（元）。

(2) 销项税额 =2 000 000×13%+11 300÷（1+13%）×13%+67 800÷（1+13%）×13%=269 100（元）。

(3) 进项税额转出 =60 000×13%=7 800（元）。

(4) 应纳增值税税额 =269 100-188 500+7 800=88 400（元）。

2.2.2 进口货物应纳税额的计算

根据《增值税暂行条例》的规定，一切进口货物的单位和个人均应按规定缴纳增值税。

1. 进口货物的纳税人

根据《增值税暂行条例》的规定，进口货物增值税的纳税义务人为进口货物的收货人或办理报关手续的单位和个人，包括国内一切从事进口业务的企事业单位、机关团体和个人。对于企业、单位和个人委托代理进口应征增值税的货物，鉴于代理进口货物的海关完税凭证，有的开具给委托方，有的开具给受托方的特殊性，对代理进口货物以海关开具的完税凭证上的纳税人为增值税纳税人。

2. 进口货物征税范围

根据《增值税暂行条例》的规定，申报进入中华人民共和国海关境内的货物，均应缴纳增值税。

确定一项货物是否属于进口货物，主要看其是否具有报关手续。只要是报关进境的应税货物，不论是自行采购用于贸易，还是自用；不论是购进，还是国外捐赠，均应按照规定缴纳进口环节的增值税（免税进口的货物除外）。

国家在规定对进口货物征税的同时，对某些进口货物制定了减免税的特殊规定。如属于"来料加工、进料加工"贸易方式进口国外的原材料、零部件等在国内加工后复出口的，对进口的料、件按规定给予免税或减税；但这些进口免、减税的料、件若不能加工复出口，而是销往国内的，就要补税。

3. 进口货物的适用税率

进口货物增值税税率与增值税一般纳税人在国内销售同类货物的税率相同。

4. 进口货物组成计税价格的确定

进口货物增值税的组成计税价格中包括已纳关税税额，如果进口货物属于消费税应税消费品，其组成计税价格中还要包括进口环节已纳消费税税额。按照《中华人民共和国海关法》和《中华人民共和国进出口关税条例》的规定，一般贸易项下进口货物的关税完税价格以海关审定的成交价格为基础的到岸价格作为完税价格。所谓成交价格是一般贸易项下进口货物的买方为购买该项货物向卖方实际支付或应当支付的价格。到岸价格是包括货价，货物运抵我国关境内输入地点起卸前的包装费、运费、保险费和其他劳务费等费用构成的一种价格。

特殊贸易项下进口的货物，由于进口时没有成交价格可作依据，为此，《中华人民共和国进出口关税条例》对这些进口货物制定了确定其完税价格的具体办法。

组成计税价格的计算公式为：

组成计税价格 = 关税完税价格 + 关税

若进口货物为消费税应税品，则组成计税价格的计算公式为：

$$组成计税价格 = \frac{关税完税价格 + 关税}{1 - 消费税税率}$$

或

组成计税价格 = 关税完税价格 + 关税 + 消费税

5. 应纳税额的计算

纳税人进口货物，按照组成计税价格和适用的税率计算应纳税额，不得抵扣任何税额，即在计算进口环节的应纳增值税税额时，不得抵扣发生在境外的各种税金。

应纳税额 = 组成计税价格 × 税率

进口货物在海关缴纳的增值税，符合抵扣范围的，凭借海关完税凭证可以从当期销项税额中抵扣。

【情景2-17】 北京市惠达股份有限公司（增值税一般纳税人），2021年4月进口一批香水，买价650 000元，境外运费及保险费共计50 000元。海关于4月15日开具了完税凭证。该公司缴纳进口环节税金后海关放行。计算该公司进口环节应纳增值税（关税税率为15%，增值税税率为13%）。

进口关税 =（650 000+50 000）×15%=105 000（元）

进口增值税 =（700 000+105 000）×13%
=104 650（元）

【情景2-18】 北京市惠达股份有限公司为增值税一般纳税人，2021年10月从国外进口一批高档化妆品，海关核定的关税完税价格为3 000 000元，已纳关税400 000元。已知消费税税率为15%，增值税税率为13%。计算该公司进口环节应纳增值税税额。

（1）进口环节应纳消费税税额 =（3 000 000+400 000）÷（1-15%）×15%=4 000 000×15%=600 000（元）。

（2）组成计税价格 =3 000 000+400 000+600 000=4 000 000（元）。

（3）进口环节应纳增值税税额 =4 000 000×13%=520 000（元）。

2.2.3 小规模纳税人应纳税额的计算

小规模纳税人销售货物或者应税劳务，实行按照销售额和征收率计算应纳税额，并不得抵扣进项税额。计算公式为：

应纳税额 = 销售额 × 征收率

小规模纳税人的计税销售额不包括应纳税额。小规模纳税人销售货物或者提供应税劳务采用销售额和应纳税额合并定价方法的，按下列公式计算销售额，即把含税销售额换算为不含税销售额：

$$销售额 = \frac{含税销售额}{1 + 征收率}$$

【情景2-19】 北京市博昌股份有限公司为增值税小规模纳税人，专门从事商业咨询服务。2021年8月发生以下业务：

（1）15日，向某一般纳税人企业提供咨询信息服务，取得含税销售额41 200元；

（2）20日，向某小规模纳税人提供注册信息服务，取得含税销售额10 300元；

（3）25日，购进办公用品，支付价款20 600元，并取得增值税普通发票。

已知增值税征收率为3%。计算该公司当月应缴纳增值税税额。

销售额 =（41 200+10 300）÷（1+3%）=50 000（元）

应缴纳增值税税额 =50 000×3%=1 500（元）

任务 2.3　增值税的申报和缴纳

2.3.1　增值税的纳税时间

1. 销项税额的时间限定

税法对增值税纳税义务发生时间的规定为销售货物或者应税劳务，为收讫销售项或者取得索取销售款项凭据的当天；先开具发票的，为开具发票的当天。按销售结算方式的不同，具体规定如下：

（1）采取直接收款方式销售货物的，不论货物是否发出，均为收到销售款或者取得索取销售款凭据的当天。

（2）采取托收承付和委托银行收款方式销售货物的，为发出货物并办妥托收手续的当天。

（3）采取赊销和分期收款方式销售货物的，为书面合同约定的收款日期的当天，无书面合同或者书面合同没有约定收款日期的，为货物发出的当天。

（4）采取预收货款方式销售货物的，为货物发出的当天，但销售生产工期超过12个月的大型机械设备、船舶、飞机等货物，为收到预收款或者书面合同约定的收款日期的当天。

（5）委托其他纳税人代销货物的，为收到代销单位的代销清单或者收到全部或者部分货款的当天；未收到代销清单及货款的，为发出代销货物满180天的当天。

（6）提供应税劳务的，为提供劳务同时收讫销售款或者取得索取销售款凭据的当天。

（7）纳税人发生《增值税暂行条例实施细则》所列视同销售货物行为的，为货物移送的当天。

（8）进口货物，为报关进口的当天。

（9）增值税扣缴义务发生时间，为纳税人的增值税纳税义务发生的当天。

2. 进项税额抵扣时限的确定

（1）自2017年7月1日起，增值税一般纳税人取得的2017年7月1日及以后开具的增值税专用发票和机动车销售统一发票，应自开具之日起360日内认证或登录增值税发票选择确认平台进行确认，并在规定的纳税申报期内，向主管国税机关申报抵扣进项税额。

（2）增值税一般纳税人取得的2017年7月1日及以后开具的海关进口增值税专用缴款书，应自开具之日起360日内向主管国税机关报送"海关完税凭证抵扣清单"，申请稽核比对。

3. 增值税的纳税期限

增值税的纳税期限分别为1日、3日、5日、10日、15日、1个月或者1个季度，其中以1个季度为纳税期限的规定仅适用于小规模纳税人。纳税人的具体纳税期限由主管税务机关根据纳税人应纳税额的大小分别核定；不能按照固定期限纳税的，可以按次纳税。

纳税人以1个月或者1个季度为一个纳税期限的，自期满之日起15日内申报纳税；以1日、3日、5日、10日或15日为一个纳税期限的，自期满之日起5日内预缴税款，于次月1日起15日内申报纳税并结清上月应纳税款。

扣缴义务人解缴税款的期限，依照纳税义务人的规定执行。

纳税人进口货物，应当自海关填发海关进口增值税专用缴款书之日起15日内缴纳税款。

2.3.2　增值税的纳税地点

（1）固定业户应当向其机构所在地主管税务机关申报纳税。总机构和分支机构不在同一县

（市）的，应当分别向各自所在地主管税务机关申报纳税；经国务院财政、税务主管部门或其授权的财政、税务机关批准，可以由总机构汇总，向汇总机构所在地主管税务机关申报纳税。

固定业户到外县（市）销售货物或应税劳务的，应当向其机构所在地主管税务机关申请开具外出经营活动税收管理证明，并向其机构所在地主管税务机关申报纳税。未开具证明的，应当向销售地或劳务发生地主管税务机关申报纳税；未向销售地或劳务发生地主管税务机关申报纳税的，由其机构所在地主管税务机关补征税款。

（2）非固定业户销售货物或应税劳务的，应当向销售地或者劳务发生地主管税务机关申报纳税；未向销售地或劳务发生地主管税务机关申报纳税的，由其机构所在地或居住地主管税务机关补征税款。

（3）进口货物，应当向报关地海关申报纳税。

（4）扣缴义务人应当向其机构所在地或居住地的主管税务机关申报缴纳其扣缴税款。

2.3.3 一般纳税人的纳税申报

自2021年8月1日起，增值税、消费税分别与城市维护建设税、教育费附加、地方教育附加申报表整合，启用"增值税及附加税费申报表（一般纳税人适用）""增值税及附加税费申报表（小规模纳税人适用）""增值税及附加税费预缴表"及其附列资料。

增值税一般纳税人一般按月纳税申报，申报期限为次月1日起至15日止（到期日遇节假日顺延）。

1. 提供纳税申报资料

（1）增值税及附加税费申报表。

（2）附报资料：

①已开具的税控机动车销售统一发票和普通发票的存根联。

②符合抵扣条件且在本期申报抵扣的增值税专用发票（含税控机动车销售统一发票）的抵扣联。

③符合抵扣条件且在本期申报抵扣的海关进口增值税专用缴款书、购进农产品取得的普通发票的复印件。

④符合抵扣条件且在本期申报抵扣的税收完税凭证及其清单，书面合同、付款证明和境外单位的对账单或者发票。

⑤已开具的农产品收购凭证的存根联或报查联。

⑥纳税人销售服务、不动产和无形资产，在确定服务、不动产和无形资产销售额时，按照有关规定从取得的全部价款和价外费用中扣除价款的合法凭证及其清单。

⑦主管税务机关规定的其他资料。

（3）纳税申报表及其附列资料为必报资料。纳税申报其他资料的报备要求由各省、自治区、直辖市和计划单列市国家税务局确定。

2. 填报增值税纳税申报表

一般纳税人的增值税纳税申报表包括增值税及附加税费申报表（主表）和反映本期销售情况明细的增值税纳税申报表附列资料。

（1）增值税及附加税费申报表（一般纳税人适用），如表2-3所示。

表 2-3　增值税及附加税费申报表

（一般纳税人适用）

根据国家税收法律法规及增值税相关规定制定本表。纳税人不论有无销售额，均应按税务机关核定的纳税期限填写本表，并向当地税务机关申报。

税款所属时间：　　年　月　日至　　年　月　日　　填表日期：　　年　月　日　　金额单位：元（列至角分）

纳税人识别号（统一社会信用代码）：□□□□□□□□□□□□□□□□□□□□　　所属行业：

纳税人名称：			法定代表人姓名		注册地址		生产经营地址	
开户银行及账号					登记注册类型		电话号码	

	项　　目	栏次	一般项目		即征即退项目	
			本月数	本年累计	本月数	本年累计
销售额	（一）按适用税率计税销售额	1				
	其中：应税货物销售额	2				
	应税劳务销售额	3				
	纳税检查调整的销售额	4				
	（二）按简易办法计税销售额	5				
	其中：纳税检查调整的销售额	6				
	（三）免、抵、退办法出口销售额	7			—	—
	（四）免税销售额	8			—	—
	其中：免税货物销售额	9			—	—
	免税劳务销售额	10			—	—
税款计算	销项税额	11				
	进项税额	12				
	上期留抵税额	13			—	—
	进项税额转出	14				
	免、抵、退应退税额	15			—	—
	按适用税率计算的纳税检查应补缴税额	16			—	—
	应抵扣税额合计	17=12+13-14-15+16			—	—
	实际抵扣税额	18（如17＜11，则为17，否则为11）				
	应纳税额	19=11-18				
	期末留抵税额	20=17-18				
	简易计税办法计算的应纳税额	21				
	按简易计税办法计算的纳税检查应补缴税额	22			—	—
	应纳税额减征额	23				
	应纳税额合计	24=19+21-23				
税款缴纳	期初未缴税额（多缴为负数）	25				
	实收出口开具专用缴款书退税额	26				
	本期已缴税额	27=28+29+30+31				
	①分次预缴税额	28				
	②出口开具专用缴款书预缴税额	29			—	—
	③本期缴纳上期应纳税额	30			—	—
	④本期缴纳欠缴税额	31				
	期末未缴税额（多缴为负数）	32=24+25+26-27				
	其中：欠缴税额（≥0）	33=25+26-27			—	—
	本期应补（退）税额	34=24-28-29				
	即征即退实际退税额	35	—	—		
	期初未缴查补税额	36				
	本期入库查补税额	37				
	期末未缴查补税额	38=16+22+36-37				
附加税费	城市维护建设税本期应补（退）税额	39			—	—
	教育费附加本期应补（退）费额	40			—	—
	地方教育附加本期应补（退）费额	41			—	—

续表

声明：此表是根据国家税收法律法规及相关规定填写的，本人（单位）对填报内容（及附带资料）的真实性、可靠性、完整性负责。

纳税人（签章）： 年 月 日

经办人： 经办人身份证号： 代理机构签章： 代理机构统一社会信用代码：	受理人： 受理税务机关（章）： 受理日期： 年 月 日

（2）增值税及附加税费申报表附列资料（一）（本期销售情况明细）。（略）

（3）增值税及附加税费申报表附列资料（二）（本期进项税额明细）。（略）

（4）增值税及附加税费申报表附列资料（三）（服务、不动产和无形资产扣除项目明细）。（略）

一般纳税人销售服务、不动产和无形资产，在确定服务、不动产和无形资产销售额时，按照有关规定可以从取得的全部价款和价外费用中扣除价款的，需填报增值税及附加税费申报表附列资料（三）。其他情况不填写该附列资料。

（5）增值税及附加税费申报表附列资料（四）（税额抵减情况表）。（略）

（6）增值税及附加税费申报表附列资料（五）（不动产分期抵扣计算表）。（略）

（7）增值税减免税申报明细表。（略）

3. 办理税款缴纳手续

在办理税款缴纳前，还需完成专用发票认证、抄税、报税、办理申报等工作。

（1）专用发票认证。增值税专用发票的认证方式可选择手工认证和网上认证。手工认证是单位办税员月底持专用发票抵扣联到所属主管税务机关服务大厅"认证窗口"进行认证；网上认证是纳税人月底前通过扫描仪将专用发票抵扣联扫入认证专用软件，生成电子数据，将数据文件传给税务机关完成认证。

（2）抄税。抄税是在当月的最后一天，通常是在次月1日早上开票前，利用防伪税控开票系统进行抄税处理，将本月开具增值税专用发票的信息读入IC卡（抄税完成后本月不允许再开具发票）。

（3）报税。报税是在报税期内，一般单位在15日之前，将IC卡拿到税务机关，由税务人员将IC卡的信息读入税务机关的金税系统。经过抄税，税务机关确保所有开具的销项发票进入金税系统。经过报税，税务机关确保所有的进项发票都进入金税系统，可以在系统内由系统进行自动比对，确保任何一张抵扣的进项发票都有销项发票与其对应。

（4）办理申报。申报工作可分为上门申报和网上申报。上门申报是指在申报期内，携带填写的纳税申报表、资产负债表、利润表及其他相关资料到主管税务机关办理纳税申报，税务机关审核后纳税申报表退还一联给纳税人。网上申报是指纳税人在征税期限内，通过互联网将纳税申报表主表、附表及其他必报资料的电子信息传送至电子申报系统，纳税人应从办理税务的次月1日起15日内，无论有无销售额，均应按主管税务机关核定的纳税期限办理纳税申报。

（5）税款缴纳。税务机关将申报表单据送到开户银行，由银行进行自动转账处理。对于未进行税库银联网的纳税人，由自己到税务机关指定的银行进行现金缴纳。

2.3.4 小规模纳税人的纳税申报

1. 提供纳税申报资料

小规模纳税人进行纳税申报时，应提供以下资料：增值税及附加税费申报表（小规模纳税人适用）、普通发票领用存月报表、企业财务会计报表及其他税务机关要求报送的资料。

2. 填报小规模纳税人纳税申报表及附列资料

（1）小规模纳税人增值税纳税申报表，格式如表2-4所示。

表2-4　增值税及附加税费申报表

(小规模纳税人适用)

纳税人识别号（统一社会信用代码）：☐☐☐☐☐☐☐☐☐☐☐☐☐☐☐☐☐☐

纳税人名称：　　　　　　　　　　　　　　　　　　　　　　　　　金额单位：元（列至角分）

税款所属期：　　年　　月　　日至　　年　　月　　日　　　　填表日期：　　年　　月　　日

<table>
<tr><th colspan="2" rowspan="2">项　目</th><th rowspan="2">栏次</th><th colspan="2">本期数</th><th colspan="2">本年累计</th></tr>
<tr><th>货物及劳务</th><th>服务、不动产和无形资产</th><th>货物及劳务</th><th>服务、不动产和无形资产</th></tr>
<tr><td rowspan="14">一、计税依据</td><td>（一）应征增值税不含税销售额（3%征收率）</td><td>1</td><td></td><td></td><td></td><td></td></tr>
<tr><td>增值税专用发票不含税销售额</td><td>2</td><td></td><td></td><td></td><td></td></tr>
<tr><td>其他增值税发票不含税销售额</td><td>3</td><td></td><td></td><td></td><td></td></tr>
<tr><td>（二）应征增值税不含税销售额（5%征收率）</td><td>4</td><td></td><td>—</td><td></td><td>—</td></tr>
<tr><td>增值税专用发票不含税销售额</td><td>5</td><td></td><td>—</td><td></td><td>—</td></tr>
<tr><td>其他增值税发票不含税销售额</td><td>6</td><td></td><td>—</td><td></td><td>—</td></tr>
<tr><td>（三）销售使用过的固定资产不含税销售额</td><td>7（7≥8）</td><td></td><td>—</td><td></td><td>—</td></tr>
<tr><td>其中：其他增值税发票不含税销售额</td><td>8</td><td></td><td>—</td><td></td><td>—</td></tr>
<tr><td>（四）免税销售额</td><td>9=10+11+12</td><td></td><td></td><td></td><td></td></tr>
<tr><td>其中：小微企业免税销售额</td><td>10</td><td></td><td></td><td></td><td></td></tr>
<tr><td>未达起征点销售额</td><td>11</td><td></td><td></td><td></td><td></td></tr>
<tr><td>其他免税销售额</td><td>12</td><td></td><td></td><td></td><td></td></tr>
<tr><td>（五）出口免税销售额</td><td>13（13≥14）</td><td></td><td></td><td></td><td></td></tr>
<tr><td>其中：其他增值税发票不含税销售额</td><td>14</td><td></td><td></td><td></td><td></td></tr>
<tr><td rowspan="8">二、税款计算</td><td>本期应纳税额</td><td>15</td><td></td><td></td><td></td><td></td></tr>
<tr><td>本期应纳税额减征额</td><td>16</td><td></td><td></td><td></td><td></td></tr>
<tr><td>本期免税额</td><td>17</td><td></td><td></td><td></td><td></td></tr>
<tr><td>其中：小微企业免税额</td><td>18</td><td></td><td></td><td></td><td></td></tr>
<tr><td>未达起征点免税额</td><td>19</td><td></td><td></td><td></td><td></td></tr>
<tr><td>应纳税额合计</td><td>20=15-16</td><td></td><td></td><td></td><td></td></tr>
<tr><td>本期预缴税额</td><td>21</td><td></td><td></td><td>—</td><td>—</td></tr>
<tr><td>本期应补（退）税额</td><td>22=20-21</td><td></td><td></td><td>—</td><td>—</td></tr>
<tr><td rowspan="3">三、附加税费</td><td>城市维护建设税本期应补（退）税额</td><td>23</td><td></td><td></td><td></td><td></td></tr>
<tr><td>教育费附加本期应补（退）税额</td><td>24</td><td></td><td></td><td></td><td></td></tr>
<tr><td>地方教育附加本期应补（退）税额</td><td>25</td><td></td><td></td><td></td><td></td></tr>
</table>

声明：此表是根据国家税收法律法规及相关规定填写的，本人（单位）对填报内容（及附带资料）的真实性、可靠性、完整性负责。

　　　　　　　　　　　　　　　　　　　　　　　　　　　　纳税人（签章）：　　　　　年　月　日

经办人：	受理人：
经办人身份证号：	
代理机构签章：	受理税务机关（章）：
代理机构统一社会信用代码：	受理日期：　　年　月　日

（2）小规模纳税人销售服务，在确定服务销售额时，按照有关规定可以从取得的全部价款和价外费用中扣除价款的，需填报增值税纳税申报表（小规模纳税人适用）附列资料。

（3）前述的纳税申报其他资料同样适用于小规模纳税人。

任务 2.4　增值税发票的使用和管理

2.4.1　增值税专用发票的领购使用范围

《增值税专用发票使用规定》（以下简称《专用发票》）规定，增值税专用发票仅限于增值税的一般纳税人领购使用，增值税小规模纳税人和非增值税纳税人不得使用。一般纳税人有下列情形之一者，不得领购使用专用发票。

（1）会计核算不健全，不能向税务机关准确提供增值税销项税额、进项税额、应纳税额数据及其他有关增值税税务资料的。

上述其他有关增值税税务资料的内容，由省、自治区、直辖市和计划单列市税务局确定。

（2）有《中华人民共和国税收征收管理法》规定的税收违法行为，拒不接受税务机关处理的。

（3）存在下列行为之一的，经税务机关责令限期改正而仍未改正的：

①虚开增值税专用发票。

②私自印制增值税专用发票。

③向税务机关以外的单位和个人买取增值税专用发票。

④借用他人增值税专用发票。

⑤未按要求开具发票。

⑥未按规定保管专用发票和专用设备。

存在下列情形之一的，为未按规定保管增值税专用发票和专用设备：

Ⅰ. 未设专人保管增值税专用发票和专用设备。

Ⅱ. 未按税务机关要求存放增值税专用发票和专用设备。

Ⅲ. 未将认证相符的增值税专用发票抵扣联、"认证结果通知书"和"认证结果清单"装订成册。

Ⅳ. 未经税务机关查验，擅自销毁增值税专用发票基本联次。

⑦未按规定申请办理防伪税控系统变更发行。

⑧未按规定接受税务机关检查。

存在上述情形的，如已领购增值税专用发票，主管税务机关应暂扣其结存的增值税专用发票和IC卡。

（4）新办纳税人首次申领增值税发票规定。

①同时满足下列条件的新办纳税人首次申领增值税发票，主管税务机关应当自受理申请之日起2个工作日内办结，有条件的主管税务机关当日办结：

Ⅰ. 纳税人的办税人员、法定代表人已经进行实名信息采集和验证（需要采集、验证法定代表人实名信息的纳税人范围由各省税务机关确定）。

Ⅱ. 纳税人有开具增值税发票需求，主动申领发票。

Ⅲ. 纳税人按照规定办理税控设备发行等事项。

②新办纳税人首次申领增值税发票，主要包括发票票种核定、增值税专用发票（增值税税控系统）最高开票限额审批、增值税税控系统专用设备初始发行、发票领用等涉税事项。

③税务机关为符合第①项规定的首次申领增值税发票的新办纳税人办理发票票种核定，增值税专用发票最高开票限额不超过10万元，每月最高领用数量不超过25份；增值税普通发票最高开票限额不超过10万元，每月最高领用数量不超过50份。各省税务机关可以在此范围内结合纳税人税收风险程度，自行确定新办纳税人首次申领增值税发票票种核定标准。

2.4.2 增值税专用发票的开具范围和开具要求

1. 增值税专用发票的开具范围

（1）一般纳税人发生应税销售行为，应向购买方开具增值税专用发票。

（2）商业企业一般纳税人零售的烟、酒、食品、服装、鞋帽（不包括劳保专用部分）、化妆品等消费品不得开具增值税专用发票。

（3）增值税小规模纳税人需要开具增值税专用发票的，可向主管税务机关申请代开。

（4）销售免税货物不得开具增值税专用发票，法律、法规及国家税务总局另有规定的除外。

（5）纳税人发生应税销售行为，应当向索取增值税专用发票的购买方开具增值税专用发票，并在增值税专用发票上分别注明销售额和销项税额。属于下列情形之一的，不得开具增值税专用发票：

①应税销售行为的购买方为消费者个人的。

②发生应税销售行为适用免税规定的。

（6）增值税小规模纳税人（其他个人除外）发生增值税应税行为，需要开具增值税专用发票的，可以自愿使用增值税发票管理系统自行开具。选择自行开具增值税专用发票的小规模纳税人，税务机关不再为其代开增值税专用发票。增值税小规模纳税人应当就开具增值税专用发票的销售额计算增值税应纳税额，并在规定的纳税申报期内向主管税务机关申报缴纳。

小规模纳税人销售取得的不动产，需要开具增值税专用发票的，应当按照有关规定向税务机关申请代开。

小规模纳税人应当就开具增值税专用发票的销售额计算增值税应纳税额，并在规定的纳税申报期内向主管税务机关申报缴纳。在填写增值税纳税申报表时，应当将当期开具增值税专用发票的销售额，按照3%和5%的征收率，分别填写在"增值税纳税申报表（小规模纳税人适用）"第2栏和第5栏"税务机关代开的增值税专用发票不含税销售额"的"本期数"相应栏次中。

（7）小规模纳税人月销售额超过10万元的，使用增值税发票管理系统开具增值税普通发票、机动车销售统一发票、增值税电子普通发票。已经使用增值税发票管理系统的小规模纳税人，月销售额未超过10万元的，可以继续使用现有税控设备开具发票；已经自行开具增值税专用发票的，可以继续自行开具增值税专用发票，并就开具增值税专用发票的销售额计算缴纳增值税。

2. 增值税专用发票的开具要求

（1）项目齐全，与实际交易相符；

（2）字迹清楚，不得压线、错格；

（3）发票联和抵扣联加盖财务专用章或者发票专用章；

（4）按照增值税纳税义务的发生时间开具。

对不符合上述要求的专用发票，购买方有权拒收。

一般纳税人销售货物或者提供应税劳务可汇总开具专用发票。汇总开具专用发票的，同时使用防伪税控系统开具"销售货物或者提供应税劳务清单"，并加盖财务专用章或者发票专用章。

2.4.3 增值税专用发票开具时限

专用发票开具时限规定如下：

（1）采用预收货款、托收承付、委托银行收款结算方式的，为货物发出的当天。

（2）采用交款提货结算方式的，为收到货款的当天。

（3）采用赊销、分期付款结算方式的，为合同约定的收款日期的当天。

（4）将货物交付他人代销，为收到委托人送交的代销清单的当天。

（5）设有两个以上机构并实行统一核算的纳税人，将货物从一个机构移送其他机构用于销售，按规定应当征收增值税的，为货物移送的当天。

（6）将货物作为投资提供给其他单位或个体经营者，为货物移送的当天。

（7）将货物分配给股东，为货物移送的当天。

一般纳税人必须按规定时限开具专用发票，不得提前或滞后。对已开具专用发票的销售货物，要及时足额计入当期销售额计税。凡开具了专用发票，其销售额未按规定计入销售账户核算的，一律按偷税论处。

2.4.4 增值税专用发票的联次及票样

增值税专用发票由基本联次或基本联次附加其他联次构成。基本联次为三联：第一联为记账联，是销售方核算销售收入和增值税销项税额的记账凭证；第二联为抵扣联，是购买方报送主管税务机关认证和留存备查的凭证；第三联为发票联，是购买方核算采购成本和增值税进项税额的记账凭证。其他联次用途，由一般纳税人自行确定。

增值税专用发票的票面必须包括如下内容：购销双方纳税人名称；购销双方地址、电话；购销双方纳税人识别号、开户银行及账号；销售货物或应税劳务的名称、计量单位和销售数量；不包括增值税在内的单位售价及货款总金额；增值税税率、税额；发票填开日期、发票号码等。

增值税专用发票的票样，如图 2-1 所示。

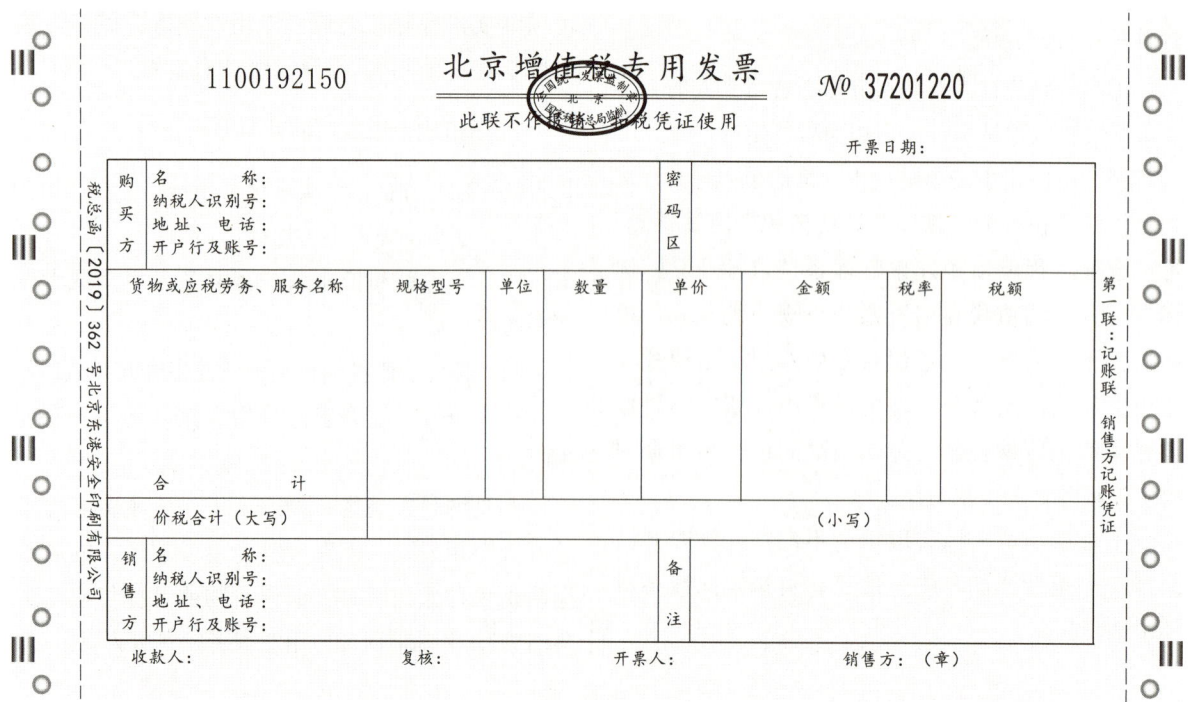

图 2-1 增值税专用发票

2.4.5 电子计算机开具专用发票的要求

国家"金税工程"启动以后，直接使用计算机填开增值税专用发票已经成为增值税进项抵扣的主要票据。《专用发票》规定，符合下列条件的一般纳税人，可以向主管税务机关申请使用电子计算机开具专用发票。

（1）有专业电子计算机技术人员、操作人员。

（2）具备通过电子计算机开具专用发票和按月核算进货、销货及库存清单能力。

（3）国家税务总局直属分局规定的其他条件。

2.4.6 税务机关代开增值税专用发票

按规定，小规模纳税人不得领购和使用增值税专用发票。若一般纳税人向小规模纳税人购进货物，不能取得增值税专用发票，无法抵扣进项税额，会使小规模纳税人的销售受到一定影响。为了既有利于加强增值税专用发票的管理，又不影响小规模纳税人的销售，税法规定可由税务机关为小规模纳税人企业代开增值税专用发票。

凡是能够认真履行纳税义务的小规模纳税人，经县（市）税务局批准，其销售货物或应税劳务可由税务机关代开增值税专用发票。税务机关应将代开增值税专用发票的情况造册，详细登记备查。但销售免税货物或将货物、应税劳务销售给消费者以及小额零星销售，不得代开增值税专用发票。

小规模纳税人在税务机关代开增值税专用发票前，应先到税务机关临时申报应纳税额，持税务机关开具的税收缴款书，到开户银行办理税款入库手续后，凭盖有银行转讫章的纳税凭证，到税务机关要求代开增值税专用发票。

对于不能认真履行纳税义务的小规模纳税人，不能由税务机关代开增值税专用发票。

2.4.7 增值税专用发票与不得抵扣进项税额的规定

（1）经认证，存在下列情形之一的，不得作为增值税进项税额的抵扣凭证，税务机关退还原件，购买方可要求销售方重新开具增值税专用发票。

①无法认证，是指增值税专用发票所列密文或者明文不能辨认，无法产生认证结果。

②纳税人识别号认证不符，是指增值税专用发票所列购买方纳税人识别号有误。

③增值税专用发票代码、号码认证不符，是指增值税专用发票所列密文解译后与明文的代码或者号码不一致。

（2）对丢失已开具增值税专用发票的发票联和抵扣联的处理。

纳税人同时丢失已开具增值税专用发票或机动车销售统一发票的发票联和抵扣联，可凭加盖销售方发票专用章的相应发票记账联复印件，作为增值税进项税额的抵扣凭证、退税凭证或记账凭证。

纳税人丢失已开具增值税专用发票或机动车销售统一发票的抵扣联，可凭相应发票的发票联复印件，作为增值税进项税额的抵扣凭证或退税凭证；纳税人丢失已开具增值税专用发票或机动车销售统一发票的发票联，可凭相应发票的抵扣联复印件，作为记账凭证。

2.4.8 开具增值税专用发票后发生退货或销售折让的处理

（1）增值税一般纳税人开具增值税专用发票后，发生销货退回、开票有误、应税服务中止等情形但不符合发票作废条件，或者因销货部分退回及发生销售折让，需要开具红字增值税专用发票的，按规定方法处理。

①购买方取得增值税专用发票并已用于申报抵扣的，购买方可在增值税发票管理新系统（以下简称新系统）中填开并上传"开具红字增值税专用发票信息表"（以下简称"信息表"），在填开"信息表"时不填写相对应的蓝字增值税专用发票信息，应暂依"信息表"所列增值税税额从当期进项税额中转出，待取得销售方开具的红字增值税专用发票后，与"信息表"一并作为记账凭证。

②购买方取得增值税专用发票尚未用于申报抵扣，但发票联或抵扣联无法退回的，购买方填开"信息表"时应填写与之相对应的蓝字增值税专用发票信息。

③销售方开具增值税专用发票尚未交付购买方，以及购买方未用于申报抵扣并将发票联及抵扣联退回的，销售方可在新系统中填开并上传"信息表"。销售方填开"信息表"时应填写与之相对应的蓝字增值税专用发票信息。

（2）税务机关为小规模纳税人代开增值税专用发票，需要开具红字增值税专用发票的，按照一般纳税人开具红字增值税专用发票的方法处理。

（3）纳税人需要开具红字增值税普通发票的，可以在与之对应的蓝字发票金额范围内开具多份红字发票。红字机动车销售统一发票需与原蓝字机动车销售统一发票——对应。

2.4.9 增值税专用发票的保管与检查

开具发票的单位和个人，应当按照税务机关的规定存放和保管发票，不得擅自损毁，已经开具的发票登记簿应当保存五年。保存期满后必须经税务机关查验后方可销毁。开具发票的单位和个人应当建立发票使用登记制度，设置发票记账簿，并定期向主管税务机关报告发票使用情况。如果办理变更或者注销税务登记，应同时办理发票和发票领购簿的变更、缴销手续；发票丢失应于丢失当日书面报告主管税务机关，并在报刊和电视等新闻媒体上公告声明作废。

印制、使用发票的单位和个人，必须接受税务机关依法检查，如实反映情况，提供有关资料，不得拒绝、隐瞒。税务机关有权检查发票的印刷、领购、开具、取得和保管情况，有权调出发票查验，有权查阅、复制与发票有关的资料、凭证，有权向当事人询问与发票有关的情况，并进行记录、录音、录像、照相、复制等。

提示

对从境外取得的与纳税有关的发票、凭证，税务机关在纳税审查时有疑义的，可以要求企业提供境外公证机构或注册会计师的确认证明，经税务机关审核认可后，方可作为记账凭证。

违反发票管理法规的，要依法承担有关法律责任。

2.4.10 增值税普通发票

增值税普通发票，是将除商业零售以外的增值税一般纳税人纳入增值税防伪税控系统开具和管理，也就是说，一般纳税人可以使用同一套增值税防伪税控系统开具增值税专用发票、增值税普通发票等，俗称"一机多票"。

（1）增值税普通发票的格式、字体、栏次、内容与增值税专用发票完全一致，按发票联次分为两联票和五联票两种。基本联次为两联：第一联为记账联，销货方用作记账凭证；第二联为发票联，购货方用作记账凭证。此外，为满足部分纳税人的需要，在基本联次后添加了三联的附加联次，即五联票，供企业选择使用。

（2）增值税普通发票（折叠票）发票代码调整为12位。

（3）增值税普通发票第二联（发票联）采用防伪纸张印制。

项目小结

本项目介绍了增值税的概念、增值税的纳税人和扣缴义务人、增值税的征税范围、增值税税率和征收率、一般纳税人增值税应纳税额的计算、进口货物应纳税额的计算、小规模纳税人应纳税额的计算、增值税的纳税时间、增值税的纳税地点、一般纳税人的纳税申报、小规模纳税人的纳税申报，以及增值税发票的使用和管理。

思考与练习

一、单项选择题

1. 商业企业为增值税一般纳税人，2019年4月销售服装取得含税收入8万元，销售副食品取得含税收入12万元，视同销售小电器取得含税收入2万元。5月7日，向税务机关申报的增值税纳税申报表中（纳税期限为1个月），"应税货物销售额"栏中合计金额是（　）万元。

A. 6.90　　　　　　B. 12.07

C. 17.24　　　　　　D. 19.47

2. 某企业总机构在甲地，分支机构在乙地，那么总分机构增值税一般纳税人认定手续应在（　）主管税务机关申请办理。

A. 甲地

B. 乙地

C. 各自机构所在地

D. 总机构的上级主管部门所在地

3. 下列关于增值税纳税人的征收率的说法中，

表述不正确的是（　　）。

A. 纳税人销售旧货，按照简易办法依照3%征收率减按2%征收增值税

B. 小规模纳税人（除其他个人外）销售自己使用过的除固定资产以外的物品，应按3%的征收率征收增值税

C. 一般纳税人销售自产自来水可以按照3%的征收率计征增值税

D. 小规模纳税人销售自建或者取得的不动产按照3%的征收率计征增值税

4. 增值税专用发票由国务院税务主管部门确定的企业印制；其他发票，按照国务院税务主管部门的规定，由（　　）确定的企业印制。

A. 省人民政府　　　B. 省级税务机关
C. 财政部门　　　　D. 工商部门

5. 属于增值税一般纳税人的商业企业，发生的下列行为中，可以开具增值税专用发票的是（　　）。

A. 零售烟、酒　　　B. 零售劳保用品
C. 零售化妆品　　　D. 零售食品

二、多项选择题

1. 对（　　）行为经税务机关责令限期改正而仍未改正者不得领购使用增值税专用发票。

A. 不能向税务机关准确提供有关增值税计税资料者

B. 未按规定开具增值税专用发票的

C. 未按规定接受税务机关检查的

D. 销售的货物全部属于免税项目的

2. 下列项目属于免征增值税的有（　　）。

A. 个人转让著作权

B. 残疾人个人提供应税服务

C. 试点纳税人中的一般纳税人提供管道运输服务

D. 试点纳税人提供技术转让、技术开发和与之相关的技术咨询、技术服务

3. 下列选项中，适用出口免征增值税政策的有（　　）。

A. 已使用过的设备（购进时未取得增值税专用发票）

B. 非出口企业委托出口的货物

C. 农业生产者自产农产品

D. 以旅游购物贸易方式报关出口的货物

4. 下列企业出口的货物，除另有规定外，给予免税，但不予退税的有（　　）。

A. 属于生产企业的小规模纳税人自营出口或委托外贸企业代理出口的自产货物

B. 外贸企业从小规模纳税人购进并持普通发票出口的货物

C. 外贸企业直接购进国家规定的免税出口的货物

D. 非计划内出口的卷烟

5. 下列税额，可以从销项税额中抵扣或应纳税额中抵免的有（　　）。

A. 纳税人购置税控收款机取得的增值税普通发票上注明的税额

B. 增值税一般纳税人购置税控收款机取得的增值税专用发票上注明的税额

C. 增值税小规模纳税人购置税控收款机取得的增值税普通发票上注明的税额

D. 增值税一般纳税人购置防伪税控通用设备取得的增值税专用发票上注明的税额

三、判断题

1. 甲公司是一家从事公路货物运输的增值税自开票纳税人，2015年年销售额为480万元，该公司未达到一般纳税人的认定标准，应当按照小规模纳税人纳税。（　　）

2. 根据增值税法规制度的规定，固定业户应当向其机构所在地的主管税务机关申报纳税，如总机构和分支机构不在同一县（市），则应由总机构汇总向总机构所在地的主管税务机关申报纳税。（ ）

3. 纳税人进口货物，应当自海关填发进口增值税专用缴款书之日起10日内缴纳税款。（ ）

4. 增值税一般纳税人发生按简易办法征收增值税应税行为，销售其按照规定不得抵扣且未抵扣进项税额的固定资产的，不得开具增值税专用发票。（ ）

5. 进口货物的纳税人在进口环节不得抵扣进项税额，在国内销售环节可以抵扣进口环节所纳的增值税。（ ）

四、简答题

1. 简述增值税的概念。
2. 概括增值税征税范围。
3. 增值税的视同销售行为有哪些？

项目 3　消费税纳税实务

知识目标

◎ 掌握消费税的概念和纳税人；

◎ 掌握消费税的征税范围和税率。

技能目标

◎ 掌握消费税的计算；

◎ 掌握消费税的申报和缴纳。

案例导入

一家公司购买宾利车后按照卖方的要求支付了高达37万元的超豪华小汽车消费税，事后得知消费税的纳税主体应当为销售方，对方却直接将这笔税费转嫁到了购车者的头上，并称是"代扣代缴"。得知真相后，该公司以不当得利为由将宾利车销售方北京某汽车贸易公司告上法庭，要求返还这笔税费。这起案件近日在朝阳法院开庭审理，目前尚无结果。然而有法律人士指出，尽管"羊毛出在羊身上"，但是作为最终的"买单"人，消费者最起码要有知情权。

案例思考

37万元的消费税到底该由谁负担？

本章导语

消费税是中国流转税体系中三大主体税种之一，在中国税制中占有十分重要的地位。消费税是以特定消费品为课税对象征收的一种税，属于流转税的范畴。在对货物普遍征收增值税的基础上，选择少数消费品再征收一道消费税，目的是调节产品结构，引导消费方向，保证国家财政收入。

任务 3.1 消费税概述

3.1.1 消费税的概念和纳税人

1. 消费税的概念

消费税是对消费品和特定的消费行为按流转额征收的一种商品税。广义上，消费税应对所有消费品包括生活必需品和日用品普遍课税，但从征收实践上看，消费税主要指对特定消费品或特定消费行为等课税。消费税主要以消费品为课税对象，属于间接税，税收随价格转嫁给消费者负担，消费者是税款的实际负担者。

消费税是国家贯彻消费政策、引导消费结构，从而引导产业结构的重要手段，因而在保证国家财政收入、体现国家经济政策等方面具有十分重要的意义。

2. 消费税的纳税人

在中华人民共和国境内生产、委托加工和进口《中华人民共和国消费税暂行条例》（以下简称《消费税暂行条例》）规定的消费品的单位和个人，以及国务院确定的销售《消费税暂行条例》规定的消费品的其他单位和个人，为消费税的纳税人，应当依照《消费税暂行条例》缴纳消费税。

单位，是指企事业单位、行政单位、军事单位、社会团体及其他单位。

个人，是指个体工商户及其他个人。

在中华人民共和国境内，是指生产、委托加工和进口属于应当缴纳消费税的消费品的起运地或者所在地在我国境内。

3.1.2 消费税的征税范围和税率

1. 消费税的征税范围

根据《中华人民共和国消费税暂行条例》（以下简称《消费税暂行条例》）的规定，消费税的征税范围为，在中华人民共和国境内生产、委托加工和进口《消费税暂行条例》规定的消费品。自 2009 年 1 月 1 日起，包括国务院确定的销售条例规定的消费品。

确定消费税征税范围的总原则是，立足我国的经济发展水平、国家的消费政策和产业政策，充分考虑人民的生活水平、消费水平和消费结构状况，注重保证国家财政收入的稳定增长，并适当借鉴国外征收消费税的成功经验和国际通行做法。具体表现在以下几个方面：

（1）流转税格局调整后税收负担下降较多的产品。目前，我国工业领域中的流转税收入主要集中在卷烟、石化、化工、电力、冶金、汽车等几个工业部门（约占 50%），加之原流转税税率设计极不规范，税率档次多，税负相差悬殊，实行规范化的增值税以后，必然有一些高税率的产品税负下降，为了确保改革以后财政收入不减少，需要通过消费税、资源税拿回来。

（2）非生活必需品中一些高档、奢侈的消费品，如贵重首饰及珠宝玉石、化妆品等。通过对奢侈品征收消费税，可以调节收入水平，体现多收入、多缴税的原则。

（3）从保护身体健康、生态环境等方面的需要出发，不提倡也不宜过度消费的某些消费品。如烟、酒、酒精、鞭炮、焰火等。对这些消费品征收消费税，可以在一定程度上抑制消费行为。

（4）一些特殊的资源性消费品，如汽油、柴油等。对汽油、柴油征收消费税，并实行较高税率，一是因为它们是不可再生资源，需要限制无度消费；二是中间环节利润大，征收的是"倒爷"费；三是污染城市环境；四是遵循国际惯例。

按照上述原则，在种类繁多的消费品中，被列入消费税征税范围的消费品大体上可归为以下五类。

第一类：一些过度消费会对人身健康、社会秩序、生态环境等方面造成危害的特殊消费品，如烟、酒、鞭炮、焰火等。

第二类：非生活必需品，如化妆品、贵重首饰、珠宝、玉石等。

第三类：高能耗及高档消费品，如摩托车、小汽车等。

第四类：不可再生和替代的稀缺资源消费品，如汽油、柴油等。

第五类：税基宽广、消费普遍、征税后不影响居民基本生活并具有一定财政意义的消费品，如汽车轮胎等。

消费税的征税范围不是一成不变的，随着我国经济的发展，可以根据国家的政策和经济情况及消费结构的变化适当调整。自2006年4月1日起，我国对消费税的征税范围就进行了调整，增加了新的税目。目前，我国消费税征收范围的确定主要体现以下两个特点：

一是消费税是选择部分消费品列举品目征收的。消费税的征税范围与增值税的部分征税范围是交叉的。也就是说，对消费税列举税目的，既要征收消费税，同时又要征收增值税。

二是凡在我国境内生产和进口属于消费税税目税率表中列举的消费品都需要缴纳消费税，但是为了平衡税收负担，堵塞税收漏洞，对于那些未体现销售而发出、使用和收回的应税消费品视同销售，将其纳入了消费税的征收范围。

2. 消费税的税率

根据消费税法规规定，消费税的征税范围包括烟，酒，高档化妆品，贵重首饰及珠宝、玉石，鞭炮、焰火，成品油，小汽车，摩托车，高尔夫球及球具，高档手表，游艇，木制一次性筷子，实木地板，电池，涂料等15个税目，有的税目还可进一步划分为若干子目。具体范围如下：

（1）烟。本税目下设卷烟（分生产环节和批发环节）、雪茄烟和烟丝三类。

卷烟的征税范围，包括各种规格、型号的国产卷烟、进口卷烟、白包卷烟、手工卷烟等；雪茄烟的征税范围，包括各种规格、型号的雪茄烟；烟丝的征税范围，包括以烟叶为原料加工生产的不经卷制的散装烟，如斗烟、莫合烟、烟末、水烟、黄红烟丝等。

（2）酒。酒是指酒精度在1度以上的各种酒类饮料，包括白酒、黄酒、啤酒和其他酒。

啤酒每吨出厂价（含包装物及包装物押金）在3 000元（含3 000元，不含增值税）以上的是甲类啤酒，每吨出厂价（含包装物及包装物押金）在3 000元（不含增值税）以下的是乙类啤酒。包装物押金不包括重复使用的塑料周转箱的押金。对饮食业、商业、娱乐业举办的啤酒屋（啤酒坊）利用啤酒生产设备生产的啤酒，应当征收消费税。果啤属于啤酒，按啤酒征收消费税。

配制酒（露酒）是指以发酵酒、蒸馏酒或食用酒精为酒基，加入可食用或药食两用的辅料或食品添加剂进行调配、混合或再加工制成的并改变了原酒基风格的饮料酒。

具体规定如下：

①以蒸馏酒或食用酒精为酒基，具有国家相关部门批准的"国食健"字或"卫食健"字文号并且酒精度低于38度（含）的配制酒，按消费税税目税率表中"其他酒"和10%的适用税率征收消费税。

②以发酵酒为酒基，酒精度低于20度（含）的配制酒，按消费税税目税率表中"其他酒"和10%的适用税率征收消费税。

③其他配制酒，按消费税税目税率表中"白酒"的适用税率征收消费税。

葡萄酒消费税适用"酒"税目下设的"其他酒"子目。葡萄酒是指以葡萄为原料经破碎（压榨）、发酵而成的酒精度在1度（含）以上的葡萄原酒和成品酒（不含以葡萄为原料的蒸馏酒）。

（3）高档化妆品。自2016年10月1日起，本税目调整为包括高档美容、修饰类化妆品，高档护肤类化妆品和成套化妆品。

高档美容、修饰类化妆品和高档护肤类化妆品是指生产（进口）环节销售（完税）价格（不含税）在 10 元/毫升（克）或 15 元/片（张）及以上美容、修饰类化妆品和护肤类化妆品。

高档美容、修饰类化妆品是指香水、香水精、香粉、口红、指甲油、胭脂、眉笔、唇笔、蓝眼油、眼睫毛以及成套化妆品。

舞台、戏剧、影视演员化妆用的上妆油、卸妆油、油彩不属于本税目的征收范围。

高档护肤类化妆品的征税范围，另行规定。

（4）贵重首饰及珠宝、玉石。凡以金、银、白金、宝石、珍珠、钻石、翡翠、珊瑚、玛瑙等高贵稀有物质以及其他金属、人造宝石等制作的各种纯金、银首饰及镶嵌首饰和经采掘、打磨、加工的各种珠宝、玉石。对出国人员免税商店销售的金银首饰征收消费税。

（5）鞭炮、焰火。各种鞭炮、焰火，体育上用的发令纸、鞭炮药引线，不按本税目征收。

（6）成品油。税目包括汽油、柴油、石脑油、溶剂油、航空煤油、润滑油、燃料油 7 个子目。航空煤油暂缓征收。

①汽油。汽油是指用原油或其他原料加工生产的辛烷值不小于 66 的可用作汽油发动机燃料的各种轻质油。取消车用含铅汽油消费税，汽油税目不再划分二级子目，统一按照无铅汽油税率征收消费税。

②柴油。柴油是指用原油或其他原料加工生产的倾点或凝点在 -50 号至 30 号的可用作柴油发动机燃料的各种轻质油和以柴油组分为主、经调和精制可用作柴油发动机燃料的非标油。

经国务院批准，自 2009 年 1 月 1 日起，对同时符合下列条件的纯生物柴油，免征消费税：

生产原料中废弃的动物油和植物油用量所占比重不低于 70%。

生产的纯生物柴油符合国家《柴油机燃料调合用生物柴油（BD100）》标准。

③石脑油。石脑油又称化工轻油，是以原油或其他原料加工生产的用于化工原料的轻质油。石脑油的征收范围，包括除汽油、柴油、航空煤油、溶剂油以外的各种轻质油。非标汽油、重整生成油、拔头油、戊烷原料油、轻裂解料（减压柴油 VGO 和常压柴油 AGO）、重裂解料、加氢裂化尾油、芳烃抽余油均属轻质油，属于石脑油征收范围。

④溶剂油。溶剂油是用原油或其他原料加工生产的用于涂料、油漆、食用油、印刷油墨、皮革、农药、橡胶、化妆品生产和机械清洗、胶粘行业的轻质油。

橡胶填充油、溶剂油原料，属于溶剂油征收范围。

⑤航空煤油。航空煤油也称喷气燃料，是用原油或其他原料加工生产的用作喷气发动机和喷气推进系统燃料的各种轻质油。航空煤油的消费税暂缓征收。

⑥润滑油。润滑油是用原油或其他原料加工生产的用于内燃机、机械加工过程的润滑产品。润滑油分为矿物性润滑油、植物性润滑油、动物性润滑油和化工原料合成润滑油。

润滑油的征收范围，包括矿物性润滑油、矿物性润滑油基础油、植物性润滑油、动物性润滑油和化工原料合成润滑油。以植物性、动物性和矿物性基础油（或矿物性润滑油）混合掺配而成的"混合性"润滑油，不论矿物性基础油（或矿物性润滑油）所占比例如何，均属于润滑油的征收范围。

另外，用原油或其他原料加工生产的用于内燃机、机械加工过程的润滑产品，均属于润滑油征税范围。润滑脂是润滑产品，生产、加工润滑脂应当征收消费税。

⑦燃料油。燃料油也称重油、渣油，是用原油或其他原料加工生产，主要用作电厂发电、锅炉用燃料、加热炉燃料、冶金和其他工业炉燃料。蜡油、船用重油、常压重油、减压重油、180CTS 燃料油、7 号燃料油、糠醛油、工业燃料等油品的主要用途是作为燃料燃烧，属于燃料油征收范围。

（7）小汽车。汽车是指由动力驱动，具有四个或四个以上车轮的非轨道承载的车辆。

本税目征收范围包括驾驶员座位在内最多不超过 9 个座位（含）的，在设计和技术特性上用于载运乘客和货物的各类乘用车和包括驾驶员座位在内的座位数在 10～23 座（含 23 座）的在设计上和技术特性上用于载运乘客和货物的各类中轻型商用客车。

用排气量小于 1.5 升（含）的乘用车底盘（车架）改装、改制的车辆属于乘用车征收范围。用排气量大于 1.5 升的乘用车底盘（车架）或用中轻型商用客车底盘（车架）改装、改制的车辆属于中轻型商用客车征收范围。

含驾驶员人数（额定载客）为区间值的（如8～10人、17～26人）小汽车，按其区间值下限人数确定征收范围。

（8）摩托车。包括轻便摩托车和摩托车两种。对最大设计车速不超过50千米/小时，发动机气缸总工作容量不超过50毫升的三轮摩托车，不征收消费税。

（9）高尔夫球及球具。高尔夫球及球具是指从事高尔夫球运动所需的各种专用装备，包括高尔夫球、高尔夫球杆及高尔夫球包（袋）等。

高尔夫球是指重量不超过45.93克、直径不超过42.67毫米的高尔夫球运动比赛、练习用球；高尔夫球杆是指被设计用来打高尔夫球的工具，由杆头、杆身和握把三部分组成；高尔夫球包（袋）是指专用于盛装高尔夫球及球杆的包（袋）。

本税目征收范围包括高尔夫球、高尔夫球杆、高尔夫球包（袋）。高尔夫球杆的杆头、杆身和握把属于本税目的征收范围。

（10）高档手表。高档手表是指销售价格（不含增值税）每只在10 000元（含）以上的各类手表。

（11）游艇。游艇是指长度大于8米小于90米，船体由玻璃钢、钢、铝合金、塑料等多种材料制作，可以在水上移动的水上浮载体。按照动力划分，游艇分为无动力艇、帆艇和机动艇。

本税目征收范围包括艇身长度大于8米（含）小于90米（含），内置发动机，可以在水上移动，一般为私人或团体购置，主要用于水上运动和休闲娱乐等非牟利活动的各类机动艇。

（12）木制一次性筷子。木制一次性筷子又称卫生筷子，是指以木材为原料经过锯段、浸泡、旋切、刨切、烘干、筛选、打磨、倒角、包装等环节加工而成的各类一次性使用的筷子。

本税目征收范围包括各种规格的木制一次性筷子。未经打磨、倒角的木制一次性筷子，属于本税目的征税范围。

（13）实木地板。实木地板是指以木材为原料，经锯割、干燥、刨光、截断、开榫、涂漆等工序加工而成的块状或条状的地面装饰材料。实木地板按生产工艺不同，可分为独板（块）实木地板、实木指接地板、实木复合地板三类；按表面处理状态不同，可分为未涂饰地板（白坯板、素板）和漆饰地板两类。

本税目征收范围包括各类规格的实木地板、实木指接地板、实木复合地板及用于装饰墙壁、天棚的侧端面为榫、槽的实木装饰板。

（14）电池。电池是一种将化学能、光能等直接转换为电能的装置，一般是由电极、电解质、容器、极端，通常还有隔离层组成的基本功能单元，以及用一个或多个基本功能单元装配成的电池组。范围包括原电池、蓄电池、燃料电池、太阳能电池和其他电池。

自2015年2月1日起对电池（铅蓄电池除外）征收消费税；对无汞原电池、金属氢化物镍蓄电池（又称"氢镍蓄电池"或"镍氢蓄电池"）、锂原电池、锂离子蓄电池、太阳能电池、燃料电池、全钒液流电池免征消费税。2015年12月31日前对铅蓄电池缓征消费税；自2016年1月1日起，对铅蓄电池按4%的税率征收消费税。

（15）涂料。涂料是指涂于物体表面能形成具有保护、装饰或特殊性能的固态涂膜的一类液体或固体材料之总称。自2015年2月1日起对涂料征收消费税，施工状态下挥发性有机物（VOC）含量低于420克/升（含）的涂料，免征消费税。

消费税法规对上述税目中种类、规格、等级较为复杂，需要区别对待的应税项目还设置了相关的子目和细目，具体如表3-1所示。

表3-1 消费税税目、税率

税 目	税 率
一、烟	
1. 卷烟	
（1）甲类卷烟	56%加0.003元/支
（2）乙类卷烟	36%加0.003元/支
（3）批发环节	11%加0.005元/支
2. 雪茄烟	36%
3. 烟丝	30%
二、酒及酒精	
1. 白酒	20%加0.5元/500克（或者500毫升）

续表

税　目	税　率
2. 黄酒	240元/吨
3. 啤酒	
（1）甲类啤酒	250元/吨
（2）乙类啤酒	220元/吨
4. 其他酒	10%
三、高档化妆品	15%
四、贵重首饰及珠宝、玉石	
1. 金银首饰、铂金首饰和钻石及钻石饰品	5%
2. 其他贵重首饰和珠宝石	10%
五、鞭炮、焰火	15%
六、成品油	
1. 汽油	1.52元/升
2. 柴油	1.2元/升
3. 航空煤油	1.2元/升
4. 石脑油	1.52元/升
5. 溶剂油	1.52元/升
6. 润滑油	1.52元/升
7. 燃料油	1.2元/升
七、摩托车	
1. 气缸容量为250毫升的	3%
2. 气缸容量在250毫升以上的	10%
八、小汽车	
1. 乘用车	
（1）气缸容量（排气量，下同）在1.0升（含1.0升）以下的	1%
（2）气缸容量在1.0升以上至1.5升（含1.5升）的	3%
（3）气缸容量在1.5升以上至2.0升（含2.0升）的	5%
（4）气缸容量在2.0升以上至2.5升（含2.5升）的	9%
（5）气缸容量在2.5升以上至3.0升（含3.0升）的	12%
（6）气缸容量在3.0升以上至4.0升（含4.0升）的	25%
（7）气缸容量在4.0升以上的	40%
2. 中轻型商用客车	5%
3. 超豪华小汽车（零售环节）	10%
九、高尔夫球及球具	10%
十、高档手表	20%
十一、游艇	10%
十二、木制一次性筷子	5%
十三、实木地板	5%
十四、电池	4%
十五、涂料	4%

由表3-1可知，消费税税率有比例税率、定额税率和复合税率三种类型。其中，适用定额税率的应税消费品有黄酒、啤酒和成品油；适用复合税率的应税消费品有白酒和卷烟（批发环节除外）；其他应税消费品全部适用比例税率。

消费税采取列举法按具体应税消费品设置税目税率，征税界限清楚，一般不易发生错用税率的情况。但是，存在下列情况时，纳税人应按照相关规定确定适用税率：

（1）纳税人兼营不同税率的应税消费品，应当分别核算不同税率应税消费品的销售额、销售数量。未分别核算销售额、销售数量，或者将不同税率的应税消费品组成成套消费品销售的，从高适用税率。

（2）配制酒适用税率的确定。配制酒（露酒）是指以发酵酒、蒸馏酒或食用酒精为酒基，加入可食用或药食两用的辅料或食品添加剂，进行调配、混合或再加工制成的并改变了原酒基风格的饮料酒。

①以蒸馏酒或食用酒精为酒基，同时符合以下条件的配制酒，按其他酒税率征收消费税。

Ⅰ. 具有国家相关部门批准的"国食健"字或"卫食健"字文号；

Ⅱ. 酒精度低于38度（含）。

②以发酵酒为酒基，酒精度低于20度（含）的配制酒，按其他酒税率征收消费税。

③其他配制酒，按白酒税率征收消费税。

上述以蒸馏酒或食用酒精为酒基是指酒基中蒸馏酒或食用酒精的比重超过80%（含）；以发酵酒为酒基是指酒基中发酵酒的比重超过80%（含）。

（3）纳税人自产自用的卷烟应当按照纳税人生产的同牌号规格的卷烟销售价格确定征税类别和适用税率。

（4）卷烟由于接装过滤嘴、改变包装或其他原因提高销售价格后，应按照新的销售价格确定征税类别和适用税率。

（5）委托加工的卷烟按照受托方同牌号规格卷烟的征税类别和适用税率征税。没有同牌号规格卷烟的，一律按卷烟最高税率征税。

（6）残次品卷烟应当按照同牌号规格正品卷

烟的征税类别确定适用税率。

（7）下列卷烟不分征税类别一律按照56%卷烟税率征税，并按照定额每标准箱150元计算征税：①白包卷烟；②手工卷烟；③未经国务院批准纳入计划的企业和个人生产的卷烟。

任务3.2 消费税的计算

3.2.1 生产销售环节应纳消费税的计算

纳税人在生产销售环节应缴纳的消费税，包括直接对外销售应税消费品应缴纳的消费税和自产自用应税消费品应缴纳的消费税。

（1）应纳消费税税额的计算，根据应税消费品计税方法不同有以下三种情况：

①从价计税应税消费品应纳消费税计算。应纳税额计算公式为：

应纳税额 = 应税消费品的销售额 × 比例税率

由于我国现行税制对消费税和增值税实行交叉征收，因此在从价计税情况下，消费税的计税依据与增值税的计税依据相同，均指纳税人销售应税消费品向购买方收取的全部价款和价外费用。其中，价款包含消费税，但不含增值税；价外费用的内容与增值税规定相同。

【情景3-1】北京市惠达股份有限公司为增值税一般纳税人，2021年2月销售各类鞭炮，开具增值税专用发票注明的销售额为100 000元，开具普通发票注明的销售额为11 300元。该公司上述业务该如何缴纳增值税和消费税？

增值税计税依据 = 消费税计税依据
　　　　　　　 = 100 000 + 11 300 ÷ (1+13%)
　　　　　　　 = 110 000（元）

增值税销项税额 = 110 000 × 13% = 14 300（元）

应纳消费税税额 = 110 000 × 15% = 16 500（元）

②从量计税应税消费品应纳消费税计算。应纳税额计算公式为：

应纳税额 = 应税消费品销售数量 × 定额税率

《消费税暂行条例》规定的从量计税消费品有黄酒、啤酒和成品油。其中，黄酒、啤酒以吨为计税单位，成品油以升为计税单位，但在实际销售过程中，纳税人经常会将吨与升这两个计量单位混用，两者之间换算的准确性将直接影响消费税应纳税额计算的准确性。

应税消费品吨、升两个计量单位的换算标准，如表3-2所示。

表3-2 吨、升换算

序号	名　称	换　算
1	黄酒	1吨 = 962升
2	啤酒	1吨 = 988升
3	汽油	1吨 = 1 388升
4	柴油	1吨 = 1 176升
5	航空煤油	1吨 = 1 246升
6	石脑油	1吨 = 1 385升
7	溶剂油	1吨 = 1 282升
8	润滑油	1吨 = 1 126升
9	燃料油	1吨 = 1 015升

【情景3-2】北京市惠达股份有限公司为增值税一般纳税人，2021年10月销售小麦牌啤酒20吨。啤酒出厂不含税价每吨4 000元。该公司10月上述业务应缴纳多少增值税和消费税？

出厂不含税价格3 000元以上的为甲类啤酒，其消费税税率为250元/吨。

增值税销项税额=20×4 000×13%=10 400（元）

应纳消费税税额=20×250=5 000（元）

③复合计税应税消费品应纳消费税计算。应纳税额计算公式为：

$$\text{应纳税额} = \text{销售数量} \times \text{定额税率} + \text{销售额} \times \text{比例税率}$$

现行消费税的征税范围中，只有卷烟、白酒采用复合计算方法。

【情景3-3】接【情景3-2】资料，该公司2021年4月销售散装粮食白酒6 000斤，开具的增值税专用发票注明的销售额为20 000元。该公司上述业务应该缴纳多少增值税和消费税？

增值税销项税额=20 000×13%=2 600（元）

应纳消费税税额=6 000×0.5+20 000×20%
=7 000（元）

（2）随产品销售出售、出借包装物应纳消费税的会计核算。消费税法规定，包装物随同应税消费品销售的，无论包装物是否单独计价，也无论在会计上如何核算，均应并入应税消费品的销售额计征消费税。如果包装物不作价随同产品销售，而是收取押金，该押金能单独核算且又未逾期的，此项押金不应并入应税消费品的销售额计征消费税；对因逾期未收回包装物不再退还和已收取且时间超过12个月的押金应并入应税消费品的销售额，按应税消费品的适用税率计征消费税。对酒类产品生产企业销售酒类产品（黄酒、啤酒除外）收取的包装物押金，无论押金是否返还与会计上如何核算，均应并入酒类产品销售额，依酒类产品的适用税率计征消费税。但由于黄酒、啤酒消费税实行从量计税，计税依据与价格无关，因而销售黄酒、啤酒收取包装物押金无论是否逾期，均不计征消费税。

【情景3-4】北京市惠达股份有限公司（增值税一般纳税人）2021年4月为销售散装粮食白酒收取包装物押金5 650元，开具收款收据并单独核算。该押金是否需要缴纳增值税和消费税？如果需要，其金额是多少？

根据税法规定，销售白酒收取的包装物押金，无论是否返还与会计上如何核算，均应计算缴纳增值税和消费税。

包装物押金不含税销售额=5 650÷（1+13%）
=5 000（元）

增值税销项税额=5 000×13%=650（元）

应纳消费税税额=5 000×20%=1 000（元）

3.2.2 自产自用应税消费品应纳消费税的计算

自产自用是指纳税人生产应税消费品后，不是用于直接对外销售，而是用于连续生产应税消费品或用于其他方面。所谓"用于其他方面"，是指用于生产非应税消费品、在建工程、管理部门、非生产机构、提供劳务以及用于馈赠、赞助、投资、广告、样品、职工福利、奖励等方面。

消费税法规定，纳税人自产自用应税消费品，用于连续生产应税消费品的，不缴纳消费税；用于其他方面的，于移送使用时计征消费税。

自产自用应税消费品应纳消费税税额的计算，根据计税方法不同有以下两种情况。

1. 从价定率征税的应纳税额的计算

$$\text{应纳税额} = \text{自产自用应税消费品销售额或组成计税价格} \times \text{消费税税率}$$

自产自用应税消费品，消费税计税依据的确定方法与增值税视同销售行为的确定原则基本相同，即纳税人有同类货物销售价格的以同类货物的平均销售价格为计税依据；无同类货物销售价格的以组成计税价格为计税依据。

$$组成计税价格 = \frac{成本 \times (1+ 成本利润率)}{1- 比例税率}$$

公式中的"成本"为应税消费品的生产成本;"成本利润率"根据应税消费品的全国平均成本利润率确定,具体如表3-3所示。

表3-3 应税消费品全国平均成本利润率

货物名称	利润率%	货物名称	利润率%
1. 甲类卷烟	10	11. 贵重首饰及珠宝、玉石	6
2. 乙类卷烟	5	12. 汽车轮胎	5
3. 雪茄烟	5	13. 摩托车	6
4. 烟丝	5	14. 高尔夫球及球具	10
5. 粮食白酒	10	15. 高档手表	20
6. 薯类白酒	5	16. 游艇	10
7. 其他酒	5	17. 木制一次性筷子	5
8. 酒精	5	18. 实木地板	5
9. 化妆品	5	19. 乘用车	8
10. 鞭炮、焰火	5	20. 中轻型商用客车	5

【情景3-5】北京市惠达股份有限公司(增值税一般纳税人)将一批新研制的高档化妆品发给本厂女职工作为福利。该批高档化妆品尚未对外公开销售,无同类产品销售价格,经查其生产成本为15 000元,消费税税率为15%。上述业务是否需要缴纳增值税和消费税?如果需要,其金额是多少?

根据税法规定,自产货物用于职工福利的,应视同销售计征增值税和消费税,无同类货物销售价格的,按组成计税价格计税。

组成计税价格 =15 000×(1+5%)÷(1-15%)
=18 529.41(元)
增值税销项税额 =18 529.41×13%
=2 408.82(元)
应纳消费税税额 =18 529.41×15%
=2 779.41(元)

2. 复合计税应税消费品应纳消费税的计算

自产自用复合计税的应税消费品,应按纳税人生产的同类消费品的销售价格和移送使用数量双重标准计算缴纳消费税;没有同类消费品销售价格的,应按组成计税价格确定销售额。组成计税价格的计算公式为:

组成计税价格 =(成本+利润+移送使用数量×定额税率)÷(1-比例税率)=[成本×(1+成本利润率)+移送使用数量×定额税率]÷(1-比例税率)

【情景3-6】2021年4月,北京市惠达股份有限公司(增值税一般纳税人)将自产瓶装粮食类白酒1吨发给职工作为福利。此型号白酒为本公司新产品,尚无同类产品销售价格,生产成本为8 000元/吨,成本利润率为10%。上述业务是否需要缴纳增值税和消费税?如果缴纳,请计算其金额。

根据税法规定,自产货物用于职工福利的,应作为销售计征增值税和消费税。因此,计算该公司的上述业务应缴纳增值税和消费税。

组成计税价格 =[8 000×(1+10%)+1 000×2×0.5]÷(1-20%)=12 250(元)
应纳消费税税额 =2 000×0.5+12 250×20%
=3 450(元)
增值税销项税额 =12 250×13%=1 592.5(元)

3.2.3 委托加工环节应纳消费税的计算

1. 委托加工应税消费品的认定

委托加工的应税消费品,是指由委托方提供原料和主要材料,受托方只收取加工费和代垫部分辅助材料加工的应税消费品。对于由受托方提供原材料生产的应税消费品,或者受托方先将原材料卖给委托方,然后接受加工的应税消费品,以及由受托方以委托方名义购进原材料生产的应税消费品,不论纳税人在财务上是否作销售处理,都不得作为委托加工应税消费品,而应当按照销售自制应税消费品缴纳消费税。

上述内容很重要。

第一,它明确区分了什么是委托加工应税消费品,什么不是委托加工应税消费品。确定了区分的条件，就是由委托方提供原料和主要材料，受托方只收取加工费和代垫部分辅助材料；无论是委托方还是受托方凡不符合规定条件的，都不能按委托加工应税消费品进行税务处理。

第二，为什么要对委托加工应税消费品规定严格的限定条件呢？这是因为，委托加工应税消费品是由受托方代收代缴消费税的，且受托方只就加工劳务缴纳增值税。如果委托方不能提供原料和主要材料，而是受托方以某种形式提供原料，那就不能称其为委托加工，而是受托方在自制应税消费品了。在这种情况下，就会出现受托方确定计税价格偏低、代收代缴消费税虚假的现象；同时，受托方也只以加工劳务缴纳增值税，逃避了自制应税消费品要缴纳消费税的责任，这是税法所不允许的。因此，对委托加工应税消费品要规定严格的限定条件。

第三，对于不符合委托加工应税消费品限定条件的如何处理？税法规定了严格的处理方法，即：不论纳税人在财务上是否作销售处理，都不得作为委托加工应税消费品，而应当按照销售自制应税消费品缴纳消费税。也就是说，应确定由受托方按销售自制消费品缴纳消费税。这种处理办法体现了税收管理的源泉控制原则，避免了税款的流失。

2. 委托加工应税消费品消费税的缴纳

根据消费税法规定，纳税人委托加工应税消费品，应由受托方在向委托方交货时代扣代缴消费税。但纳税人委托个体经营者或个人加工应税消费品，则一律于委托方收回后在委托方所在地的主管税务机关缴纳消费税。

如果受托方没有代扣代缴消费税，委托方应补缴税款，补税的计税依据为：已直接销售的，按销售额计税；未销售或不能直接销售的，按组成计税价格计税。

3. 委托加工环节应纳消费税的计算

受托方应代扣代缴的消费税税额应区分以下不同情况计算确定：

（1）从价计税的委托加工应税消费品，应按受托方同类消费品的销售价格计税；没有同类消费品销售价格的，以组成计税价格为计税依据计税。因此，从价计税委托加工应税消费品应纳消费税税额的计算公式有两种：

① 受托方有同类消费品销售价格的：

应纳税额 = 同类消费品销售价格 × 比例税率

② 受托方没有同类消费品销售价格的：

应纳税额 = 组成计税价格 × 比例税率

其中

$$组成计税价格 = \frac{材料成本 + 加工费}{1 - 比例税率}$$

公式中的"材料成本"为委托方所提供的加工材料的实际成本；"加工费"为受托方加工应税消费品向委托方收取的全部费用（包括代垫辅助材料的实际成本，但不包括增值税税额）。

（2）从量计税的委托加工应税消费品，应按委托方收回的数量计税。

应纳税额 = 委托加工数量 × 定额税率

（3）复合计税的委托加工应税消费品，应按收回的数量和受托方同类货物的销售价格或组成计税价格计税。

① 受托方有同类消费品销售价格的：

应纳税额 = 委托加工数量 × 定额税率

② 受托方没有同类消费品销售价格的：

应纳税额 = 组成计税价格 × 比例税率 + 委托加工数量 × 定额税率

$$组成计税价格 = \frac{材料成本 + 加工费 + 委托加工数量 × 定额税率}{1 - 比例税率}$$

【情景3-7】 北京市惠达股份有限公司（增值税一般纳税人）受恒大轮胎厂委托加工车用内胎，恒大轮胎厂提供原材料实际成本60 000元。该公司已将加工完成的车用内胎交付恒大轮胎厂，并开具增值税专用发票，收取加工费37 000元、增值税4 810元，同时代收消费税，并向恒大轮胎厂开具代扣代缴消费税凭证。该批车用内胎没有同类产品销售价格。北京市惠达股份有限公司应代扣代缴的消费税税额是多少？

受托方无同类产品销售价格，应以组成计税价格为计税依据。

组成计税价格 =（60 000+37 000）÷（1-3%）

=100 000（元）

代扣代缴消费税税额=100 000×3%

=3 000（元）

3.2.4 进口环节应纳消费税的计算

进口的应税消费品于报关进口时缴纳消费税；进口的应税消费品的消费税由海关代征；进口的应税消费品由进口人或者代理人向报关地海关申报纳税；进口的应税消费品，按照关税征收管理的相关规定，应当自海关填发海关进口消费税专用缴款书之日起15日内缴纳税款。

1993年12月，国家税务总局、海关总署联合颁发的《关于对进口货物征收增值税、消费税有关问题的通知》规定，进口应税消费品的收货人或办理报关手续的单位和个人，为进口应税消费品消费税的纳税义务人。进口应税消费品消费税的税目、税率（税额），依照《消费税暂行条例》所附的消费税税目、税率（税额）表执行。

纳税人进口应税消费品，按照组成计税价格和规定的税率计算应纳税额。计算方法如下。

1. 进口一般货物应纳消费税的计算

（1）实行从价定率计征应纳税额的计算。

应纳税额的计算公式为：

$$组成计税价格 = \frac{关税完税价格 + 关税}{1 - 消费税比例税率}$$

应纳税额 = 组成计税价格 × 消费税比例税率

公式中所称"关税完税价格"为海关核定的关税计税价格。

（2）实行从量定额计征应纳税额的计算。

应纳税额的计算公式为：

应纳税额 = 应税消费品数量 × 消费税定额税率

（3）实行从价定率和从量定额复合计税办法应纳税额的计算。

应纳税额的计算公式为：

组成计税价格 =（关税完税价格 + 关税 + 进口数量 × 消费税定额税率）÷（1-消费税比例税率）

应纳税额 = 组成计税价格 × 消费税税率 + 应税消费品进口数量 × 消费税定额税率

进口环节消费税除国务院另有规定外，一律不得给予减税、免税。

【情景3-8】北京市惠达股份有限公司（增值税一般纳税人）2021年5月从国外进口一批应税消费品，已知该批应税消费品的关税完税价格为600 000元，按规定应缴纳的关税为120 000元。假定进口的应税消费品的消费税税率为10%。请计算该批消费品进口环节应缴纳的消费税税额。

组成计税价格 =（600 000+120 000）÷（1-10%）

=800 000（元）

应缴纳消费税税额 =800 000×10%

=80 000（元）

2. 进口卷烟应纳消费税的计算

（1）为统一进口卷烟与国产卷烟的消费税政策，自2004年3月1日起，进口卷烟消费税适用比例税率按以下办法确定。

每标准条进口卷烟（200支）确定消费税适用比例税率的价格 =（关税完税价格 + 关税 + 消费税定额税率）÷（1- 消费税税率）。其中，关税完税价格和关税为每标准条的关税完税价格及关税税额；消费税定额税率为每标准条（200支）0.6元（依据现行消费税定额税率折算而成）；消费税税率固定为30%。

每标准条进口卷烟（200支）确定消费税适用比例税率的价格大于等于70元人民币的，适用比例税率为56%；每标准条进口卷烟（200支）确定消费税适用比例税率的价格小于70元人民币的，适用比例税率为36%。

（2）依据上述确定的消费税适用比例税率，计算进口卷烟消费税组成计税价格和应纳消费税额。

进口卷烟消费税组成计税价格 =（关税完税价格 + 关税 + 消费税定额税）÷（1- 进口卷烟消费税适用比例税率）

应纳税额的计算与上述一般公式相同：

应纳消费税税额 = 进口卷烟消费税组成计税价格 × 进口卷烟消费税适用比例税率 + 消费税定额税

其中，消费税定额税＝海关核定的进口卷烟数量×消费税定额税率。消费税定额税率与国内相同，每标准箱为（50 000支）150元。

【情景3-9】北京市惠达股份有限公司（增值税一般纳税人）2021年5月从国外进口卷烟400箱（每箱250条，每条200支），支付买价4 000 000元，支付到达我国海关前的运输费用160 000元、保险费用40 000元。已知进口卷烟的关税税率为20%。计算卷烟在进口环节应缴纳的消费税。

（1）每条进口卷烟消费税适用比例税率的价格 =[（4 000 000+160 000+40 000）÷（400×250）×（1+20%）+0.6]÷（1-36%）≈79.69（元）。

单条卷烟价格大于70元，适用消费税税率为56%。

（2）400×250=100 000（条）。

（3）进口卷烟应缴纳的消费税=100 000×79.69×56%＋100 000×0.6＝4 522 640（元）。

【情景3-10】北京市惠达股份有限公司（增值税一般纳税人）2021年9月进口甲类卷烟100标准箱，海关核定的每箱卷烟关税完税价格为25 000元。已知卷烟关税税率为25%，消费税比例税率为56%，定额税率为0.003元/支；每标准箱有250条，每条200支。计算该公司进口卷烟应纳消费税税额（计算结果保留两位小数）。

根据消费税法的规定，纳税人进口应税消费品按照组成计税价格和规定的税率计征消费税，进口卷烟实行复合方法计算应纳税额。计算过程为：

（1）应纳关税税额＝100×25 000×25%＝625 000（元）。

（2）组成计税价格＝（100×25 000+625 000+100×250×200×0.003）÷（1-56%）=7 136 363.64（元）。

（3）应纳消费税税额=7 136 363.64×56%+100×250×200×0.003=4 011 363.64（元）。

3.2.5 批发和零售环节应纳消费税的计算

1. 卷烟批发环节应纳消费税的计算

为了适当增加财政收入，完善烟产品消费税制度，自2009年5月1日起，在卷烟批发环节加征一道从价税。自2015年5月10日起，卷烟批发环节税率有调整。

（1）纳税义务人：在中华人民共和国境内从事卷烟批发业务的单位和个人。

纳税人销售给纳税人以外的单位和个人的卷烟于销售时纳税。纳税人之间销售卷烟不缴纳消费税。

（2）征收范围：纳税人批发销售的所有牌号、规格的卷烟。

（3）适用税率：从价税税率11%，从量税税率0.005元/支。

（4）计税依据：纳税人批发卷烟的销售额（不含增值税）、销售数量。

纳税人应将卷烟销售额与其他商品销售额分开核算，未分开核算的，一并征收消费税。

纳税人兼营卷烟批发和零售业务的，应当分别核算批发和零售环节的销售额、销售数量；未分别核算批发和零售环节销售额、销售数量的，按照全部销售额、销售数量计征批发环节消费税。

（5）纳税义务发生时间：纳税人收讫销售款或者取得索取销售款凭据的当天。

（6）纳税地点：卷烟批发企业的机构所在地，总机构与分支机构不在同一地区的，由总机构申报纳税。

（7）卷烟消费税在生产和批发两个环节征收后，批发企业在计算纳税时不得扣除已含的生产环节的消费税税款。

2. 超豪华小汽车零售环节应纳消费税的计算

为了引导合理消费，促进节能减排，自2016

年12月1日起，在生产（进口）环节按现行税率征收消费税的基础上，超豪华小汽车在零售环节加征一道消费税。

（1）征税范围：每辆零售价格130万元（不含增值税）及以上的乘用车和中轻型商用客车，即乘用车和中轻型商用客车子税目中的超豪华小汽车。

（2）纳税人：将超豪华小汽车销售给消费者的单位和个人为超豪华小汽车零售环节纳税人。

（3）税率：税率为10%。

（4）应纳税额的计算

$$应纳税额 = \frac{零售环节销售额}{（不含增值税）} \times 零售环节税率$$

国内汽车生产企业直接销售给消费者的超豪华小汽车，消费税率按照生产环节税率和零售环节税率加总计算。应纳税额的计算公式为：

$$应纳税额 = \frac{销售额}{（不含增值税）} \times (生产环节税率 + 零售环节税率)$$

3.2.6 出口应税消费品退（免）消费税的计算

外贸企业从生产企业购进货物直接出口或受其他外贸企业委托代理出口应税消费品的应退消费税税款，分两种情况处理：

（1）属于从价定率计征消费税的应税消费品，应依照外贸企业从工厂购进货物时征收消费税的价格计算应退消费税税额。计算公式为：

$$应退消费税税额 = 出口货物的工厂销售额 \times 税率$$

上述公式中"出口货物的工厂销售额"不包含增值税。含增值税的价格应换算为不含增值税的销售额。

（2）属于从量定额计征消费税的应税消费品，应以货物购进和报关出口的数量计算应退消费税税额。计算公式为：

应退消费税税额 = 出口数量 × 单位税额

1. 外贸企业出口应税消费品退（免）消费税的会计核算

有出口经营权的外贸企业购进应税消费品直接出口，以及受其他外贸企业委托代理出口的应税消费品，适用出口免税并退税政策。

出口货物消费税的退税率（或单位税额）即征税率。企业出口应税消费品适用不同税率并能分开核算和申报的，分别适用不同税率退税；未分开核算或划分不清适用税率的，一律从低适用税率计算退税。

从价计税的应税消费品，出口应退消费税为外贸企业从工厂购进货物时已缴纳的消费税税额。计算公式为：

$$应退消费税税额 = 出口货物工厂销售额 \times 比例税率$$

公式中的"出口货物工厂销售额"为不含增值税销售额。

从量计税的应税消费品，出口应退消费税额，应依货物报关出口的数量，按下列公式计算：

应退消费税税额 = 报关出口数量 × 定额税率

复合计税的应税消费品，出口应退消费税额，应依出口货物的工厂销售额和出口数量按下列公式计算：

$$应退消费税税额 = 出口货物工厂销售额 \times 比例税率 + 报关出口数量 \times 定额税额$$

外贸企业只有受其他外贸企业委托代理出口应税消费品时才可以办理出口退税，外贸企业受其他企业（主要是非生产性的商贸企业）委托代理出口的应税消费品不予退税。

2. 生产企业出口应税消费品退（免）消费税的计算

有出口经营权的生产企业自营出口或委托外贸企业代理出口自产应税消费品，适用出口免税不退税政策。因为消费税只在生产销售环节对生产单位征收，以后的销售环节不再征收，所以只要生产环节免税，产品就不负担消费税，也就无须再退税。

纳税人直接出口应税消费品办理免税后，若

发生退关或国外退货，进口时已予免税的，经机构所在地主管税务机关批准，可暂不办理补税，待转为国内销售时，再申请补缴消费税，其会计处理与国内销售业务相同。

3.2.7 已纳消费税税额扣除的计算

为了避免重复征税，现行消费税规定，外购应税消费品和委托加工收回的应税消费品继续生产应税消费品销售的，可以将外购应税消费品和委托加工收回应税消费品已缴纳的消费税予以扣除。

1. 外购应税消费品已纳税款的扣除

（1）外购应税消费品连续生产应税消费品。

由于某些应税消费品是用外购已缴纳消费税的应税消费品连续生产出来的，在对这些连续生产的应税消费品计算征税时，税法规定应按当期生产领用数量计算准予扣除外购的应税消费品已纳的消费税税款。扣除范围包括：

①以外购已税烟丝为原料生产的卷烟。
②以外购已税化妆品为原料生产的化妆品。
③以外购已税珠宝、玉石为原料生产的贵重首饰及珠宝、玉石。
④以外购已税鞭炮、焰火为原料生产的鞭炮、焰火。
⑤以外购已税杆头、杆身和握把为原料生产的高尔夫球杆。
⑥以外购已税木制一次性筷子为原料生产的木制一次性筷子。
⑦以外购已税实木地板为原料生产的实木地板。
⑧以外购已税汽油、柴油、石脑油、燃料油、润滑油为原料连续生产的应税成品油。

上述当期准予扣除外购应税消费品已纳消费税税款的计算公式为：

当期准予扣除的外购应税消费品已纳税款 = 当期准予扣除的外购应税消费品买价 × 外购应税消费品适用税率

外购已税消费品的买价是指购货发票上注明的销售额（不包括增值税税款）。

另外，根据《葡萄酒消费税管理办法（试行）》的规定，自2015年5月1日起，从葡萄酒生产企业购进、进口葡萄酒连续生产应税葡萄酒的，准予从葡萄酒消费税应纳税额中扣除所耗用应税葡萄酒已纳消费税税款。如本期消费税应纳税额不足抵扣的，余额留待下期抵扣。

【情景3-11】北京市惠达股份有限公司（增值税一般纳税人）5月初库存外购应税烟丝金额3 000 000元，当月又外购应税烟丝金额6 000 000元（不含增值税），月末库存烟丝金额2 000 000元，其余被当月生产卷烟领用。请计算该公司当月准许扣除的外购烟丝已缴纳的消费税税额。

（1）烟丝适用的消费税率为30%。

（2）当期准许扣除的外购烟丝买价=3 000 000+6 000 000-2 000 000=7 000 000（元）。

（3）当月准许扣除的外购烟丝已缴纳的消费税税额=7 000 000×30%=2 100 000（元）。

外购已税消费品的买价是指购货发票上注明的销售额（不包括增值税税款）。

提示

纳税人用外购的已税珠宝、玉石为原料生产的改在零售环节征收消费税的金银首饰（镶嵌首饰），在计税时一律不得扣除外购珠宝、玉石的已纳税款。

（2）外购应税消费品用于销售。

对自己不生产应税消费品，而只是购进后再销售应税消费品的工业企业，其销售的化妆品、鞭炮、焰火、珠宝、玉石，凡不能构成最终消费品直接进入消费品市场，需要进一步生产加工的，应当征收消费税，同时允许扣除外购应税消费品的已纳税款。

允许扣除已纳税款的应税消费品只限于从工业企业购进的应税消费品和进口环节已缴纳消费税的应税消费品，对从境内商业企业购进应税消费品的已纳税款一律不得扣除。

2. 委托加工收回的应税消费品已纳税款的扣除

委托加工的应税消费品因为已由受托方代收代缴消费税，所以委托方收回货物后用于连续生产应税消费品的，已纳税款准予按照规定从连续生产的应税消费品应纳消费税税额中抵扣。按照国家税务总局的规定，下列连续生产的应税消费品准予从应纳消费税税额中按当期生产领用数量计算扣除委托加工收回的应税消费品已纳消费税税款：

（1）以委托加工收回的已税烟丝为原料生产的卷烟。

（2）以委托加工收回的已税高档化妆品为原料生产的高档化妆品。

（3）以委托加工收回的已税珠宝、玉石为原料生产的贵重首饰及珠宝、玉石。

（4）以委托加工收回的已税鞭炮、焰火为原料生产的鞭炮、焰火。

（5）以委托加工收回的已税杆头、杆身和握把为原料生产的高尔夫球杆。

（6）以委托加工收回的已税木制一次性筷子为原料生产的木制一次性筷子。

（7）以委托加工收回的已税实木地板为原料生产的实木地板。

（8）以委托加工收回的已税汽油、柴油、石脑油、燃料油、润滑油为原料用于连续生产的应税成品油。

上述当期准予扣除委托加工收回的应税消费品已纳消费税税款的计算公式为：

当期准予扣除的委托加工应税消费品已纳税额 = 期初库存的委托加工应税消费品已纳税额 + 当期收回的委托加工应税消费品已纳税额 − 期末库存的委托加工应税消费品已纳税额

纳税人以进口、委托加工收回应税油品连续生产应税成品油，分别依据"海关进口消费税专用缴款书""税收缴款书（代扣代收专用）"，按照现行政策规定计算扣除应税油品已纳消费税税款。

纳税人以外购、进口、委托加工收回的应税消费品（以下简称外购应税消费品）为原料连续生产应税消费品，准予按现行政策规定抵扣外购应税消费品已纳消费税税款。经主管税务机关核实上述外购应税消费品未缴纳消费税的，纳税人应将已抵扣的消费税税款从核实当月允许抵扣的消费税中冲减。

需要说明的是，纳税人用委托加工收回的已税珠宝、玉石生产的改在零售环节征收消费税的金银首饰，在计税时一律不得扣除委托加工收回的珠宝、玉石的已纳消费税税款。

任务 3.3　消费税的申报和缴纳

3.3.1　消费税纳税义务的发生时间

纳税人生产的应税消费品于销售时纳税，进口消费品应当于应税消费品报关进口环节纳税，但金银首饰、钻石及钻石饰品在零售环节纳税。消费税纳税义务的发生时间，按货款结算方式或行为发生时间分别确定。

（1）纳税人销售应税消费品，纳税义务的发生时间为：

①纳税人采取赊销和分期收款结算方式的，纳税义务的发生时间为销售合同规定的收款日期当天。

②纳税人采取预收货款结算方式的，纳税义务的发生时间为发出应税消费品的当天。

③纳税人采取托收承付和委托银行收款方式销售应税消费品，纳税义务的发生时间为发出应税消费品并办妥托收手续的当天。

④纳税人采取其他结算方式的，纳税义务的发生时间为收讫销售款或者取得索取销售款凭据的当天。

（2）纳税人自产自用的应税消费品，纳税义务的发生时间为移送使用的当天。

（3）纳税人委托加工的应税消费品，纳税义务的发生时间为纳税人提货的当天。

（4）纳税人进口的应税消费品，纳税义务的发生时间为报关进口的当天。

3.3.2 消费税的纳税地点

（1）纳税人销售的应税消费品，以及自产自用的应税消费品，除国家另有规定外，应当向纳税人核算地主管税务机关申报纳税。

（2）委托个人加工的应税消费品，由委托方向其机构所在地或者居住地主管税务机关申报纳税。除此之外，由受托方向所在地主管税务机关代收代缴消费税税款。

（3）进口的应税消费品，由进口人或者代理人向报关地海关申报纳税。

（4）纳税人到外县（市）销售或者委托外县（市）代销自产应税消费品的，于应税消费品销售后，向机构所在地或者居住地主管税务机关申报纳税。

纳税人的总机构与分支机构不在同一县（市）的，应当分别向各自机构所在地的主管税务机关申报纳税；经财政部、国家税务总局或者其授权的财政、税务机关批准，可以由总机构汇总向总机构所在地的主管税务机关申报纳税。

（5）纳税人销售的应税消费品，如因质量等原因由购买者退回时，经所在地主管税务机关审核批准后，可退还已征收的消费税税款，但不能自行直接抵减应纳税款。

（6）纳税人直接出口的应税消费品办理免税后，发生退关或者国外退货，复进口时已予以免税的，可暂不办理补税，待其转为国内销售的当月申报缴纳消费税。

3.3.3 消费税的纳税期限

按照《消费税暂行条例》的规定，消费税的纳税期限分别为1日、3日、5日、10日、15日、1个月或者1个季度；纳税人的具体纳税期限，由主管税务机关根据纳税人应纳税额的大小分别核定；不能按照固定期限纳税的，可以按次纳税。

纳税人以1个月或1个季度为一期纳税的，自期满之日起15日内申报纳税；以1日、3日、5日、10日或者15日为一期纳税的，自期满之日起5日内预缴税款，于次月1日起至15日内申报纳税并结清上月应纳税款。

纳税人进口应税消费品，应当自海关填发海关进口消费税专用缴款书之日起15日内缴纳税款。

如果纳税人不能按照规定的纳税期限依法纳税，将按《中华人民共和国税收征收管理法》的有关规定处理。

项目小结

本项目介绍了消费税的概念和纳税人、消费税的征税范围和税率、生产销售环节应纳消费税的计算、自产自用应税消费品应纳消费税的计算、委托加工环节应纳消费税的计算、进口环节应纳消费税的计算、批发和零售环节应纳消费税的计算、出口应税消费品退（免）消费税的计算、已纳消费税税额扣除的计算、消费税纳税义务发生时间、消费税的纳税地点和消费税的纳税期限。

思考与练习

一、单项选择题

1. 某酒厂（增值税普通纳税人）3月生产了一种新型白酒，其中0.8吨赠送给个人，该白酒无同类产品出厂价，生产成本每吨4万元，成本利润率为10%。该酒厂当月应缴纳消费税为（ ）元。

A. 8 800　　　　　B. 9 000
C. 9 600　　　　　D. 9 800

2. 某公司将自产烟丝用于持续加工卷烟，下列说法中正确的是（ ）。

A. 不缴纳增值税和消费税
B. 缴纳消费税，不缴纳增值税
C. 缴纳增值税，不缴纳消费税
D. 同步缴纳增值税和消费税

3. 某机械制造公司系增值税普通纳税人，生产各种礼物手表。4月赠送某关系公司一只光电纯金手表，无同类售价，成本利润率为20%，成本为9 000元。高档手表消费税率为20%，则上述业务共应缴纳消费税（ ）元。

A. 1 800　　　　　B. 2 160
C. 2 200　　　　　D. 2 700

4. 某外贸公司2月从生产公司购入化妆品一批，获得增值税专用发票注明价款40万元，支付购买化妆品运送费用3万元，当月将该批化妆品全部出口获得销售收入55万元。化妆品消费税率为30%，该外贸公司出口化妆品应退消费税为（ ）万元。

A. 4.5　　　　　B. 12
C. 12.9　　　　　D. 16.5

5. 化妆品厂下设一非独立核算门市部，该厂将一批化妆品交门市部，计价80万元。门市部当月零售获得含增值税销售收入70.2万元。该公司应缴纳消费税为（ ）万元（消费税税率为30%）

A. 18　　　　　B. 24
C. 31.98　　　　D. 17.95

二、多项选择题

1. 纳税人自产自用下列应税消费品中，不需缴纳消费税的有（ ）。

A. 日化厂自产化妆品用于促销赠品
B. 生产公司将石脑油用于本公司持续生产汽油
C. 木筷厂将自产高档木筷用于本公司职工食堂
D. 汽车制造厂自产小汽车用于后勤服务

2. 下列属于消费税纳税环节的有（　　）。
A. 批发环节　　　　B. 委托加工环节
C. 进口环节　　　　D. 零售环节

3. 下列关于消费税纳税环节说法中，不正确的有（　　）。
A. 白酒在生产环节和批发环节纳税
B. 啤酒屋自制啤酒在销售时纳税
C. 金店销售金银饰品在销售环节纳税
D. 销售珍珠饰品在零售环节纳税

4. 下列环节中，不应当征收消费税的有（　　）。
A. 卷烟批发环节
B. 小汽车零售环节
C. 化妆品委托加工环节
D. 金银首饰进口环节

5. 下列各项不同用途的应税消费品，不需缴纳消费税的有（　　）。
A. 将自产的卷烟用于交际应酬
B. 某卷烟批发企业将卷烟批发给零售单位
C. 某卷烟批发企业将卷烟批发给另一家批发企业
D. 某金银首饰生产企业将金银首饰销售给某商场

三、判断题

1. 对同一纳税人，其消费税的纳税申报期限和税款的缴纳期限，与增值税不同。（　　）
2. 消费税属于价外税。（　　）
3. 凡征收消费税的应税消费品均应征收增值税。（　　）
4. 消费税在生产销售、委托加工、进口等环节征收。（　　）
5. 消费税不可能在零售环节征收。（　　）

四、简答题

1. 简述消费税的概念。
2. 消费税的纳税人及其征税范围是什么？
3. 现行消费税的征税范围是如何规定的？

项目 4　企业所得税纳税实务

知识目标

◎ 了解企业所得税的纳税义务人；
◎ 理解企业所得税的征税对象；
◎ 掌握企业所得税的税率。

技能目标

◎ 掌握企业所得税应纳税所得额的计算；
◎ 掌握企业所得税的优惠政策；
◎ 企业所得税纳税申报管理。

案例导入

2011年1月19日，白某将其个人独资企业"中阳县复兴洗煤厂"以1 300万元的价格转让给任某，并签订转让协议。协议履行后，白某未向税务机关进行纳税申报。2013年12月24日，中阳县税务局向白某下达了中税〔2013〕6011号《税务行政处理决定书》，限白某15日内缴纳税款378 912.25元及滞纳金，并接受行政处罚。因白某既未按期缴纳税款及滞纳金，也未接受行政处罚，中阳县税务局于2014年1月9日将案件移送中阳县公安局。2014年2月26日，被告人白某到中阳县公安局投案自首，并于2014年9月24日向中阳县税务局补缴税款202 499.4元，补缴滞纳金122 970.6元，共缴纳32 5470元。

法院认为，被告人白某作为法定纳税义务人，无视国家税收征收管理法，采取不申报纳税的方式逃避缴纳税款数额较大的犯罪事实清楚，证据确实充分，罪名成立，本院予以支持。

案例思考

法院对被告人白某的行为应做何种处置？

本章导语

企业所得税是以企业取得的生产经营所得和其他所得为征税对象征收的一种税，是规范和处理国家与企业分配关系的重要形式。在我国现行税制中，企业所得税是仅次于增值税的第二大税种。在企业纳税活动中占有重要地位，具有很大的纳税筹划空间。

任务 4.1 企业所得税概述

4.1.1 企业所得税的纳税义务人

企业所得税的纳税义务人是指在中华人民共和国境内的企业和其他取得收入的组织。《中华人民共和国企业所得税法》（以下简称《企业所得税法》）第一条规定，除个人独资企业、合伙企业不适用企业所得税法外，凡在我国境内，企业和其他取得收入的组织（以下统称企业）为企业所得税的纳税人，依照本法规定缴纳企业所得税。

企业所得税的纳税义务人分为居民企业和非居民企业，这是根据企业纳税义务范围的宽窄进行的分类方法，不同的企业在向中国政府缴纳所得税时，纳税义务不同。把企业分为居民企业和非居民企业，是为了更好地保障我国税收管辖权的有效行使。税收管辖权是一国政府在征税方面的主权，是国家主权的重要组成部分。根据国际通行做法，我国选择了地域管辖权和居民管辖权的双重管辖权标准，最大限度地维护国家的税收利益。

1. 居民企业

居民企业是指依法在中国境内成立，或者依照外国（地区）法律成立，但实际管理机构在中国境内的企业。这里的企业包括国有企业、集体企业、私营企业、联营企业、股份制企业、外商投资企业、外国企业，以及有生产、经营所得和其他所得的其他组织。其中，有生产、经营所得和其他所得的其他组织，是指经国家有关部门批准，依法注册、登记的事业单位、社会团体等组织。

由于我国的一些社会团体组织、事业单位在完成国家事业计划的过程中，开展多种经营和有偿服务活动，取得除财政部门各项拨款、财政部和国家价格主管部门批准的各项规费收入以外的经营收入，具有了经营的特点，应当视同企业纳入征税范围。其中，实际管理机构是指对企业的生产经营、人员、账务、财产等实施实质性全面管理和控制的机构。

2. 非居民企业

非居民企业是指依照外国（地区）法律成立且实际管理机构不在中国境内，但在中国境内设立机构、场所的，或者在中国境内未设立机构、场所，但有来源于中国境内所得的企业。

上述所称机构、场所是指在中国境内从事生产、经营活动的机构、场所。包括：

（1）管理机构、营业机构、办事机构。
（2）工厂、农场、开采自然资源的场所。
（3）提供劳务的场所。
（4）从事建筑、安装、装配、修理、勘探等工程作业的场所。
（5）其他从事生产经营活动的机构、场所。

非居民企业委托营业代理人在中国境内从事生产、经营活动的，包括委托单位或者个人经常代其签订合同，或者储存、交付货物等，该营业代理人视为非居民企业在中国境内设立的机构、场所。

4.1.2 企业所得税的征税对象

企业所得税的征税对象是企业的所得，包括来源于我国境内和境外的所得。

1. 居民企业的征税对象

居民企业履行无限纳税义务，应当就其来源

于中国境内、境外的所得缴纳企业所得税。应税所得包括销售货物所得，提供劳务所得，转让财产所得，股息、红利等权益性投资所得，利息所得、租金所得、特许权使用费所得，接受捐赠所得和其他所得。

（1）销售货物所得，是指企业销售商品、产品、原材料、包装物、低值易耗品以及其他存货取得的所得，应按照交易活动发生地确定。

（2）提供劳务所得，是指企业从事建筑安装、修理修配、交通运输、仓储租赁、金融保险、邮电通信、咨询经纪、文化体育、科学研究、技术服务、教育培训、餐饮住宿、中介代理、卫生保健、社区服务、旅游、娱乐、加工及其他劳务服务活动取得的所得，应按劳务发生地确定。

（3）转让财产所得，是指企业转让固定资产、生物资产、无形资产、股权、债权等财产取得的所得。其中，不动产转让所得按照不动产所在地确定；动产转让所得按照转让动产的企业或者机构、场所所在地确定；权益性投资资产转让所得按照被投资企业所在地确定。

（4）股息、红利等权益性投资所得，是指企业因权益性投资从被投资方取得的所得，应按照分配所得的企业所在地确定。

（5）利息所得、租金所得、特许权使用费所得，是指企业将资金提供给他人使用但不构成权益性投资，或者因他人占用本企业资金取得的利息等所得；企业提供固定资产、包装物或者其他有形资产的使用权取得的所得，企业提供专利权、非专利技术、商标权、著作权以及其他特许权的使用权取得的收入，按照负担、支付所得的企业或者机构、场所所在地确定，或者按照负担、支付所得的个人住所地确定。

（6）其他所得。如接受捐赠所得、企业资产溢余收入、逾期未退包装物押金收入、确定无法偿付的应付款项、已作坏账损失处理后又收回的应收款项、债务重组收入、补贴收入、违约金收入、汇兑收益等所得，由国务院财政、税务主管部门确定。

2. 非居民企业的征税对象

非居民企业在中国境内设立机构、场所的，应当就其所设机构、场所取得的来源于中国境内的所得，以及发生在中国境外但与其所设机构、场所有实际联系的所得，缴纳企业所得税。

非居民企业在中国境内未设立机构、场所的，或者虽设立机构、场所但取得的所得与其所设机构、场所没有实际联系的，应当就其来源于中国境内的所得，缴纳企业所得税。

上述所称"实际联系"，是指非居民企业在中国境内设立的机构、场所拥有据以取得所得的股权、债权，以及拥有、管理、控制据以取得所得的财产等。

4.1.3 企业所得税的税率

企业所得税税率，是体现国家与企业分配关系的核心要素。税率设计的原则是，兼顾国家、企业、职工个人三者利益；既要保证财政收入的稳定增长，又要使企业在发展生产、经营方面有一定的财力保证；既要考虑企业的实际情况和负担能力，又要维护税率的统一性。

企业所得税实行比例税率。比例税率简便易行，透明度高，不会因征税而改变企业间的收入分配比例，有利于促进效率的提高。现行规定是：

（1）基本税率为25%，适用于居民企业和在中国境内设有机构、场所且所得与机构、场所有关联的非居民企业。

（2）低税率为20%，适用于在中国境内未设立机构、场所的，或者虽设立机构、场所但取得的所得与其所设机构、场所没有实际联系的非居民企业，实际征税时适用10%的税率。

我国现行企业所得税基本税率设定为25%，与世界各国比较而言还是偏低的。据有关资料介绍，全世界近160个实行企业所得税的国家（地区）平均税率为28.6%，我国周边18个国家（地区）的平均税率为26.7%。现行税率的确定，既考虑了我国财政承受能力，又考虑了企业负担水平。

任务 4.2　企业所得税应纳税所得额的计算

4.2.1　应纳税所得额和利润

1. 应纳税所得额的概念

企业所得税的核心之一是确定应纳税所得额，是指按照税法规定确定纳税人在一定期间所获得的所有应税收入减除在该纳税期间依法允许减除的各种支出后的余额，是计算企业所得税税额的计税依据。

《企业所得税法》规定的应纳税所得额，是指企业每一纳税年度的收入总额，减除不征税收入、免税收入、各项扣除及允许弥补的以前年度亏损后的余额。企业应纳税所得额的计算，以权责发生制为原则，属于当期的收入和费用，无论款项是否收付，均作为当期的收入和费用；不属于当期的收入和费用，即使款项已经在当期收付，也不作为当期的收入和费用。计算公式为：

应纳税所得额 = 收入总额 − 不征税收入 − 免税收入 − 各项扣除 − 允许弥补的以前年度亏损

应纳税所得额 = 利润总额 + 不允许税前列支（纳税调增）金额 − 当年可弥补以前年度亏损金额 − 税法规定免税所得

2. 应纳税所得额和利润的关系

应纳税所得额是企业所得税的计税依据，按照《企业所得税法》的规定，应纳税所得额为企业每一个纳税年度的收入总额，减除不征税收入、免税收入、各项扣除以及允许弥补的以前年度亏损后的余额。应纳税所得额的正确计算直接关系到国家财政收入和企业的税收负担，并且同成本、费用核算关系密切。

利润总额指企业在生产经营过程中各种收入扣除各种耗费后的盈余，反映企业在报告期内实现的盈亏总额。利润总额是衡量企业经营业绩的一项十分重要的经济指标。

4.2.2　收入总额

企业的收入总额，包括以货币形式和非货币形式从各种来源取得的收入。具体而言，包括销售货物收入，提供劳务收入，转让财产收入，股息、红利等权益性投资收益，以及利息收入、租金收入、特许权使用费收入、接受捐赠收入、其他收入。

企业取得收入的货币形式，包括现金、存款、应收账款、应收票据、准备持有至到期的债券投资以及债务的豁免等；纳税人以非货币形式取得的收入，包括固定资产、生物资产、无形资产、股权投资、存货、不准备持有至到期的债券投资、劳务以及有关权益等，这些非货币资产应当按照公允价值确定收入额。公允价值是指按照市场价格确定的价值。

1. 一般收入的确认

（1）销售货物收入，是指企业销售商品、产品、原材料、包装物、低值易耗品以及其他存货取得的收入。

（2）提供劳务收入，是指企业从事建筑安装、修理修配、交通运输、仓储租赁、金融保险、邮电通信、咨询经纪、文化体育、科学研究、技术服务、教育培训、餐饮住宿、中介代理、卫生保健、社区服务、旅游、娱乐、加工以及其他劳务服务活动取得的收入。

（3）财产转让收入，是指企业转让固定资产、生物资产、无形资产、股权、债权等财产取得的收入。

（4）股息、红利等权益性投资收益，是指企业因权益性投资从被投资方取得的收入。股息、红利等权益性投资收益，除国务院财政、税务主管部门另有规定外，按照被投资方做出利润分配决定的日期确认收入的实现。

（5）利息收入，是指企业将资金提供给他人使用但不构成权益性投资，或者因他人占用企业资金取得的收入，包括存款利息、贷款利息、债券利息、欠款利息等收入。利息收入，按照合同约定的债务人应付利息的日期确认收入的实现。

（6）租金收入，是指企业提供固定资产、包装物或者其他有形财产人使用权而取得的收入。租金收入，按照合同约定的承租人应付租金的日期确认收入的实现。

（7）特许权使用费收入，是指企业提供专利权、非专利技术、商标权、著作权以及其他特许权的使用权而取得的收入。特许权使用费收入，按照合同约定的特许权使用人应付特许权使用费的日期确认收入的实现。

（8）接受捐赠收入，是指企业接受的来自其他企业、组织或者个人无偿给予的货币性资产、非货币性资产。接受捐赠收入，按照实际收到的捐赠资产的日期确认收入的实现。

（9）其他收入，是指企业取得的除以上收入外的其他收入，包括企业资产溢余收入、逾期未退包装物押金收入、确实无法偿付的应付款项、已作坏账损失处理后又收回的应收款项、债务重组收入、补贴收入、违约金收入、汇兑收益等。

2. 特殊收入的确认

（1）以分期收款方式销售货物的，按照合同约定的收款日期确认收入的实现。

（2）企业受托加工制造大型机械设备、船舶、飞机，以及从事建筑、安装、装配工程业务或者提供其他劳务等，持续时间超过12个月的，按照纳税年度内完工进度或者完成的工作量确认收入的实现。

（3）采取产品分成方式取得收入的，按照企业分得产品的日期确认收入的实现，收入额按照产品的公允价值确定。

（4）企业发生非货币性资产交换，以及将货物、财产、劳务用于捐赠、偿债、赞助、集资、广告、样品、职工福利或者利润分配等用途的，应当视同销售货物、转让财产或者提供劳务，但国务院财政、税务主管部门另有规定的除外。

（5）对企业投资者持有2019—2023年发行的铁路债券取得的利息收入，减半征收企业所得税。铁路债券是指以中国铁路总公司为发行和偿还主体的债券，包括中国铁路建设债券、中期票据、短期融资债券等债务融资工具。

（6）永续债企业所得税处理。自2019年1月1日起，企业发行的永续债可以适用股息、红利企业所得税政策，即投资方取得的永续债利息收入属于股息、红利性质，按照现行企业所得税政策相关规定进行处理。其中，发行方和投资方均为居民企业的，永续债利息收入可以适用《企业所得税法》规定的居民企业之间的股息、红利等权益性投资收益免征企业所得税规定。同时，发行方支付的永续债利息支出不得在企业所得税税前扣除。

①企业发行符合规定条件的永续债，也可以按照债券利息适用企业所得税政策，即发行方支付的永续债利息支出，准予在其企业所得税税前扣除，投资方取得的永续债利息收入应当依法纳税。

②上述第①项所称符合规定条件的永续债，是指符合下列条件中5项（含）以上的永续债：

Ⅰ. 被投资企业对该项投资具有还本义务。

Ⅱ. 有明确约定的利率和付息频率。

Ⅲ. 有一定的投资期限。

Ⅳ. 投资方对被投资企业净资产不拥有所有权。

Ⅴ. 投资方不参与被投资企业日常生产经营活动。

Ⅵ. 被投资企业可以赎回，或满足特定条件后可以赎回。

Ⅶ. 被投资企业将该项投资计入负债。

Ⅷ. 该项投资不承担被投资企业股东同等的经营风险。

Ⅸ. 该项投资的清偿顺序位于被投资企业股东持有的股份之前。

③企业发行永续债，应当将适用的税收处理方法在证券交易所、银行间债券市场等发行市场的发行文件中向投资方披露。

④发行永续债的企业对每一永续债产品的税收处理方法一经确定，不得变更。企业对永续债采取的税收处理办法与会计核算方式不一致的，发行方、投资方在进行税收处理时须作出相应纳税调整。

⑤上述所称永续债是指经国家发展和改革委员会、中国人民银行、中国银行保险监督管理委员会、中国证券监督管理委员会核准，或经中国银行间市场交易商协会注册、中国证券监督管理委员会授权的证券自律组织备案，依照法定程序发行、附赎回（续期）选择权或无明确到期日的债券，包括可续期企业债、可续期公司债、永续债务融资工具（含永续票据）、无固定期限资本债券等。

3. 相关收入实现的确认

除《企业所得税法》及其实施条例关于前述收入的规定外，企业销售收入的确认必须遵循权责发生制原则和实质重于形式原则。

（1）企业销售商品同时满足下列条件的，应确认收入的实现：

①商品销售合同已经签订，企业已将与商品所有权相关的主要风险和报酬转移给购货方；

②企业对已售出的商品既没有保留通常与所有权相联系的继续管理权，也没有实施有效控制；

③收入的金额能够可靠计量；

④已发生或将发生的成本能够可靠核算。

（2）符合上述第（1）条收入确认条件，采取下列商品销售方式的，应按以下规定确认收入实现时间：

①销售商品采用托收承付方式的，在办妥托收手续时确认收入。

②销售商品采取预收款方式的，在发出商品时确认收入。

③销售商品需要安装和检验的，在购买方接受商品以及安装和检验完毕时确认收入。如果安装程序比较简单，也可以在发出商品时确认收入。

④销售商品采用支付手续费方式委托代销的，在收到代销清单时确认收入。

（3）采用售后回购方式销售商品的，销售的商品按售价确认收入，回购的商品作为购进商品处理。有证据表明不符合销售收入确认条件的，如以销售商品方式进行融资，收到的款项应确认为负债，回购价格大于原售价的，差额应在回购期间确认为利息费用。

（4）销售商品以旧换新的，销售商品应当按照销售商品收入确认条件确认收入，回收的商品作为购进商品处理。

（5）企业为促进商品销售在商品价格上给予的价格扣除属于商业折扣，商品销售涉及商业折扣的，应当按照扣除商业折扣后的金额确定销售商品收入金额。

债权人为鼓励债务人在规定的期限内付款而向债务人提供的债务扣除属于现金折扣，销售商品涉及现金折扣的，应当按扣除现金折扣前的金额确定销售商品收入金额，现金折扣在实际发生时作为财务费用扣除。

企业因售出商品的质量不合格等原因在售价上给予的减让属于销售折让；企业因售出商品质量、品种不符合要求等原因发生的退货属于销售退回。企业已经确认销售收入的售出商品发生销售折让和销售退回的，应在发生时冲减发生当期的商品销售收入。

（6）企业以买一赠一等方式组合销售本企业商品的，不属于捐赠，应将总的销售金额按各项商品公允价值的比例分摊确认各项销售收入。

（7）企业取得财产（包括各类资产、股权、债权等）转让收入、债务重组收入、接受捐赠收入、无法偿付的应付款收入等，无论是以货币形式还是以非货币形式体现，除另有规定外，均应一次性计入收入确认年度，计算缴纳企业所得税。

4.2.3 不征税收入

(1) 财政拨款,是指各级人民政府给纳入预算管理的事业单位、社会团体等组织拨付的财政资金,但国务院和国务院财政、税务主管部门另有规定的除外。

(2) 依法收取并纳入财政管理的行政事业性收费、政府性基金。其中,行政事业性收费是指依照法律、法规等有关规定,经国务院规定程序批准,在实施社会公共管理,以及在向公民、法人或者其他组织提供特定公共服务过程中,向特定对象收取并纳入财政管理的费用。政府性基金,是指企业依照法律、行政法规等有关规定,代政府收取的具有专项用途的财政资金。

(3) 国务院规定的其他不征税收入,是指企业取得的,由国务院财政、税务主管部门规定专项用途并经国务院批准的财政性资金。

县级以上人民政府将国有资产无偿划入企业,凡指定专门用途并按规定进行管理的,企业可作为不征税收入进行企业所得税处理。其中,该项资产属于非货币性资产的,应按政府确定的接收价值计算不征税收入。

自 2018 年 9 月 20 日起,对全国社会保障基金理事会及基本养老保险基金投资管理机构在国务院批准的投资范围内,运用养老基金投资取得的归属于养老基金的投资收益,作为企业所得税不征税收入。

自 2018 年 9 月 10 日起,对全国社会保障基金取得的直接股权投资收益、股权投资基金收益,作为企业所得税不征税收入。

4.2.4 免税收入

(1) 国债利息收入。

为鼓励企业积极购买国债,支援国家建设,税法规定企业因购买国债所得的利息收入,免征企业所得税。

根据《国家税务总局关于企业国债投资业务企业所得税处理问题的公告》(国家税务总局公告 2011 年第 36 号) 的规定,自 2011 年 1 月 1 日起,按以下规定执行:

①国债利息收入时间确认。

Ⅰ. 根据《中华人民共和国企业所得税法实施条例》(以下简称《企业所得税法实施条例》)第十八条的规定,企业投资国债从国务院财政部门(以下简称发行者)取得的国债利息收入,应以国债发行时约定应付利息的日期,确认利息收入的实现。

Ⅱ. 企业转让国债,应在国债转让收入确认时确认利息收入的实现。

②国债利息收入计算。

企业到期前转让国债,或者从非发行者投资购买的国债,持有期间尚未兑付的国债利息收入,按以下公式计算确定:

$$\text{国债利息收入} = \text{国债金额} \times \frac{\text{适用年利率}}{365} \times \text{持有天数}$$

上述公式中的"国债金额"按国债发行面值或发行价格确定;"适用年利率"按国债票面年利率或折合年收益率确定;如企业不同时间多次购买同一品种国债的,"持有天数"可按平均持有天数计算确定。

③国债利息收入免税问题。

根据《企业所得税法》第二十六条的规定,企业取得的国债利息收入,免征企业所得税。具体按以下规定执行:

Ⅰ. 企业将从发行方直接投资购买的国债持有至到期,从发行方取得的国债利息收入,全额免征企业所得税。

Ⅱ. 企业到期前转让国债,或者从非发行方投资购买的国债,按上述第②项计算的国债利息收入,免征企业所得税。

④国债转让收入时间确认。

Ⅰ. 企业转让国债应在转让国债合同、协议生效的日期,或者国债移交时确认转让收入的实现。

Ⅱ. 企业投资购买国债到期兑付的,应在国债发行时约定的应付利息的日期，确认国债转让收入的实现。

⑤国债转让收益（损失）的计算。

企业转让或到期兑付国债取得的价款，减除购买国债成本，并扣除持有期间按照上述第②项计算的国债利息收入以及交易过程中相关税费后的余额，为企业转让国债收益（损失）。

⑥国债转让收益（损失）征税问题。

根据《企业所得税法实施条例》第十六条的规定，企业转让国债应作为转让财产，转让取得的收益（损失）应作为企业应纳税所得额计算纳税。

⑦通过支付现金方式取得的国债，以买入价和支付的相关税费为成本。

⑧通过支付现金以外的方式取得的国债，以该资产的公允价值和支付的相关税费为成本。

企业在不同时间购买同一品种国债的，转让时成本的计算方法，可在先进先出法、加权平均法、个别计价法中选用一种。计价方法一经选用，不得随意改变。

（2）符合条件的居民企业之间的股息、红利等权益性投资收益。

上述权益性投资是指居民企业直接投资于其他居民企业取得的投资收益，不包括连续持有居民企业公开发行并上市流通的股票不足 12 个月取得的投资收益。

（3）在中国境内设立机构、场所的非居民企业从居民企业取得与该机构、场所有实际联系的股息、红利等权益性投资收益。不包括连续持有居民企业公开发行并上市流通的股票不足 12 个月取得的投资收益。

（4）符合条件的非营利组织的收入。具体认定管理办法由国务院财政、税务主管部门会同国务院有关部门制定。

4.2.5 扣除原则和范围

1. 税前扣除项目的原则

企业申报的扣除项目和金额要真实、合法。所谓真实是指能够提供有关支出确属实际发生的相关证明；合法是指符合国家税法的规定，若其他法规规定与税收法规规定不一致，应以税收法规的规定为标准。除税收法规另有规定外，税前扣除一般应遵循以下原则：

（1）权责发生制原则，是指企业费用应在发生的所属期扣除，而不是在实际支付时确认扣除。

（2）配比原则，是指企业发生的费用应当与收入配比扣除。除特殊规定外，企业发生的费用不得提前或滞后申报扣除。

（3）相关性原则，是指企业可扣除的费用从性质和根源上必须与取得应税收入直接相关。

（4）确定性原则，是指企业可扣除的费用不论何时支付，金额都必须是确定的。

（5）合理性原则，是指符合生产经营活动常规，应当计入当期损益或者有关资产成本的必要的、正常的支出。

2. 扣除项目的范围

《企业所得税法》规定，企业实际发生的与取得收入有关的、合理的支出，包括成本、费用、税金、损失和其他支出，准予在计算应纳税所得额时扣除。在实际中，计算应纳税所得额时还应注意以下内容：

（1）企业发生的支出应当区分收益性支出和资本性支出。收益性支出在发生当期直接扣除；资本性支出应当分期扣除或者计入有关资产的成本，不得在发生当期直接扣除。

（2）企业的不征税收入用于支出所形成的费用或者财产，不得扣除或者计算对应的折旧、摊销扣除。

（3）除《企业所得税法》及其实施条例另有规定外，企业实际发生的成本、费用、税金、损失和其他支出，不得重复扣除。

①成本是指企业在生产经营活动中发生的销售成本、销货成本、业务支出以及其他耗费，即企业销售商品（产品、材料、下脚料、废料、废

旧物资等)、提供劳务、转让固定资产、无形资产（包括技术转让)的成本。

企业必须将经营活动中发生的成本合理划分为直接成本和间接成本。直接成本是指与成本计算对象直接相关，可以直接计入产品或劳务的费用，如直接材料、直接人工等。间接成本是指多个部门为同一成本对象提供服务的共同成本，或者同一种投入可以制造、提供两种或两种以上的产品或劳务的联合成本。

直接成本可根据有关会计凭证、记录直接计入有关成本计算对象或劳务的经营成本中。间接成本必须根据与成本计算对象之间的因果关系、成本计算对象的产量等，以合理的方法分配计入有关成本计算对象中。

②费用是指企业每一个纳税年度为生产、经营商品和提供劳务等发生的销售（经营）费用、管理费用和财务费用。已计入成本的有关费用除外。

销售费用是指应由企业负担的为销售商品而发生的费用，包括广告费、运输费、装卸费、包装费、展览费、保险费、销售佣金（能直接认定的进口佣金调整商品进价成本)、代销手续费、经营性租赁费及销售部门发生的差旅费、工资、福利等费用。

管理费用是指企业的行政管理部门为管理组织经营活动提供各项支援性服务而发生的费用。

财务费用是指企业筹集经营性资金而发生的费用，包括利息净支出、汇兑净损失、金融机构手续费以及其他非资本化支出。

③税金是指企业发生的除企业所得税和允许抵扣的增值税以外的，企业缴纳的各项税金及其附加，即企业按规定缴纳的消费税、城市维护建设税、关税、资源税、土地增值税、房产税、车船税、土地使用税、印花税、教育费附加等产品销售税金及附加。这些已纳税金准予税前扣除。准予扣除的税金有两种方式：一是在发生当期扣除；二是在发生当期计入相关资产的成本，在以后各期分摊扣除。

④损失是指企业在生产经营活动中发生的固定资产和存货的盘亏、毁损、报废损失，转让财产损失，呆账损失，坏账损失，自然灾害等不可抗力因素造成的损失以及其他损失。

企业发生的损失减除责任人赔偿和保险赔款后的余额，依照国务院财政、税务主管部门的规定扣除。

企业已经作为损失处理的资产，在以后纳税年度又全部收回或者部分收回时，应当计入当期收入。

⑤扣除的其他支出是指除成本、费用、税金、损失外，企业在生产经营活动中发生的与生产经营活动有关的、合理的支出。

3. 扣除项目的标准

在计算应纳税所得额时，下列项目可按照实际发生额或规定的标准扣除。

（1）工资、薪金支出。

企业发生的合理的工资、薪金支出准予据实扣除。工资、薪金支出是企业每一纳税年度支付给在本企业任职或与其有雇佣关系的员工的所有现金或非现金形式的劳动报酬，包括基本工资、奖金、津贴、补贴、年终加薪、加班工资，以及与任职或者受雇有关的其他支出。

"合理的工资、薪金"，是指企业按照股东大会、董事会、薪酬委员会或相关管理机构制定的工资薪金制度规定，实际发放给员工的工资、薪金。税务机关在对工资、薪金进行合理性确认时，可按以下原则掌握：

①企业制定了较为规范的员工工资、薪金制度。

②企业所制定的工资、薪金制度符合行业及地区水平。

③企业在一定时期发放的工资、薪金是相对固定的，工资、薪金的调整是有序进行的。

④企业对实际发放的工资、薪金，已依法履行了代扣代缴个人所得税义务。

⑤有关工资、薪金的安排，不以减少或逃避税款为目的。

（2）职工福利费、工会经费、职工教育经费。

企业发生的职工福利费、工会经费、职工教育经费按标准扣除，未超过标准的按实际数扣除，超过标准的只能按标准扣除。

①企业发生的职工福利费支出，不超过工资、

薪金总额14%的部分准予扣除。

企业职工福利费，包括以下内容：

Ⅰ. 尚未实行分离办社会职能的企业，内设福利部门所发生的设备、设施和人员费用，包括职工食堂、职工浴室、理发室、医务所、托儿所、疗养院等集体福利部门的设备、设施及维修保养费用和福利部门工作人员的工资、薪金、社会保险费、住房公积金、劳务费等。

Ⅱ. 为职工卫生保健、生活、住房、交通等发放的各项补贴和非货币性福利，包括企业向职工发放的因公外地就医费用、未实行医疗统筹企业职工医疗费用、职工供养直系亲属医疗补贴、供暖费补贴、职工防暑降温费、职工困难补贴、救济费、职工食堂经费补贴、职工交通补贴等。

Ⅲ. 按照其他规定发生的其他职工福利费，包括丧葬补助费、抚恤费、安家费、探亲假路费等。

注意

企业发生的职工福利费，应该单独设置账册，进行准确核算。没有单独设置账册准确核算的，税务机关应责令企业在规定的期限内进行改正。逾期仍未改正的，税务机关可对企业发生的职工福利费进行合理的核定。

②企业拨缴的工会经费，不超过工资、薪金总额2%的部分准予扣除。

③除国务院财政、税务主管部门另有规定外，企业发生的职工教育经费支出，不超过工资、薪金总额8%的部分准予扣除，超过部分准予结转以后纳税年度扣除。

上述计算职工福利费、工会经费、职工教育经费的"工资、薪金总额"，是指企业按照上述第（1）条规定实际发放的工资、薪金总和，不包括企业的职工福利费、职工教育经费、工会经费以及养老保险费、医疗保险费、失业保险费、工伤保险费、生育保险费等社会保险费和住房公积金。属于国有性质的企业，工资、薪金不得超过政府有关部门给予的限定数额；超过部分，不得计入企业工资、薪金总额，也不得在计算企业应纳税所得额时扣除。

【情景4-1】北京市惠达股份有限公司2021年末，实际发放工资薪金3 000 000元，发生的福利费支出450 000元，职工教育经费250 000元，工会会费60 000元，发生时分别计入成本费用中。该公司职工福利费、职工教育经费和工会经费该如何进行纳税调整？

按照《企业所得税法》规定，允许税前扣除的职工福利费是：

3 000 000×14%=420 000（元）

允许税前扣除的职工教育经费是：

3 000 000×8%=240 000（元）

允许税前扣除的工会经费是：

3 000 000×2%=60 000（元）

实际支出小于限额的，按实际支出数扣除。因此，应调增应纳税所得额=40 000（450 000-420 000+250 000-240 000）元。

（3）社会保险费。

①企业依照国务院有关主管部门或者省级人民政府规定的范围和标准为职工缴纳的"五险一金"，即基本养老保险费、基本医疗保险费、失业保险费、工伤保险费、生育保险费等基本社会保险和住房公积金，准予扣除。

②企业为投资者或者职工支付的补充养老保险费、补充医疗保险费，分别在不超过职工工资总额5%标准以内的部分，准予扣除。企业依照国家有关规定为特殊工种职工支付的人身安全保险费和符合国务院财政、税务主管部门规定可以扣除的商业保险费准予扣除。

③企业参加财产保险，按照规定缴纳的保险费，准予扣除。企业为投资者或者职工支付的商业保险费，不得扣除。

（4）利息费用。

企业在生产、经营活动中发生的利息费用，按下列规定扣除：

①非金融企业向金融企业借款的利息支出、金融企业的各项存款利息支出和同业拆借利息支出、企业经批准发行债券的利息支出可据实扣除。

②非金融企业向非金融企业借款的利息支出，

不超过按照金融企业同期同类贷款利率计算的数额部分可据实扣除，超过部分不允许扣除。

【情景4-2】 北京市惠达股份有限公司2021年度的利润总额是2 000 000元，财务费用500 000元，其中向非金融机构借款1 000 000元，利率为8%，同期同类银行贷款利率为5%。该公司利息支出应如何进行纳税调整？

根据税法规定，税前可以扣除的利息支出是：

1 000 000×5%=50 000（元）

所以应调增应纳税所得额为：

1 000 000×8%-50 000=30 000（元）

（5）借款费用。

①企业在生产经营活动中发生的合理的不需要资本化的借款费用，准予扣除。

②企业为购置、建造固定资产、无形资产和经过12个月以上的建造才能达到预定可销售状态的存货发生的借款，在有关资产购置、建造期间发生的合理的借款费用，应予以资本化，作为资本性支出计入有关资产的成本；有关资产交付使用后发生的借款利息，可在发生当期扣除。

③企业通过发行债券、取得贷款、吸收保户储金等方式融资而发生的合理的费用支出，符合资本化条件的，应计入相关资本成本；不符合资本化条件的，应作为财务费用，准予在企业所得税前据实扣除。

（6）汇兑损失。

企业在货币交易中，以及纳税年度终了时将人民币以外的货币性资产、负债按照期末即期人民币汇率中间价折算为人民币时产生的汇兑损失，除已经计入有关资产成本以及与向所有者进行利润分配相关的部分外，准予扣除。

（7）业务招待费。

企业发生的与生产、经营业务有关的业务招待费支出，按照发生额的60%扣除，但最高不得超过当年销售（营业）收入的5‰。

【情景4-3】 北京市惠达股份有限公司2021年账户资料显示，当年实现的主营业务收入70 000 000元，其他业务收入8 000 000元；管理费用中列支业务招待费680 000元。该公司业务招待费支出该如何进行纳税调整？

业务招待费最高扣除额=（70 000 000+8 000 000）×5‰=390 000（元）

实际发生额的60%=680 000×60%
=408 000（元）

比较上述两个判断标准，2021年准予税前扣除的业务招待费为390 000元，因此对实际发生额大于扣除限额的差额290 000元（680 000-390 000）应调增应纳税所得额。

（8）广告费和业务宣传费。

①企业发生的符合条件的广告费和业务宣传费支出，除国务院财政、税务主管部门另有规定外，不超过当年销售（营业）收入15%的部分，准予扣除；超过部分，准予在以后纳税年度结转扣除。

②自2021年1月1日起至2025年12月31日止，对化妆品制造或销售、医药制造和饮料制造（不含酒类制造）企业发生的广告费和业务宣传费支出，不超过当年销售（营业）收入30%的部分，准予扣除；超过部分，准予在以后纳税年度结转扣除。

③对签订广告费和业务宣传费分摊协议（以下简称分摊协议）的关联企业，其中一方发生的不超过当年销售（营业）收入税前扣除限额比例内的广告费和业务宣传费支出可以在本企业扣除，也可以将其中部分或全部按照分摊协议归集至另一方扣除。另一方在计算本企业广告费和业务宣传费支出企业所得税税前扣除限额时，按照上述办法归集至本企业的广告费和业务宣传费可以不计算在内。

④企业在筹建期间发生的广告费和业务宣传费，可按实际发生额计入企业筹办费，并按上述规定在税前扣除。

⑤烟草企业的烟草广告费和业务宣传费支出，一律不得在计算应纳税所得额时扣除。企业申报扣除的广告费支出应与赞助支出严格区分。企业申报扣除的广告费支出，必须符合下列条件：

Ⅰ. 广告是通过工商部门批准的专门机构制作的。

Ⅱ. 已实际支付费用，并已取得相应发票。

Ⅲ. 通过一定的媒体传播。

【情景 4-4】接【情景 4-3】资料，该公司 2021 年账户资料显示销售费用中实际列支的广告费和业务宣传费 12 000 000 元。北京市惠达股份有限公司广告费和业务宣传费支出该如何进行纳税调整？

广告费和业务宣传费税前扣除限额＝(70 000 000＋8 000 000)×15%＝11 700 000（元）

实际发生额为 12 000 000 元超过了税前扣除限额，其差额 300 000 元应调增应纳税所得额。

（9）环境保护专项资金。

企业依照法律、行政法规有关规定提取的用于环境保护、生态恢复等方面的专项资金，准予扣除。上述专项资金提取后改变用途的，不得扣除。

（10）租赁费。

企业根据生产经营需要租入固定资产支付的租赁费，按照以下方法扣除：

①以经营租赁方式租入固定资产发生的租赁费支出，按照租赁期限均匀扣除。经营性租赁是指所有权不转移的租赁。

②以融资租赁方式租入固定资产发生的租赁费支出，按照规定构成融资租入固定资产价值的部分应当提取折旧费用，分期扣除。融资租赁是指在实质上转移与一项资产所有权有关的全部风险和报酬的租赁。

（11）劳动保护费。

企业发生的合理的劳动保护支出，准予扣除。自 2011 年 7 月 1 日起，企业根据其工作性质和特点，由企业统一制作并要求员工工作时统一着装所发生的工作服饰费用，根据《企业所得税法实施条例》第二十七条的规定，可以作为企业合理的支出给予税前扣除。

（12）公益性捐赠。

公益性捐赠，是指企业通过公益性社会团体或者县级（含县级）以上人民政府及其部门，用于《中华人民共和国公益事业捐赠法》规定的公益事业的捐赠。

企业发生的公益性捐赠支出，不超过年度利润总额 12% 的部分，准予扣除；超过年度利润总额 12% 的部分，准予以后 3 年内在计算应纳税所得额时结转扣除。年度利润总额，是指企业依照国家统一会计制度的规定计算年度会计利润。

企业发生的公益性捐赠支出未在当年税前扣除的部分，自 2017 年 1 月 1 日起准予向以后年度结转扣除，但结转年限自捐赠发生年度的次年起计算最长不得超过 3 年。企业在对公益性捐赠支出计算扣除时，应先扣除以前年度结转的捐赠支出，再扣除当年发生的捐赠支出。

用于公益事业的捐赠支出，是指《中华人民共和国公益事业捐赠法》规定的向公益事业的捐赠支出，具体范围包括：

①救助灾害、救济贫困、扶助残疾人等困难的社会群体和个人的活动。

②教育、科学、文化、卫生、体育事业。

③环境保护、社会公共设施建设。

④促进社会发展和进步的其他社会公共和福利事业。

自 2019 年 1 月 1 日至 2022 年 12 月 31 日，企业通过公益性社会组织或者县级（含县级）以上人民政府及其组成部门，用于目标脱贫地区的扶贫捐赠支出，准予在计算企业所得税应纳税所得额时据实扣除。在政策执行期限内，目标脱贫地区实现脱贫的，可继续适用上述政策。企业同时发生扶贫捐赠支出和其他公益性捐赠支出，在计算公益性捐赠支出年度扣除限额时，符合条件的扶贫捐赠支出不计算在内。

【情景 4-5】北京市惠达股份有限公司 2021 年度"营业外支出"账户记载的捐赠支出 660 000 元。其中，通过中国希望工程基金会向失学儿童捐赠 350 000 元；通过民政部门向贫困地区捐赠 220 000 元；向某中学直接捐赠 90 000 元。该年度公司实现利润总额 4 200 000 元。该公司捐赠支出该如何进行纳税调整？

《企业所得税法》规定，直接捐赠不得税前扣除，应调增应纳税所得额 90 000 元。

捐赠扣除限额＝4 200 000×12%＝504 000（元）

小于实际公益性捐赠额 570 000 元，公益性捐赠超过限额 66 000 元应调增应纳税所得额。

（13）有关资产的费用。

企业转让各类固定资产发生的费用，允许扣

除。企业按规定计算的固定资产折旧费、无形资产和递延资产的摊销费，准予扣除。

（14）总机构分摊的费用。

非居民企业在中国境内设立的机构、场所，就其中国境外总机构发生的与该机构、场所生产经营有关的费用，能够提供总机构出具的费用汇集范围、定额、分配依据和方法等证明文件，并合理分摊的，准予扣除。

（15）资产损失。

企业当期发生的固定资产和流动资产盘亏、毁损净损失，由其提供清查盘存资料并经主管税务机关审核后，准予扣除；企业因存货盘亏、毁损、报废等原因不得从销项税额中抵扣的进项税额，应视同企业财产损失，准予与存货损失一起在所得税前按规定扣除。

（16）依照有关法律、行政法规和国家有关税法规定准予扣除的其他项目。如会员费、合理的会议费、差旅费，违约金，诉讼费等。

4. 不得扣除的项目

在计算应纳税所得额时，下列支出不得扣除：

（1）向投资者支付的股息、红利等权益性收益款项。

（2）企业所得税税款。

（3）税收滞纳金，是指纳税人违反税收法规，被税务机关处以的滞纳金。

（4）罚金、罚款和被没收财物的损失，是指纳税人违反国家有关法律、法规规定，被有关部门处以的罚款，以及被司法机关处以的罚金和被没收财物。

（5）超过规定标准的捐赠支出。

（6）赞助支出，是指企业发生的与生产经营活动无关的各种非广告性质支出。

（7）未经核定的准备金支出，是指不符合国务院财政、税务主管部门规定的各项资产减值准备、风险准备等准备金支出。

（8）企业之间支付的管理费、企业内营业机构之间支付的租金和特许权使用费，以及非银行企业内营业机构之间支付的利息，不得扣除。

（9）与取得收入无关的其他支出。

5. 亏损弥补

企业纳税年度发生的亏损，准予向以后年度结转，用以后年度的所得弥补，但结转年限最长不得超过5年。纳税人发生的年度亏损，可以用下一纳税年度的所得弥补；下一纳税年度的所得不足弥补的，可以逐年延续弥补，但是延续弥补期最长不得超过5年。弥补期自亏损年度后一年算起，连续5年内无论是盈利还是亏损，都作为实际弥补年限计算。5年内又发生年度亏损，也必须自亏损年度后一年算起，先亏先补，按顺序连续计算补亏期限，不允许将每个亏损年度的亏损相加和连续弥补相加，更不得断开计算。

【情景4-6】北京市惠达股份有限公司2012—2020年的盈亏情况如表4-1所示。

表4-1 2012-2020年度应纳所得税额盈亏情况

年份	2012	2013	2014	2015	2016	2017	2018	2019	2020
应纳税所得盈亏额	-700 000	-400 000	200 000	200 000	250 000	250 000	400 000	-100 000	500 000

请问该企业各年应纳税所得额为多少？

（1）2012年度的700 000元亏损，弥补期为2013—2017年，可依次用2013—2016年的盈利弥补，2017年弥补亏损后尚有200 000元盈利。

（2）2013年度的400 000元亏损，弥补期为2014—2018年，因2015年、2016年和2017年部分盈利已弥补2012年的亏损，因此只能用2017年剩余的200 000元和2018年的盈利弥补，2018年弥补2013年度亏损后，剩余200 000元盈利。

（3）2019年度亏损100 000元，弥补期为2020—2024年，2020年盈利500 000元，弥补2019年度的100 000元后，尚余400 000元，应依法纳税。

因此，该企业9年中只有2020年需要缴纳企业所得税，应纳税所得额为400 000元。

4.2.6 应纳税企业所得额的计算

1. 预缴所得税额的计算

企业所得税实行按年计征、分月（季）预缴、年终汇算清缴、多退少补的办法，实行查账征收方式申报企业所得税的居民纳税人及在中国境内设立机构的非居民纳税人在月（季）度预缴企业所得税时可采用以下方法计算缴纳。

（1）据实预缴。

本月（季）应缴所得税额=实际利润累计额×税率-减免所得税额-已累计预缴的所得税额

实际利润累计额是指纳税人按会计制度核算的利润总额，包括从事房地产开发企业按本期取得预售收入计算出的预计利润等。平时预缴时，先按会计利润计算，暂不作纳税调整，待会计年度终了再作纳税调整。

减免所得税额是指纳税人当期实际享受的减免所得税额，包括享受减免税优惠过渡期的税收优惠、小型微利企业的税率优惠、高新技术企业的税率优惠及经税务机关审批或备案的其他减免税优惠。

（2）按照上一纳税年度应纳税所得额的平均额预缴。

本月（季）应缴所得税额 = $\dfrac{\text{上一纳税年度应纳税所得额}}{12（或）4}$ × 税率

按上一纳税年度应纳税所得额实际数除以12（或4）得出每月（或季）纳税所得额，上一纳税年度所得额中不包括纳税人的境外所得。

除了以上两种方法计算预缴所得税外，还可以采用税务机关确定的其他方法。

【情景4-7】北京市惠达股份有限公司2020年全年应纳税所得额为3 600 000元。2021年经税务机关同意，每月按2020年应纳税额的1/12预缴企业所得税。2021年北京市惠达股份有限公司全年实现利润经调整后的应纳税所得额为5 000 000元，该公司适用的所得税税率为25%。计算该公司2021年应纳税额。

2021年1—12月每月预缴所得税税额
=3 600 000÷12×25%=75 000（元）。

2021年1—12月每月预缴所得税税额的会计处理如下：

2021年应缴企业所得税=5 000 000×25%
=1 250 000（元）

2022年年初汇算清缴企业所得税=1 250 000-12×75 000=350 000（元）

2. 汇算清缴年度应纳所得税额

企业所得税纳税人在分月（季）预缴的基础上，实行年终汇算清缴、多退少补的办法。计算公式为：

实际应纳所得税额 = 应纳税所得额 × 税率 - 减免所得税额 - 抵免所得税额 + 境外所得应纳所得税额 - 境外所得抵免所得税额

本年应补（退）的所得税额 = 实际应纳所得税额 - 本年累计实际已预缴所得税额

应纳税所得额是指在企业会计利润总额的基础上，加减纳税调整额后计算得出，税率按25%计算。

（1）计算减免所得税额。减免所得税是指纳税人按照税收优惠政策规定实际减免的企业所得税额，主要有：

①小型微利企业的减征税额。从事国家非限制和禁止行业并符合规定条件的小型微利企业享受20%的优惠税率。

②高新技术企业的减征税额。国家需要重点扶持的高新技术企业，减按15%的税率征收企业所得税。

③民族自治地方企业的减征税额。民族自治地方的自治机关对本民族自治地方的企业应缴纳的企业所得税中属于地方分享的部分，可以决定减征或者免征。自治州、自治县决定减征或者免征的，须报省、自治区、直辖市人民政府批准。

（2）计算抵免所得税额。纳税人购置并实际使用《环境保护专用设备企业所得税优惠目录》《节能节水专用设备企业所得税优惠目录》和《安全生产专用设备企业所得税优惠目录》规定的环境保护、节能节水、安全生产等专用设备的，该专用设备投资额的10%可以从企业当年的应纳税额中抵免；当年不足抵免的，可以在以后5个纳税年度结转抵免。

享受上述企业所得税优惠的企业，应当实际购置并自身实际投入使用规定的专用设备；企业购置上述专用设备在5年内转让、出租的，应当停止享受企业所得税优惠，并补缴已经抵免的企业所得税税款。

（3）计算境外所得应补税额。居民纳税人应就其来源于境内外所得纳税，对来源于境外的所得已在境外缴纳的所得税税额，可以从其当期应纳税额中抵免。计算步骤如下：

$$\text{境外所得应补税额} = \text{境外所得应纳所得税额} - \text{境外所得抵免所得税额}$$

$$\text{境外所得应纳所得税额} = (\text{境外所得换算成含税收入的所得} - \text{弥补以前年度境外亏损} - \text{境外免税所得} - \text{境外弥补境内亏损}) \times \text{税率}$$

$$\text{境外所得抵免所得税额} = \text{本年可抵免的境外所得税款} + \text{本年可抵免以前年度所得税额}$$

①境外所得应纳所得税额的计算。境外所得是指纳税人来源于境外的收入总额（包括生产经营所得和其他所得），扣除按税收规定允许扣除的境外发生的成本费用后的余额。若取得的所得为税后收入，则需将其换算为包含在境外缴纳企业所得税的所得，换算公式为：

境外所得换算成含税收入的所得＝适用所在国家或地区所得税税率的境外所得÷（1－适用所在国家或地区所得税税率）＋适用所在国家预提所得税税率的境外所得÷（1－适用所在国家预提所得税税率）

弥补以前年度亏损是指纳税人境外所得按税收规定弥补以前年度的境外亏损额；免税所得是指境外所得中按税收规定予以免税的部分；境外所得弥补境内亏损是指境外所得按税收规定弥补境内的亏损额部分。

②境外所得抵免所得税额的计算。境外所得抵免所得税额包括本年可抵免的境外所得税款和本年可抵免以前年度所得税额两部分金额。

境外所得税款的抵免限额为该项所得依照我国税法规定计算的应纳税额，超过抵免限额的部分，可以在以后5个年度内，用每年度抵免限额抵免当年应抵税额后的余额进行抵补。除国务院财政、税务主管部门另有规定外，应当按分国（地区）不分项计算，计算公式为：

抵免限额＝中国境内、境外所得依照企业所得税法和条例的规定计算的应纳税总额 × 来源于某国（地区）的应纳税所得额 ÷ 中国境内、境外应纳税所得总额

纳税人来源于境外的所得在境外实际缴纳的所得税税款，低于依照税法计算的扣除限额的，可以从应纳税额中如数扣除，若有前5年境外所得已缴纳税款未抵扣的余额，可在限额内扣除；高于扣除限额的，超过部分不得在本年度的应纳税额中扣除，也不得列为费用支出，但可用以后年度税额扣除的余额补扣，补扣期限最长不得超过5年。

3. 居民企业核定征收应纳税额的计算

为了加强企业所得税征收管理，规范核定征收企业所得税工作，保障国家税款及时足额入库，维护纳税人合法权益，根据《中华人民共和国企业所得税法》及其实施条例、《中华人民共和国税收征收管理法》及其实施细则的有关规定，核定征收企业所得税的有关规定如下。

（1）核定征收企业所得税的范围。

居民企业纳税人有下列情形之一的，核定征收企业所得税：

①依照法律、行政法规的规定可以不设置账簿的。

②依照法律、行政法规的规定应当设置但未设置账簿的。

③擅自销毁账簿或者拒不提供纳税资料的。

④虽设置账簿，但账目混乱或者成本资料、收入凭证、费用凭证残缺不全，难以查账的。

⑤发生纳税义务，未按照规定的期限办理纳税申报，经税务机关责令限期申报，逾期仍不申报的。

⑥申报的计税依据明显偏低，又无正当理由的。

特殊行业、特殊类型的纳税人和一定规模以上的纳税人由国家税务总局另行明确。

（2）选择核定征收的办法。

核定征收方式包括定额征收和核定应税所得率征收两种方法。

①定额征收。定额征收是税务机关按照一定的标准、程序和方法，直接核定纳税人年度应纳所得税额，由纳税人按规定申报缴纳的办法。主管税务机关应对纳税人的有关情况进行调查研究、分类排队、认真测算，按年从高直接核定纳税人的应纳所得税额。

②核定应税所得率征收。核定应税所得率征收是税务机关按照一定的标准、程序和方法，预先核定纳税人的应税所得率，由纳税人根据纳税年度内的收入总额或成本费用等项目的实际发生额，按预先核定的应税所得率计算缴纳企业所得税的办法。

③选择应税所得率。

应税所得率幅度标准，如表4-2所示。

表4-2 应税所得率幅度标准

行　业	应税所得率/%
农、林、牧、渔业	3～10
制造业	5～15
批发和零售业	4～15
交通运输业	7～15
建筑业	8～20
饮食业	8～25
娱乐业	15～30
其他行业	10～30

企业经营多业时，不论经营项目是否单独核算，均由主管税务机关根据主营项目，核定适用税率。

④计算应纳税额。计算公式为：

应纳税额 = 应纳税所得额 × 应税所得率

或

$$应纳税额 = \frac{成本费用支出}{1-应税所得率} \times 应税所得率$$

应纳税所得额 = 收入总额 − 不征税收入 − 免税收入

【情景4-8】北京市惠达股份有限公司2021年度收入总额为4 200 000元、成本费用4 400 000元，经营亏损200 000元。经税务机关审核，发现其发生的成本费用真实，实现的收入无法确认，依据规定对其核定征收。假定应税所得率为10%，计算该公司2021年度应缴纳的企业所得税税额。

应税所得额 = 4 400 000 ÷（1−10%）× 10%

≈ 488 889（元）

应纳税额 = 488 889 × 25% ≈ 122 222（元）

【情景4-9】北京市惠达股份有限公司2021年发生经营业务如下：

（1）取得产品销售收入50 000 000元。

（2）应结转产品销售成本34 000 000元。

（3）发生销售费用8 800 000元（其中广告费7 800 000元）；管理费用5 000 000元（其中业务招待费400 000元）；财务费用800 000元。

（4）销售税金2 000 000元（含增值税1 500 000元）。

（5）营业外收入800 000元，营业外支出1 000 000元（含通过公益性社会团体向贫困山区捐款600 000元，支付税收滞纳金100 000元）。

（6）计入成本、费用中的实发工资总额2 000 000元、拨缴职工工会经费60 000元、发生职工福利费350 000元、发生职工教育经费100 000元。计算该公司2021年度实际应缴纳的企业所得税。

①会计利润总额 = 50 000 000 + 800 000 − 34 000 000 − 8 800 000 − 5 000 000 − 800 000 −（2 000 000 − 1 500 000）− 1 000 000 = 700 000（元）。

②广告费和业务宣传费调增所得额 = 7 800 000 − 50 000 000 × 15% = 300 000（元）。

③业务招待费调增所得额 = 400 000 − 400 000 × 60% = 160 000（元）。

50 000 000 × 5‰ = 250 000（元）＞ 400 000 × 60% = 240 000（元）。

④捐赠支出应调增所得额 = 600 000 − 700 000 × 12% = 516 000（元）。

⑤工会经费应调增所得额 = 60 000 − 2 000 000 × 2% = 20 000（元）。

⑥职工福利费应调增所得额 = 350 000 − 2 000 000 × 14% = 70 000（元）。

⑦职工教育经费扣除限额=2 000 000×8%=160 000（元）。

实际发生额小于扣除限额，不作纳税调整。

⑧应纳税所得额=700 000+300 000+160 000+516 000+20 000+70 000+100 000=1 866 000（元）。

⑨2021年应缴纳的企业所得税=1 866 000×25%=466 500（元）。

任务4.3　企业所得税的优惠政策

1．免征与减征优惠

企业的下列所得，可以免征、减征企业所得税。企业如果从事国家限制和禁止发展的项目，不得享受企业所得税优惠。

（1）从事农、林、牧、渔业项目的所得。

企业从事农、林、牧、渔业项目的所得，包括免征和减征两个部分。

①企业从事下列项目的所得，免征企业所得税。

Ⅰ．蔬菜、谷物、薯类、油料、豆类、棉花、麻类、糖料、水果、坚果的种植；

Ⅱ．农作物新品种的选育；

Ⅲ．中药材的种植；

Ⅳ．林木的培育和种植；

Ⅴ．牲畜、家禽的饲养，林产品的采集；

Ⅵ．灌溉、农产品初加工、兽医、农技推广、农机作业和维修等农、林、牧、渔服务业项目；

Ⅶ．远洋捕捞。

②企业从事下列项目的所得，减半征收企业所得税。

Ⅰ．花卉、茶以及其他饮料作物和香料作物的种植；

Ⅱ．海水养殖、内陆养殖。

（2）从事国家重点扶持的公共基础设施项目投资经营的所得。

《企业所得税法》所称国家重点扶持的公共基础设施项目，是指《公共基础设施项目企业所得税优惠目录》规定的港口码头、机场、铁路、公路、电力、水利等项目。

企业从事国家重点扶持的公共基础设施项目投资经营的所得，自项目取得第一笔生产经营收入所属纳税年度起，第1年至第3年免征企业所得税，第4年至第6年减半征收企业所得税。

企业承包经营、承包建设和内部自建自用本条规定的项目，不得享受本条规定的企业所得税优惠。

（3）从事符合条件的环境保护、节能节水项目的所得。

环境保护、节能节水项目的所得，自项目取得第一笔生产经营收入所属纳税年度起，第1年至第3年免征企业所得税，第4年至第6年减半征收企业所得税。

符合条件的环境保护、节能节水项目，包括公共污水处理、公共垃圾处理、沼气综合开发利用、节能减排技术改造、海水淡化等。项目的具体条件和范围由国务院财政、税务主管部门会同国务院有关部门制定，报国务院批准后公布施行。

但是，以上规定享受减免税优惠的项目，在减免税期限内转让的，受让方自受让之日起，可以在剩余期限内享受规定的减免税优惠；减免税期限届满后转让的，受让方不得就该项目重复享受减免税优惠。

（4）符合条件的技术转让所得。

《企业所得税法》所称符合条件的技术转让所得免征、减征企业所得税，是指一个纳税年度内，居民企业转让技术所有权所得不超过500万元的部分，免征企业所得税；超过500万元的部分，减半征收企业所得税。

2. 高新技术企业优惠

国家需要重点扶持的高新技术企业减按15%的所得税税率征收企业所得税。

国家需要重点扶持的高新技术企业，是指拥有核心自主知识产权，并同时符合下列六个方面条件的企业：

（1）拥有核心自主知识产权，是指在中国境内（不含港、澳、台地区）注册的企业，近3年内通过自主研发、受让、受赠、并购等方式，或通过5年以上的独占许可方式，对其主要产品（服务）的核心技术拥有自主知识产权。

（2）产品（服务）属于《国家重点支持的高新技术领域》规定的范围。

（3）研究开发费用占销售收入的比例不低于规定比例。

（4）高新技术产品（服务）收入占企业总收入的比例不低于规定比例，是指高新技术产品（服务）收入占企业当年总收入的60%以上。

（5）科技人员占企业职工总数的比例不低于规定比例，是指具有大学专科以上学历的科技人员占企业当年职工总数的30%以上，其中研发人员占企业当年职工总数的10%以上。

（6）高新技术企业认定管理办法规定的其他条件。《国家重点支持的高新技术领域》和高新技术企业认定管理办法由国务院科技、财政、税务主管部门会同国务院有关部门制定，报国务院批准后公布施行。

3. 小型微利企业优惠

小型微利企业减按20%的所得税税率征收企业所得税。小型微利企业的条件如下：

（1）工业企业，年度应纳税所得额不超过50万元，从业人数不超过100人，资产总额不超过3 000万元。

（2）其他企业，年度应纳税所得额不超过50万元，从业人数不超过80人，资产总额不超过1 000万元。

从业人数，包括与企业建立劳动关系的职工人数和企业接受的劳务派遣用工人数。从业人数和资产总额指标，应按企业全年的季度平均值确定。计算公式为：

$$季度平均值 = \frac{季初值 + 季末值}{2}$$

$$全年季度平均值 = \frac{全年各季度平均值之和}{4}$$

年度中间开业或者终止经营活动的，以实际经营期作为一个纳税年度，确定上述相关指标。

小型微利企业，是指企业的全部生产经营活动产生的所得均负有我国企业所得税纳税义务的企业。仅就来源于我国所得负有我国纳税义务的非居民企业，不适用上述规定。

对小型微利企业年应纳税所得额不超过100万元的部分，减按25%计入应纳税所得额，按20%的税率缴纳企业所得税；对年应纳税所得额超过100万元但不超过300万元的部分，减按50%计入应纳税所得额，按20%的税率缴纳企业所得税。

上述小型微利企业是指从事国家非限制和禁止行业，且同时符合年度应纳税所得额不超过300万元，从业人数不超过300人，资产总额不超过5 000万元三个条件的企业。

4. 加计扣除优惠

加计扣除是指对企业支出项目在按规定的比例给予税前扣除的基础上再给予追加扣除。加计扣除优惠包括以下两项内容。

（1）研究开发费。

研究开发费，是指企业为开发新技术、新产品、新工艺发生的研究开发费用，未形成无形资产计入当期损益的，在按照规定据实扣除的基础上，按照研究开发费用75%加计扣除；形成无形资产的，按照无形资产成本的175%摊销。

（2）企业安置残疾人员所支付的工资。

企业安置残疾人员所支付工资费用的加计扣除，是指企业安置残疾人员的，在按照支付给残疾职工工资据实扣除的基础上，按照支付给残疾职工工资的100%加计扣除。残疾人员的范围适用《中华人民共和国残疾人保障法》的有关规定。企业安置国家鼓励安置的其他就业人员所支付的工资的加计扣除办法，由国务院另行规定。

5. 创投企业优惠

创投企业从事国家需要重点扶持和鼓励的创业投资，可以按投资额的一定比例抵扣应纳税所得额。

创投企业优惠，是指创业投资企业采取股权投资方式投资于未上市的中小高新技术企业2年以上的，可以按照其投资额的70%在股权持有满2年的当年抵扣该创业投资企业的应纳税所得额；当年不足抵扣的，可以在以后纳税年度结转抵扣。

6. 加速折旧优惠

由于技术进步等原因，企业的固定资产确需加速折旧的，可以缩短折旧年限或者采取加速折旧的方法。可采用以上折旧方法的固定资产是指：

（1）由于技术进步，产品更新换代较快的固定资产。

（2）常年处于强震动、高腐蚀状态的固定资产。

采取缩短折旧年限方法的，最低折旧年限不得低于规定折旧年限的60%；采取加速折旧方法的，可以采取双倍余额递减法或者年数总和法。

7. 减计收入优惠

减计收入优惠，是指企业综合利用资源，生产符合国家产业政策规定的产品所取得的收入，可以在计算应纳税所得额时减计收入。

综合利用资源，是指企业以《资源综合利用企业所得税优惠目录》规定的资源作为主要原材料，生产国家非限制和禁止并符合国家和行业相关标准的产品取得的收入，减按90%计入收入总额。

上述所称原材料占生产产品材料的比例不得低于《资源综合利用企业所得税优惠目录》规定的标准。

8. 税额抵免优惠

税额抵免，是指企业购置并实际使用《环境保护专用设备企业所得税优惠目录》《节能节水专用设备企业所得税优惠目录》和《安全生产专用设备企业所得税优惠目录》规定的环境保护、节能节水、安全生产等专用设备的，该专用设备投资额的10%可以从企业当年的应纳税额中抵免；当年不足抵免的，可以在以后5个纳税年度结转抵免。

享受前款规定的企业所得税优惠的企业，应当实际购置并自身实际投入使用前款规定的专用设备；企业购置上述专用设备在5年内转让、出租的，应当停止享受企业所得税优惠，并补缴已经抵免的企业所得税税款。

企业所得税优惠目录，由国务院财政、税务主管部门会同国务院有关部门制定，报国务院批准后公布施行。

企业同时从事适用不同企业所得税待遇项目的，其优惠项目应当单独计算所得，并合理分摊企业的期间费用；没有单独计算的，不得享受企业所得税优惠。

自2008年1月1日起，停止执行企业购买国产设备投资抵免企业所得税的政策。

9. 民族自治地方的优惠

为贯彻落实党中央、国务院关于深入实施西部大开发战略的精神，进一步支持西部大开发，现将有关税收政策问题通知如下：

（1）对西部地区内资鼓励类产业、外商投资鼓励类产业及优势产业的项目在投资总额内进口的自用设备，在政策规定范围内免征关税。

（2）自2011年1月1日至2020年12月31日，对设在西部地区的鼓励类产业企业按15%的税率征收企业所得税。上述鼓励类产业企业是指以《西部地区鼓励类产业目录》中规定的产业项目为主营业务，且其主营业务收入占企业收入总额70%以上的企业。（《西部地区鼓励类产业目录》另行发布）

（3）对西部地区2010年12月31日前新办的、根据《财政部国家税务总局海关总署关于西部大开发税收优惠政策问题的通知》(财税〔2001〕202号)第二条第三款规定可以享受企业所得税"两免三减半"优惠的交通、电力、水利、邮政、广播电视企业,其享受的企业所得税"两免三减半"优惠政策可以继续享受到期满为止。

10. 非居民企业优惠

非居民企业减按10%的所得税税率征收企业所得税。这里的非居民企业,是指在中国境内未设立机构、场所的,或者虽设立机构、场所但取得的所得与其所设机构、场所没有实际联系的企业。该类非居民企业取得下列所得,免征企业所得税。

（1）外国政府向中国政府提供贷款取得的利息所得。

（2）国际金融组织向中国政府和居民企业提供优惠贷款取得的利息所得。

（3）经国务院批准的其他所得。

11. 其他有关行业的优惠

（1）关于鼓励软件产业和集成电路产业发展的优惠政策。

①软件生产企业实行增值税即征即退政策所退还的税款,由企业用于研究开发软件产品和扩大再生产,不作为企业所得税应税收入,不予征收企业所得税。

②我国境内新办软件生产企业经认定后,自获利年度起,第1年和第2年免征企业所得税,第3年至第5年减半征收企业所得税。

③国家规划布局内的重点软件生产企业,如当年未享受免税优惠的,减按10%的税率征收企业所得税。

④软件生产企业的职工培训费用,可按实际发生额在计算应纳税所得额时扣除。

⑤企事业单位购进软件,凡符合固定资产或无形资产确认条件的,可以按照固定资产或无形资产进行核算,经主管税务机关核准,折旧或摊销年限可以适当缩短,最短可为2年。

⑥集成电路设计企业视同软件企业,享受上述软件企业的有关企业所得税政策。

⑦集成电路生产企业的生产性设备,经主管税务机关核准,折旧年限可以适当缩短,最短可为3年。

⑧投资额超过80亿元人民币或集成电路线宽小于0.25微米的集成电路生产企业,可以减按15%的税率缴纳企业所得税。其中,经营期在15年以上的,自开始获利的年度起,第1年至第5年免征企业所得税,第6年至第10年减半征收企业所得税。

⑨对生产线宽小于0.8微米（含）集成电路产品的生产企业,经认定后,自获利年度起,第1年和第2年免征企业所得税,第3年至第5年减半征收企业所得税。

已经享受自获利年度起企业所得税"两免三减半"政策的企业,不再重复执行本条规定。

⑩自2008年1月1日至2010年底,对集成电路生产企业、封装企业的投资者,以其取得的缴纳企业所得税后的利润,直接投资于本企业增加注册资本的,或作为资本投资开办其他集成电路生产企业、封装企业,经营期不少于5年的,按40%的比例退还其再投资部分已缴纳的企业所得税税款。再投资不满5年撤出该项投资的,追缴已退的企业所得税税款。

自2008年1月1日至2010年底,对国内外经济组织作为投资者,以其在境内取得的缴纳企业所得税后的利润,作为资本投资于西部地区开办集成电路生产企业、封装企业或软件产品生产企业,经营期不少于5年的,按80%的比例退还其再投资部分已缴纳的企业所得税税款。再投资不满5年撤出该项投资的,追缴已退的企业所得税税款。

（2）关于鼓励证券投资基金发展的优惠政策。

①对证券投资基金从证券市场中取得的收入,包括买卖股票、债券的差价收入,股权的股息、红利收入,债券的利息收入及其他收入,暂不征收企业所得税。

②对投资者从证券投资基金分配中取得的收入,暂不征收企业所得税。

③对证券投资基金管理人运用基金买卖股票、债券的差价收入,暂不征收企业所得税。

任务 4.4　企业所得税纳税申报管理

1. 征收方式的确定

企业在每年第一季度应填列"企业所得税核定征收鉴定表"一式三份，报主管税务机关审核，如表 4-3 所示。1～5 项均合格的，实行纳税人自行申报、税务机关查账方式征收；若 1、2、5 项中有一项不合格或 2、3 项均不合格，实行定额征收；若 2、3 项中有一项合格、一项不合格的，实行核定应税所得率办法征收。征收方式确定后，在一个纳税年度内一般不得变更。

表 4-3　企业所得税核定征收鉴定表

申报年度：　　　　　　　　　　　　　　　　　　　　　　　　　　　　　金额单位：

纳税人名称（盖章）			
纳税人识别号		联系电话	
纳税人注册地址		邮政编码	
经济类型		行政类别	
开户银行		主营业务项目	
账号		上年成本费用额	
上年收入总额		上年注册资本	
上年企业所得税额		上年固定资产总额	
上年缴纳增值税额		上年原材料耗用量（额）	
上（本）年燃料、动力耗用量		上年职工人数	
上年职工工资支出额		上年征收方式	

行次	项目	纳税人自报情况	税务机关审核意见
1	账簿设置情况		
	账簿、凭证保存情况		
2	收入核算情况		
3	成本费用情况		
4	履行纳税义务情况		
5	纳税申报情况		
6	其他情况		

企业法人（负责人）声明	本人保证本企业提供的资产损失税前扣除申请资料真实、完整、并承担因资料虚假而产生的法律责任。 企业法人（负责人）签章： 　　　　　　　　　　　　　年　　月　　日
纳税人对征收方式的意见：	经办人　　　　　　　（公章） 　　　　　　　年　　月　　日

续表

税源管理部门意见: 税款属期: 核定企业征收方式: 　□定额征收: 　□定率征收: 核定所得额或应纳税所得率: 　　　经办人: 　　　负责人: 　　　　年　　月　　日	主管税务机关意见: 税款属期: 核定企业征收方式: 　口定额征收: 　口定率征收: 核定所得额或应税所得率: 　　　经办人: 　　　负责人: 　　　　　　税务机关(公章) 　　　　　年　　月　　日

2. 纳税期限

企业分月或者分季度预缴。企业无论盈利或亏损，都应当在月份或者季度终了后15日内，向其所在地主管税务机关报送会计报表和所得税申报表，预缴所得税款。企业在纳税年度内无论盈利或者亏损，应当自年度终了之日起5个月内，向税务机关报送年度企业所得税纳税申报表，并汇算清缴，结清应缴应退税款。企业在报送所得税纳税申报表时，应当同时提报财务会计报告和税务机关规定应当报送的其他有关资料。企业在年度中间终止经营活动的，应当自实际经营终止之日起60日内，向税务机关办理当期企业所得税汇算清缴。

企业应当在办理注销登记前，就清算所得向税务机关申报并依法缴纳企业所得税。

3. 纳税地点

除税收法律、行政法规另有规定外，居民企业以企业登记注册地为纳税地点；但登记注册地在境外的，以实际管理机构所在地为纳税地点。

居民企业在中国境内设立不具有法人资格的营业机构的，应当汇总计算并缴纳企业所得税。

非居民企业在中国境内设立机构、场所的，应当就其所设机构、场所取得的来源于中国境内的所得，以及虽发生在中国境外但与其所设机构、场所有实际联系的所得，缴纳企业所得税的以机构、场所所在地为纳税地点。

非居民企业在中国境内设立两个或者两个以上机构、场所的，经税务机关审核批准，可以选择由其主要机构、场所汇总缴纳企业所得税。非居民企业在中国境内未设立机构、场所的，或者虽设立机构、场所但取得的所得与其所设机构、场所没有实际联系的，应当就其来源于中国境内的所得缴纳企业所得税的，以扣缴义务人所在地为纳税地点。

4. 企业所得税的申报与缴纳

按月或按季预缴的，应当自月份或者季度终了之日起15日内，向税务机关报送预缴企业所得税纳税申报表，预缴税款。

企业在报送企业所得税纳税申报表时，应当按照规定附送财务会计报告和其他有关资料。

企业应当在办理注销登记前，就清算所得向税务机关申报并依法缴纳企业所得税。

依照《企业所得税法》缴纳的企业所得税，以人民币计算。所得以人民币以外的货币计算的，应当折合成人民币计算并缴纳税款。

企业在纳税年度内无论盈利或者亏损，都应当依照《企业所得税法》第五十四条规定的期限，向税务机关报送预缴企业所得税纳税申报表、年度企业所得税纳税申报表、财务会计报告和税务机关规定应当报送的其他有关资料。

项目小结

本项目介绍了企业所得税的纳税义务人、企业所得税的征税对象、企业所得税的税率、应纳税所得额和利润、收入总额、不征税收入、免税收入、扣除原则和范围、应纳税企业所得额的计算、企业所得税的优惠政策和企业所得税纳税申报管理。

思考与练习

一、单项选择题

1. 以下属于企业所得税纳税人的是（　　）。
A. 个人独资企业　　　B. 合伙企业
C. 一人有限责任公司　　D. 居民个人

2. 下列各项中，不属于企业所得税纳税人的企业是（　　）。
A. 在外国成立但实际管理机构在中国境内的企业
B. 在中国境内成立的外商独资企业
C. 在中国境内成立的个人独资企业
D. 在中国境内虽未设立机构、场所，但有来源于中国境内所得的企业

3. 在计算应纳税所得额时，下列支出不得扣除的是（　　）。
A. 缴纳的营业税　　B. 合理分配的材料成本
C. 企业所得税税款　　D. 销售固定资产的损失

4. 企业下列收入中属于应税收入的是（　　）。
A. 国债利息收入
B. 符合条件的居民企业之间的股息、红利等权益性投资收益
C. 符合条件的非营利组织的收入
D. 银行存款利息收入

5. 按照《企业所得税法》和《企业所得税法实施条例》规定，企业从事下列项目的所得减半征收企业所得税的是（　　）。
A. 牲畜、家禽的饲养
B. 灌溉、农产品初加工、兽医等农、林、牧、渔服务业项目
C. 农作物新品种的选育
D. 花卉、茶以及其他饮料作物和香料作物的种植

二、多项选择题

1. 根据《企业所得税法》规定，下列属于企业所得税纳税人的有（　　）。
A. 股份有限公司　　B. 一人有限责任公司
C. 个人独资企业　　D. 合伙企业

2. 《企业所得税法》规定的企业所得税的税率有（　　）。
A. 20%　　B. 25%　　C. 30%　　D. 33%

3. 在计算应纳税所得额时，下列固定资产不

得计算折旧扣除的有（　　）。

　　A. 未使用的房屋、建筑物

　　B. 接受捐赠的固定资产

　　C. 以经营租赁方式租入的固定资产

　　D. 单独估价作为固定资产入账的土地

　4. 企业实际发生的与取得收入有关的、合理的支出，准予在计算应纳税所得额时扣除。其中包括（　　）。

　　A. 企业生产的成本、费用

　　B. 企业的税金

　　C. 企业的损失

　　D. 赞助支出

　5. 在计算应纳税所得额时，下列支出不得扣除的有（　　）。

　　A. 税收滞纳金

　　B. 被没收财物的损失

　　C. 法定比例范围内的公益性捐赠支出

　　D. 向投资者支付的股息

三、判断题

　1. 合伙企业的合伙人是企业法人和其他组织时，应缴纳企业所得税，其所得包括合伙企业分配给所有合伙人的所得和企业当年留存的所得（利润）。（　　）

　2. 烟草企业的烟草广告费和业务宣传费支出，一律不得在计算应纳税所得额时扣除。（　　）

　3. 不动产转让所得，按照转让不动产的企业或者机构、场所所在地确定所得来源地。（　　）

　4. 根据企业所得税法规定，销售商品采用支付手续费方式委托代销的，在发出商品时确认收入的实现。（　　）

　5. 采用售后回购方式销售商品的，销售的商品按售价确认收入，回购的商品作为购进商品处理。（　　）

四、简答题

　1. 简述应纳税所得额与利润的联系。

　2. 简述应纳税所得额的概念。

　3. 企业所得税法中来源于中国境内、境外所得的确定原则有哪些？

项目 5　个人所得税纳税实务

知识目标

◎ 理解个人所得税的纳税人及征收对象；

◎ 掌握个人所得税的税率；

◎ 了解个人所得税应纳税所得额的确定。

技能目标

◎ 掌握个人所得税应纳税额的计算；

◎ 掌握个人所得税的申报与缴纳。

案例导入

2018年9月28日，国家税务总局曝光了一批增值税发票虚开骗税和隐瞒高收入未如实申报纳税典型案例。其中，国家税务总局特别提到，近期税务部门在"双随机、一公开"抽查中，通过税收大数据分析发现，有两名主要从事电商和直播带货的网络主播涉嫌通过隐匿个人收入、改变收入性质等方式偷逃税款。

2018年9月，国家税务总局驻上海特派员办事处统筹协调浙江、广西等地税务部门，依法对这两名主播及相关企业进行立案调查。调查发现，两名主播均涉嫌违规将个人收入转变为企业经营收入，进行虚假申报少缴个人所得税，涉税金额较大。目前，案件正在调查之中，对于查实的偷逃税行为，税务部门将依法严肃处理并予以曝光。

案例思考

两名网络主播涉嫌违规将个人收入转变为企业经营收入，虚假申报少缴个税的行为，税务部门应该如何处置？

本章导语

个人所得税是以增加财政收入、调节社会收入资源为主要目的，对自然人（居民和非居民）取得的收入征收的直接税。个人所得税作为现行综合税制下重要的税种之一，其作用重大、意义影响深远。

任务 5.1　个人所得税概述

5.1.1　个人所得税的概念

个人所得税是以自然人取得的各类应税所得为征税对象征收的一种所得税，是政府利用税收对个人收入进行调节的一种手段。

提示

个人所得税的征税对象不仅包括个人，还包括具有自然人性质的企业。

个人所得税是世界各国普遍开征的一个税种，最早产生于18世纪的英国。很多国家个人所得税在全部税收收入中所占比重超过了其他税种，成为政府重要的财政收入。

5.1.2　个人所得税的纳税义务人

个人所得税的纳税义务人，包括中国公民、个体工商业户、个人独资企业、合伙企业投资者、在中国有所得的外籍人员（包括无国籍人员，下同）和香港、澳门、台湾同胞。

纳税义务人依据住所和居住时间两个标准，区分为居民个人和非居民个人，分别承担不同的纳税义务。

1. 居民纳税义务人的判定标准及纳税义务范围

根据《中华人民共和国个人所得税法》（以下简称《个人所得税法》）规定，居民个人是指在中国境内有住所，或者无住所而一个纳税年度在中国境内居住累计满183天的个人。

在中国境内有住所的个人，是指因户籍、家庭、经济利益关系，在中国境内习惯性居住的个人。

这里所说的习惯性居住，是判定纳税义务人属于居民个人还是非居民个人的一个重要依据。它是指个人因学习、工作、探亲等原因消除之后，没有理由在其他地方继续居留时，所要回到的地方，而不是指实际居住或在某一个特定时期内的居住地。

一个纳税人因学习、工作、探亲、旅游等原因，原来在中国境外居住，但是在这些原因消除之后，如果必须回到中国境内居住的，则中国为该人的习惯性居住地。尽管该纳税义务人在一个纳税年度内，甚至连续几个纳税年度都未在中国境内居住过1天，但他仍然是中国的居民个人，应就其来自全球的应纳税所得，向中国缴纳个人所得税。

一个纳税年度在境内居住累计满183天，是指在一个纳税年度（即自公历1月1日起至12月31日止）内，在中国境内居住累计满183天。

在计算居住天数时，按其一个纳税年度内在境内的实际居住时间确定，取消了原有的临时离境规定，即境内无住所的某人在一个纳税年度内无论出境多少次，只要在我国境内累计住满183天，就可判定为我国的居民个人。

综上可知，个人所得税的居民纳税义务人包括以下两类：

（1）在中国境内定居的中国公民和外国侨民。但不包括虽具有中国国籍，却没有在中国大陆定居，而是侨居海外的华侨和居住在香港、澳门、台湾的同胞。

（2）自公历1月1日起至12月31日止，在中国境内累计居住满183天的外国人、海外侨胞和香港、澳门、台湾同胞。

> **提示**
> 现行税法中关于"中国境内"的概念，是指中国大陆地区。目前不包括香港、澳门和台湾地区。

2. 非居民纳税义务人的判定标准及纳税义务范围

非居民纳税义务人，是指不符合居民纳税义务人判定标准（条件）的纳税义务人。

根据《个人所得税法》的规定，非居民个人是指"在中国境内无住所又不居住，或者无住所而一个纳税年度内在境内居住累计不满183天的个人"。也就是说，非居民个人，是指习惯性居住地不在中国境内，而且不在中国居住；或者在一个纳税年度内，在中国境内居住累计不满183天的个人。这里所说的，习惯性居住地不在中国境内的个人，只有外籍人员、华侨或香港、澳门和台湾同胞。因此，非居民个人，实际上只能是在一个纳税年度中，没有在中国境内居住，或者在中国境内居住天数累计不满183天的外籍人员、华侨或香港、澳门、台湾同胞。

自2019年1月1日起，一个纳税年度内无住所个人在中国境内累计居住天数，按照个人在中国境内累计停留的天数计算。在中国境内停留当天满24小时的，计入中国境内居住天数，在中国境内停留当天不足24小时的，不计入中国境内居住天数。

5.1.3　所得来源地的确定

除国务院财政、税务主管部门另有规定外，下列所得无论支付地点是否在中国境内，均为来源于中国境内的所得：

（1）因任职、受雇、履约等原因在中国境内提供劳务取得的所得。

（2）将财产出租给承租人在中国境内使用而取得的所得。

（3）转让中国境内的不动产等财产或者在中国境内转让其他财产取得的所得。

（4）许可各种特许权在中国境内使用而取得的所得。

（5）从中国境内企事业单位、其他组织以及居民个人处取得的利息、股息、红利所得。

任务5.2　个人所得税的征收对象

居民个人取得下列5.2.1～5.2.4项所得（以下称综合所得），按纳税年度合并计算个人所得税；非居民个人取得下列5.2.5～5.2.9所得，按月或者按次分项计算个人所得税。纳税人取得下列第5.2.5～5.2.9所得，分别计算个人所得税。

5.2.1 工资、薪金所得

工资、薪金所得，是指个人因任职或者受雇而取得的工资、薪金、奖金、年终加薪、劳动分红、津贴、补贴以及与任职或者受雇有关的其他所得。

1. 工资、薪金所得涵盖范围

一般来说，工资、薪金所得属于非独立个人劳动所得。所谓非独立个人劳动，是指个人所从事的是由他人指定、安排并接受管理的劳动，工作或服务于公司、工厂、行政、事业单位的人员（私营企业主除外）均为非独立劳动者。他们从上述单位取得的劳动报酬，是以工资、薪金的形式体现的。在这类报酬中，工资和薪金的收入主体略有差异。通常情况下，把直接从事生产、经营或服务的劳动者（工人）的收入称为工资，即所谓"蓝领阶层"所得；而将从事社会公职或管理活动的劳动者（公职人员）的收入称为薪金，即所谓"白领阶层"所得。但实际立法过程中，各国都从简便易行的角度考虑，将工资、薪金合并为一个项目计征个人所得税。

提示

除工资、薪金以外，奖金、年终加薪、劳动分红、津贴、补贴也被确定为工资、薪金范畴。其中，年终加薪、劳动分红不分种类和取得情况，一律按工资、薪金所得课税。津贴、补贴等则有例外。

2. 个人所得的津贴、补贴，不计入工资、薪金所得的项目

根据我国目前个人收入的构成情况，规定对于一些不属于工资、薪金性质的补贴、津贴或者不属于纳税人本人工资、薪金所得项目的收入，不予征税。这些项目包括：

（1）独生子女补贴。
（2）执行公务员工资制度未纳入基本工资总额的补贴、津贴差额和家属成员的副食品补贴。
（3）托儿补助费。
（4）差旅费津贴、误餐补助。其中，误餐补助是指按照财政部规定，个人因公在城区、郊区工作，不能在工作单位或返回就餐的，根据实际误餐顿数，按规定的标准领取的误餐费。

提示

单位以误餐补助名义发给职工的补助、津贴不能包括在内。

（5）外国来华学生领取的生活津贴费、奖学金，不属于工资、薪金范畴，不征个人所得税。

5.2.2 劳务报酬所得

劳务报酬所得是指个人从事设计、装潢、安装、制图、化验、测试、医疗、法律、会计、咨询、讲学、新闻、广播、翻译、审稿、书画、雕刻、影视、录音、录像、演出、表演、广告、展览、技术服务、介绍服务、经纪服务、代办服务以及其他劳务取得的所得。

劳务报酬所得属于独立个人劳动所得，是个人独立从事各种技艺、提供各项劳务取得的报酬。所谓的独立个人劳动所得，是指个人从事的是由自己自由提供的，不受他人指定、安排和具体管理的劳动。

提示

是否存在雇佣与被雇佣关系，是判断收入属于劳务报酬所得，还是属于工资、薪金所得的一种重要标准。

劳务报酬所得是个人独立从事某种技艺，独立提供某种劳务而取得的所得；工资、薪金所得则是个人从事非独立劳动，从所在单位领取的报酬。后者存在雇佣与被雇佣的关系，前者则不存在这种关系。

个人由于担任董事职务所取得的董事费收入，属于劳务报酬所得性质，按照劳务报酬所得项目征收个人所得税。

5.2.3　稿酬所得

稿酬所得，是指个人因其作品以图书、报刊形式出版、发表而取得的所得。将稿酬所得独立划归一个征税项目，而对不以图书、报刊形式出版、发表的翻译、审稿、书画所得归为劳务报酬所得，主要是考虑了出版、发表作品的特殊性。

第一，它是一种依靠较高智力创作的精神产品；第二，它具有普遍性；第三，它与社会主义精神文明和物质文明密切相关；第四，它的报酬相对偏低。因此，稿酬所得应当与一般劳务报酬相区别，并给予适当优惠照顾。

5.2.4　特许权使用费所得

特许权使用费所得，是指个人提供专利权、商标权、著作权、非专利技术以及其他特许权的使用权取得的所得。提供著作权的使用权取得的所得，不包括稿酬所得。

专利权，是由国家专利主管机关依法授予专利申请人或其权利继承人在一定期间内实施发明创造的专有权。对于专利权，许多国家只将提供他人使用取得的所得列入特许权使用费，而将转让专利权所得列为资本利得税的征税对象。我国没有开征资本利得税，故将个人提供和转让专利权取得的所得都列入特许权使用费所得，征收个人所得税。

商标权，即商标注册人享有的商标专用权。著作权，即版权，是作者依法对文学、艺术和科学作品享有的专有权。个人提供或转让商标权、著作权、专有技术或技术秘密、技术诀窍取得的所得，应当依法缴纳个人所得税。

5.2.5　经营所得

经营所得是指：

（1）个体工商户从事生产、经营活动取得的所得，个人独资企业投资人、合伙企业的个人合伙人来源于境内注册的个人独资企业、合伙企业生产、经营的所得。

个体工商户以业主为个人所得税纳税义务人。

（2）个人依法从事办学、医疗、咨询以及其他有偿服务活动取得的所得。

（3）个人对企事业单位承包经营、承租经营以及转包、转租取得的所得。

对企事业单位的承包经营、承租经营所得，是指个人承包经营或承租经营以及转包、转租取得的所得。承包项目可分为多种，如生产经营、采购、销售、建筑安装等各种承包。转包包括全部转包或部分转包。

（4）个人从事其他生产、经营活动取得的所得。

例如，个人因从事彩票代销业务而取得的所得，或者从事个体出租车运营的出租车驾驶员取得的收入，都应按照"经营所得"项目计征个人所得税。这里所说的从事个体出租车运营，包括：出租车虽属个人所有，但挂靠出租汽车经营单位或企事业单位，驾驶员向挂靠单位缴纳管理费的，或出租汽车经营单位将出租车所有权转移给驾驶员的。

> **注意**
>
> 个体工商户和从事生产、经营的个人，取得与生产、经营活动无关的其他各项应税所得，应分别按照其他应税项目的有关规定，计征个人所得税。如取得银行存款的利息所得、对外投资取得的股息所得，应按"股息、利息、红利所得"项目的规定，单独计征个人所得税。

5.2.6 利息、股息、红利所得

利息、股息、红利所得，是指个人拥有债权、股权而取得的利息、股息、红利所得。利息，是指个人拥有债权而取得的利息，包括存款利息、贷款利息和各种债券的利息。按税法规定，个人取得的利息所得，除国债和国家发行的金融债券利息外，应当依法缴纳个人所得税。股息、红利，是指个人拥有股权取得的股息、红利。按照一定的比率对每股发给的息金称股息；公司、企业应分配的利润，按股份分配的称红利。股息、红利所得，除另有规定外，都应当缴纳个人所得税。

除个人独资企业、合伙企业以外的其他企业的个人投资者，以企业资金为本人、家庭成员及其相关人员支付与企业生产经营无关的消费性支出及购买汽车、住房等财产性支出，视为企业对个人投资者的红利分配，依照"利息、股息、红利所得"项目计征个人所得税。企业的上述支出不允许在所得税前扣除。

纳税年度内个人投资者从投资企业（个人独资企业、合伙企业除外）借款，在该纳税年度终了后既不归还又未用于企业生产经营的，未归还的借款可视为企业对个人投资者的红利分配，依照"利息、股息、红利所得"项目计征个人所得税。

个人在个人银行结算账户的存款自2003年9月1日起滋生的利息，应按"利息、股息、红利所得"项目计征个人所得税，税款由办理个人银行结算账户业务的储蓄机构在结付利息时代扣代缴。自2008年10月9日起暂免征收储蓄存款利息的个人所得税。

5.2.7 财产租赁所得

财产租赁所得，是指个人出租建筑物、土地使用权、机器设备、车船以及其他财产取得的所得。

个人取得的财产转租收入，属于"财产租赁所得"的征税范围，在确定纳税义务人时，应以产权凭证为依据，对无产权凭证的，由主管税务机关根据实际情况确定；产权所有人死亡，在未办理产权继承手续期间，该财产出租而且有租金收入的，以领取租金的个人为纳税义务人。

房地产开发企业与商店购买者个人签订协议，以优惠价格出售其开发的商店给购买者个人，购买者个人在一定期限内必须将购买的商店无偿提供给房地产开发企业对外出租使用。该行为实质上是购买者个人为将所购商店交由房地产开发企业出租取得房屋租赁收入而支付的部分购房价款。

根据《个人所得税法》的有关规定，对购买者个人少支出的购房价款，应视同个人财产租赁所得，按照"财产租赁所得"项目征收个人所得税。每次财产租赁所得的收入额按照少支出的购房价款和协议规定的租赁月份数平均计算确定。

5.2.8 财产转让所得

财产转让所得,是指个人转让有价证券、股权、建筑物、土地使用权、机器设备、车船以及其他财产取得的所得。

在现实生活中,个人进行的财产转让主要是个人财产所有权的转让。财产转让实际上是一种买卖行为,当事人双方通过签订、履行财产转让合同,形成财产买卖的法律关系,使出让财产的个人从对方取得价款(收入)或其他经济利益。财产转让所得因其性质的特殊性,需要单独列举项目征税。对个人取得的各项财产转让所得,除股票转让所得外,都要征收个人所得税。

具体规定如下。

1. 股票转让

根据《中华人民共和国个人所得税法实施条例》(以下简称《个人所得税法实施条例》)的规定,对股票所得征收个人所得税的办法,由财政部另行制定,报国务院批准施行。

鉴于我国证券市场发育还不成熟,股份制还处于试点阶段,对股票转让所得的计算、征税办法、纳税期限的确认等都需要做深入的调查研究,然后结合国际通行做法,做出符合我国实际的规定。因此,国务院决定对股票转让所得暂不征收个人所得税。

2. 量化资产股份转让

集体所有制企业在改制为股份合作制企业时,对职工个人以股份形式取得的拥有所有权的企业量化资产,暂缓征收个人所得税;待个人将股份转让时,就其转让收入额,减除个人取得该股份时实际支付的费用支出和合理转让费用后的余额,按"财产转让所得"项目计征个人所得税。

3. 个人出售自有住房

根据《个人所得税法》的规定,个人出售自有住房取得的所得,应按照"财产转让所得"项目征收个人所得税。

对个人转让自用 5 年以上并且是家庭唯一生活用房取得的所得,继续免征个人所得税。

5.2.9 偶然所得

偶然所得,是指个人得奖、中奖、中彩以及其他偶然性质的所得。

其中,得奖,是指参加各种有奖竞赛活动,取得名次获得的奖金;中奖、中彩,是指参加各种有奖活动,如有奖销售、有奖储蓄或购买彩票,经过规定程序,抽中、摇中号码而取得的奖金。

提示

个人因参加企业的有奖销售活动而取得的赠品所得,应按"偶然所得"项目计征个人所得税。赠品所得为实物的,应以《个人所得税法实施条例》第十条规定的方法确定应纳税所得额,计算缴纳个人所得税。税款由举办有奖销售活动的企业(单位)代扣代缴。

实际上,税法列举的偶然性所得是个人在非正常情况下得到的不确定性收入。我国过去对个人所得的征税一直没有明确规定对个人偶然所得征税,直到 1988 年 9 月,才有关于对中奖收入征收个人收入调节税的规定。偶然所得的不确定性、不可预见性、偶然性和多样性,会给确定征税范围带来困难。因此,除了《个人所得税法实施条例》规定的得奖、中奖、中彩等所得外,其他偶然性所得的征税问题,还需要由税务机关依法具体认定。

5.2.10 其他所得

上述 9 项个人应税所得是根据所得的不同性质划分的。除此以外，对于今后可能出现的需要征税的新项目，以及个人取得的难以界定应税项目的个人所得，由国务院、财政部门确定征收个人所得税。

任务 5.3　个人所得税的税率

我国个人所得税采用比例税率和超额累进税率两种形式。其中，工资、薪金所得，个体工商户生产经营所得、个人独资企业和合伙企业生产经营所得，以及企事业单位承包、承租所得适用超额累进税率，其他所得适用比例税率。

1. 综合所得适用税率

综合所得适用七级超额累进税率，税率为 3%～45%，如表 5-1 所示。

居民个人每一纳税年度内取得综合所得，包括工资、薪金所得，劳务报酬所得，稿酬所得和特许权使用费所得。

表 5-1　综合所得个人所得税税率表

级数	全年应纳税所得额	税率 /%
1	不超过 36 000 元的	3
2	超过 36 000 元至 144 000 元的部分	10
3	超过 144 000 元至 300 000 元的部分	20
4	超过 300 000 元至 420 000 元的部分	25
5	超过 420 000 元至 660 000 元的部分	30
6	超过 660 000 元至 960 000 元的部分	35
7	超过 960 000 元的	45

注：1. 本表所称全年应纳税所得额是指依照税法规定，居民个人取得综合所得以每一纳税年度收入额减除费用六万元以及专项扣除、专项附加扣除和依法确定的其他扣除后的余额。2. 非居民个人取得工资、薪金所得，劳务报酬所得，稿酬所得和特许权使用费所得，依照本表按月换算后计算应纳税额。

2. 经营所得适用税率

经营所得适用五级超额累进税率，税率为 5%～35%，如表 5-2 所示。

表 5-2　经营所得个人所得税税率表

级数	全年应纳税所得额	税率 /%
1	不超过 30 000 元的	5
2	超过 30 000 元至 90 000 元的部分	10
3	超过 90 000 元至 300 000 元的部分	20
4	超过 300 000 元至 500 000 元的部分	30
5	超过 500 000 元的	35

注：本表所称全年应纳税所得额是指依照《个人所得税法》第六条的规定，以每一纳税年度的收入总额减除成本、费用以及损失后的余额。

提示

由于目前实行承包（租）经营的形式较多，分配方式也不相同，因此承包、承租人按照承包、承租经营合同（协议）规定取得所得的适用税率也不一致。

（1）承包、承租人对企业经营成果不拥有所有权，仅按合同（协议）规定取得一定所得的，其所得按"工资、薪金"所得项目征税，被纳入年度综合所得，适用 3%～45% 的七级超额累进税率。

（2）承包、承租人按合同（协议）的规定只向发包、出租方缴纳一定费用后，企业经营成果归其所有的，承包、承租人取得的所得，按对企事业单位的承包经营、承租所得项目，适用 5%～35% 的五级超额累进税率征税。

(3) 稿酬所得，适用比例税率，税率为20%，并按应纳税额减征30%。故实际税率为14%。

(4) 劳务报酬所得，适用比例税率，税率为20%。对劳务报酬所得一次收入畸高的，可以实行加成征收，具体办法由国务院规定。

(5) 特许权使用费所得，利息、股息、红利所得，财产租赁所得，财产转让所得，偶然所得和其他所得，适用比例税率，税率为20%。

> **提示**
>
> 自2007年8月15日起，居民储蓄利息税率调整为5%；自2008年10月9日起暂免征收储蓄存款利息的个人所得税。对个人出租住房取得的所得减按10%的税率征收个人所得税。

任务5.4　个人所得税应纳税所得额的确定和应纳税额的计算

5.4.1　每次收入的确定

《个人所得税法》对纳税义务人的征税方法有三种：一是按年计征，如经营所得、居民个人取得的综合所得；二是按月计征，如非居民个人取得的工资、薪金所得；三是按次计征，如利息、股息、红利所得，财产租赁所得，偶然所得和非居民个人取得的劳务报酬所得、稿酬所得、特许权使用费所得等所得。

在按次征收情况下，由于扣除费用依据每次应纳税所得额的大小，分别规定了定额和定率两种标准，因此无论是从正确贯彻税法的立法精神、维护纳税义务人的合法权益方面来看，还是从避免税收漏洞、防止税款流失、保证国家税收收入方面来看，如何准确划分"次"，都是十分重要的。

前述项目的"次"，《个人所得税法实施条例》中作出了明确规定。具体如下。

(1) 非居民个人取得的劳务报酬所得、稿酬所得、特许权使用费所得，根据不同所得项目的特点，分别规定为：

①属于一次性收入的，以取得该项收入为一次。就劳务报酬所得来看，从事设计、安装、装潢、制图、化验、测试等劳务，往往是接受客户的委托，按照客户的要求完成一次劳务后取得的收入。因此，属于只有一次性的收入，应以每次提供劳务取得的收入为一次。但需要注意的是，如果一次性劳务报酬收入是以分月支付方式取得的，就适用同一事项连续取得收入，以1个月内取得的收入为一次的规定。

就稿酬来看，以每次出版、发表取得的收入为一次，不论出版单位是预付还是分笔支付稿酬，或者加印该作品后再付稿酬，均应合并稿酬所得按一次计征个人所得税。具体又可细分为：同一作品再版取得的所得，应视作另一次稿酬所得计征个人所得税。同一作品先在报刊上连载，然后出版，或先出版，再在报刊上连载的，应视为两次稿酬所得征税，即连载作为一次，出版作为另一次。同一作品在报刊上连载取得收入的，以连载完成后取得的所有收入合并为一次，计征个人所得税。同一作品在出版和发表时，以预付稿酬或分次支付稿酬等形式取得的稿酬收入，应合并计算为一次。同一作品出版、发表后，因添加印数而追加稿酬的，应与以前出版、发表时取得的稿酬合并计算为一次，计征个人所得税。在两处或两处以上出版、发表或再版同一作品而取得的稿酬所得，应就各处取得的所得或再版所得分次计征个人所得税。作者去世后，对取得其遗作稿酬的个人，按稿酬所得征收个人所得税。

就特许权使用费来看，以某项使用权的一次转让所取得的收入为一次。一个非居民个人，可能不仅拥有一项特许权利，每一项特许权的使用权也可能不止一次地向我国境内提供。因此，对特许权使用费所得的"次"的界定，明确为每一项使用权的每次转让所取得的收入为一次。如果该次转让取得的收入是分笔支付的，则应将各笔收入相加为一次的收入，计征个人所得税。

②属于同一事项连续取得收入的，以1个月内取得的收入为一次。例如，某外籍歌手（非居民个人）与一卡拉OK厅签约，在一定时期内每天到卡拉OK厅演唱一次，每次演出后付酬600元。在计算其劳务报酬所得时，应视为同一事项的连续性收入，以1个月内取得的收入为一次计征个人所得税，而不能以每天取得的收入为一次。

（2）财产租赁所得，以1个月内取得的收入为一次。

（3）利息、股息、红利所得，以支付利息、股息、红利时取得的收入为一次。

（4）偶然所得，以每次收入为一次。

5.4.2 应纳税所得额和费用减除标准

（1）居民个人取得综合所得，以每年收入额减除费用60 000元以及专项扣除、专项附加扣除和依法确定的其他扣除后的余额，为应纳税所得额。

①专项扣除，包括居民个人按照国家规定的范围和标准缴纳的基本养老保险、基本医疗保险、失业保险等社会保险费和住房公积金等。

②专项附加扣除，包括子女教育、继续教育、大病医疗、住房贷款利息或者住房租金、赡养老人等支出，具体范围、标准和实施步骤由国务院确定，并报全国人大常委会备案。

③依法确定的其他扣除，包括个人缴付符合国家规定的企业年金、职业年金，个人购买符合国家规定的商业健康保险、税收递延型商业养老保险的支出，以及国务院规定的可以扣除的其他项目。

④专项扣除、专项附加扣除和依法确定的其他扣除，以居民个人一个纳税年度的应纳税所得额为限额；一个纳税年度扣除不完的，不结转以后年度扣除。

（2）非居民个人的工资、薪金所得，以每月收入额减除费用5 000元后的余额为应纳税所得额；劳务报酬所得、稿酬所得、特许权使用费所得，以每次收入额为应纳税所得额。

（3）经营所得，以每一纳税年度的收入总额减除成本、费用以及损失后的余额，为应纳税所得额。

上述所称成本、费用，是指生产、经营活动中发生的各项直接支出和分配计入成本的间接费用以及销售费用、管理费用、财务费用；所称损失，是指生产、经营活动中发生的固定资产和存货的盘亏、毁损、报废损失，转让财产损失，坏账损失，自然灾害等不可抗力因素造成的损失以及其他损失。

提示

取得经营所得的个人，没有综合所得的，计算每一纳税年度应纳税所得额时，应当减除费用60 000元、专项扣除、专项附加扣除以及依法确定的其他扣除。专项附加扣除在办理汇算清缴时减除。

在个人税收递延型商业养老保险试点区域内，取得个体工商户生产经营所得、对企事业单位的承包、承租经营所得的个体工商户业主、个人独资企业投资者、合伙企业自然人合伙人和承包承租经营者，其缴纳的税收递延型商业养老保险保费准予在申报扣除当年计算应纳税所得额时予以限额据实扣除，扣除限额按照不超过当年应税收入的6%和12 000元"孰低"的办法确定。

从事生产、经营活动，未提供完整、准确的纳税资料，不能正确计算应纳税所得额的，由主管税务机关核定应纳税所得额或者应纳税额。

个人独资企业的投资者以全部生产经营所得为应纳税所得额。合伙企业的投资者按照合伙企业的全部生产经营所得和合伙协议约定的分配比例，确定应纳税所得额；合伙协议没有约定分配比例的，以全部生产经营所得和合伙人数量平均计算每个投资者的应纳税所得额。

> **提示**
>
> 上述所称的生产经营所得，包括企业分配给投资者个人的所得和企业当年留存的所得。

对个体工商户业主、个人独资企业和合伙企业自然人投资者的生产经营所得依法计征个人所得税时，个体工商户业主、个人独资企业和合伙企业自然人投资者本人的费用扣除标准统一确定为60 000元/年（5 000元/月）。

对企事业单位的承包经营、承租经营所得，以每一纳税年度的收入总额，减除必要费用后的余额为应纳税所得额。上述所说的每一纳税年度的收入总额，是指纳税义务人按照承包经营、承租经营合同规定分得的经营利润和工资、薪金性质的所得；减除必要费用，是指按年减除60 000元。

（4）财产租赁所得，每次收入不超过4 000元的，减除费用800元；4 000元以上的，减除20%的费用，余额为应纳税所得额。

（5）财产转让所得，以转让财产的收入额减除财产原值和合理费用后的余额，为应纳税所得额。

财产原值是指：

①有价证券，为买入价以及买入时按照规定缴纳的有关费用。

②建筑物，为建造费或者购进价格以及其他有关费用。

③土地使用权，为取得土地使用权所支付的金额、土地开发的费用以及其他有关费用。

④机器设备、车船，为购进价格、运输费、安装费以及其他有关费用。

⑤其他财产，参照以上方法确定。

纳税义务人未提供完整、准确的财产原值凭证，不能正确计算财产原值的，由主管税务机关核定其财产原值。

合理费用，是指卖出财产时按照规定支付的有关费用。

（6）利息、股息、红利所得和偶然所得，以每次收入额为应纳税所得额。

（7）专项附加扣除标准。

专项附加扣除是2018年税法修订时新引入的费用扣除标准，遵循公平合理、利于民生、简便易行的原则，目前包含了子女教育、继续教育、大病医疗、住房贷款利息或者住房租金、赡养老人等6项支出，并将根据教育、医疗、住房、养老等民生支出变化情况，适时调整专项附加扣除的范围和标准。取得综合所得和经营所得的居民个人可以享受专项附加扣除。

①子女教育。纳税人年满3岁的子女接受学前教育和学历教育的相关支出，按照每个子女每月1 000元（每年12 000元）的标准定额扣除。

学前教育包括年满3岁至小学入学前教育；学历教育包括义务教育（小学、初中教育）、高中阶段教育（普通高中、中等职业、技工教育）、高等教育（大学专科、大学本科、硕士研究生、博士研究生教育）。

父母可以选择由其中一方按扣除标准的100%扣除，也可以选择由双方分别按扣除标准的50%扣除，具体扣除方式在一个纳税年度内不得变更。

> **提示**
>
> 纳税人子女在中国境外接受教育的，纳税人应当留存境外学校录取通知书、留学签证等相关教育的证明资料备查。

②继续教育。纳税人在中国境内接受学历（学位）继续教育的支出，在学历（学位）教育期间按照每月400元（每年4 800元）定额扣除。同一学历（学位）继续教育的扣除期限不能超过48个月

（4年）。纳税人接受技能人员职业资格继续教育、专业技术人员职业资格继续教育支出，在取得相关证书的当年，按照3 600元定额扣除。

> **提示**
>
> 个人接受本科及以下学历（学位）继续教育，符合税法规定扣除条件的，可以选择由其父母扣除，也可以选择由本人扣除。纳税人接受技能人员职业资格继续教育、专业技术人员职业资格继续教育的，应当留存相关证书等资料备查。

③大病医疗。在一个纳税年度内，纳税人发生的与基本医保相关的医药费用支出，扣除医保报销后个人负担（指医保目录范围内的自付部分）累计超过15 000元的部分，由纳税人在办理年度汇算清缴时，在80 000元限额内据实扣除。

纳税人发生的医药费用支出可以选择由本人或者其配偶扣除；未成年子女发生的医药费用支出可以选择由其父母一方扣除。纳税人及其配偶、未成年子女发生的医药费用支出，应按前述规定分别计算扣除额。

> **提示**
>
> 纳税人应当留存医药服务收费及医保报销相关票据原件（或复印件）等资料备查。医疗保障部门应当向患者提供在医疗保障信息系统记录的本人年度医药费用信息查询服务。

④住房贷款利息。纳税人本人或配偶，单独或共同使用商业银行或住房公积金个人住房贷款，为本人或其配偶购买中国境内住房，发生的首套住房贷款利息支出，在实际发生贷款利息的年度，按照每月1 000元（每年12 000元）的标准定额扣除，扣除期限最长不超过240个月（20年）。纳税人只能享受一套首套住房贷款利息扣除。

上述所称首套住房贷款，是指购买住房享受首套住房贷款利率的住房贷款。

经夫妻双方约定，可以选择由其中一方扣除，具体扣除方式在确定后，一个纳税年度内不得变更。

夫妻双方婚前分别购买住房发生的首套住房贷款，其贷款利息支出，婚后可以选择其中一套购买的住房，由购买方按扣除标准的100%扣除，也可以由夫妻双方对各自购买的住房分别按扣除标准的50%扣除，具体扣除方式在一个纳税年度内不得变更。

> **提示**
>
> 纳税人应当留存住房贷款合同、贷款还款支出凭证备查。

⑤住房租金。纳税人在主要工作城市没有自有住房而发生的住房租金支出，可以按照以下标准定额扣除：

直辖市、省会（首府）城市、计划单列市以及国务院确定的其他城市，扣除标准为每月1 500元（每年18 000元）。除上述所列城市外，市辖区户籍人口超过100万的城市，扣除标准为每月1 100元（每年13 200元）；市辖区户籍人口不超过100万的城市，扣除标准为每月800元（每年9 600元）。

市辖区户籍人口，以国家统计局公布的数据为准。

上述所称主要工作城市，是指纳税人任职受雇的直辖市、计划单列市、副省级城市、地级市（地区、州、盟）全部行政区域范围；纳税人无任职受雇单位的，为受理其综合所得汇算清缴的税务机关所在城市。

夫妻双方主要工作城市相同的，只能由一方扣除住房租金支出。

住房租金支出由签订租赁住房合同的承租人扣除。

纳税人及其配偶在一个纳税年度内不得同时分别享受住房贷款利息专项附加扣除和住房租金专项附加扣除。

> **提示**
>
> 纳税人应当留存住房租赁合同、协议等有关资料备查。

⑥赡养老人。纳税人赡养一位及以上被赡养人的赡养支出，统一按以下标准等额扣除：

纳税人为独生子女的，按照每月2 000元（每年24 000元）的标准定额扣除；纳税人为非独生子女的，由其与兄弟姐妹分摊每月2 000元（每年24 000元）的扣除额度，每人分摊的额度最高不得超过每月1 000元（每年12 000元）。可以由赡养人均摊或者约定分摊，也可以由被赡养人指定分摊。约定或者指定分摊的须签订书面分摊协议，指定分摊优于约定分摊。具体分摊方式和额度在一个纳税年度内不得变更。

> **提示**
>
> 所称被赡养人是指年满60岁的父母，以及子女均已去世的年满60岁的祖父母、外祖父母。

5.4.3 应纳税所得额的其他规定

（1）劳务报酬所得、稿酬所得、特许权使用费所得以收入减除20%的费用后的余额为收入额。稿酬所得的收入额减按70%计算。个人兼有不同劳务报酬所得的，应当分别减除费用，计算缴纳个人所得税。

（2）个人将其所得对教育、扶贫、济困等公益慈善事业进行捐赠，捐赠额未超过纳税人申报应纳税所得额30%的部分，可以从其应纳税所得额中扣除；国务院规定对公益慈善事业捐赠实行全额税前扣除的，从其规定。

上述所称个人将其所得对教育、扶贫、济困等公益慈善事业进行捐赠，是指个人将其所得通过中国境内的公益性社会组织、国家机关向教育、扶贫、济困等公益慈善事业的捐赠；所称应纳税所得额，是指计算扣除捐赠额之前的应纳税所得额。

（3）个人所得的形式，包括现金、实物、有价证券和其他形式的经济利益。所得为实物的，应当按照取得的凭证上所注明的价格计算应纳税所得额，无凭证的实物或者凭证上所注明的价格明显偏低的，参照市场价格核定应纳税所得额；所得为有价证券的，根据票面价格和市场价格核定应纳税所得额；所得为其他形式的经济利益的，参照市场价格核定应纳税所得额。

（4）居民个人从中国境外取得的所得，可以从其应纳税额中抵免已在境外缴纳的个人所得税税额，但抵免额不得超过该纳税人境外所得依照法律规定计算的应纳税额。

（5）所得为人民币以外货币的，按照办理纳税申报或者扣缴申报的上月最后一日人民币汇率中间价，折合成人民币计算应纳税所得额。年度终了后办理汇算清缴的，对已经按月、按季或者按次预缴税款的人民币以外的货币所得，不再重新折算；对应当补缴税款的所得部分，按照上一纳税年度最后一日人民币汇率中间价，折合成人民币计算应纳税所得额。

（6）对个人从事技术转让、提供劳务等过程中所支付的中介费，如能提供有效、合法凭证的，允许从其所得中扣除。

5.4.4 应纳税额的计算

依照税法规定的适用税率和费用扣除标准，各项所得的应纳税额应分别计算如下。

1. 居民个人综合所得应纳税额的计算

首先，工资、薪金所得全额计入收入额；而劳务报酬所得、特许权使用费所得的收入额为实际取得劳务报酬、特许权使用费收入的80%；此外，稿酬所得的收入额在扣除20%费用基础上，再减按70%计算，即稿酬所得的收入额为实际取得稿酬收入的56%。

其次，居民个人的综合所得，以每一纳税年度的收入额减除费用6万元以及专项扣除、专项附加扣除和依法确定的其他扣除后的余额，为应纳税所得额。

居民个人综合所得应纳税额的计算公式为：

应纳税额=Σ（每一级数的全年应纳税所得额×对应级数的适用税率）=Σ［每一级数（全年收入额-60 000元-专项扣除-享受的专项附加扣除-享受的其他扣除）×对应级数的适用税率］

注意

由于居民个人的全年综合所得在计算应纳个人所得税额时，适用的是超额累进税率，所以计算比较烦琐。运用速算扣除数计算法，可以简化计算过程。

速算扣除数是指在采用超额累进税率征税的情况下，根据超额累进税率表中划分的应纳税所得额级距和税率，先用全额累进方法计算出税额，再减去用超额累进方法计算的应征税额以后的差额。当超额累进税率表中的级距和税率确定以后，各级速算扣除数也固定不变，成为计算应纳税额时的常数。

提示

虽然税法中没有提供含有速算扣除数的税率表，但我们可以利用上述原理整理出包含有速算扣除数的居民个人全年综合所得税税率表，如表5-3所示。

表5-3 综合所得个人所得税税率表（含速算扣除数）

级数	全年应纳税所得额	税率/%	速算扣除数
1	不超过36 000元的	3	0
2	超过36 000元至144 000元的部分	10	2 520
3	超过144 000元至300 000元的部分	20	16 920
4	超过300 000元至420 000元的部分	25	31 920
5	超过420 000元至660 000元的部分	30	52 920
6	超过660 000元至960 000元的部分	35	85 920
7	超过960 000元的	45	181 920

居民个人综合所得应纳税额的计算公式为：

应纳税额=全年应纳税所得额×适用税率-速算扣除数=（全年收入额-60 000元-社保、住房公积金费用-享受的专项附加扣除-享受的其他扣除）×适用税率-速算扣除数

【情景5-1】假定某居民个人纳税人为独生子女，2021年交完社保和住房公积金后共取得税前工资收入300 000元，劳务报酬20 000元，稿酬10 000元。该纳税人有两个小孩且均由其扣除子女教育专项附加，纳税人的父母健在且均已年满60岁。计算该纳税人2021年应纳个人所得税额。

（1）全年应纳税所得=300 000+20 000×（1-20%）+10 000×70%×（1-20%）-60 000-12 000×2-24 000=321 600-108 000=213 600（元）。

（2）应纳税额=213 600×20%-16 920=25 800（元）。

2. 非居民个人取得工资、薪金所得，劳务报酬所得，稿酬所得和特许权使用费所得应纳税额的计算

首先需要明确的是：同居民个人取得的劳务报酬所得、稿酬所得和特许权使用费所得一样，非居民个人取得这些项目的所得同样适用劳务报酬所得、稿酬所得、特许权使用费所得以收入减除20%的费用后的余额为收入额；稿酬所得的收入额减按70%计算的规定。

非居民个人的工资、薪金所得，以每月收入额减除费用5 000元后的余额为应纳税所得额；劳务报酬所得、稿酬所得、特许权使用费所得，以每次收入额为应纳税所得额。

非居民个人取得工资、薪金所得，劳务报酬所得，稿酬所得，特许权使用费所得，依照按月换算后计算应纳税额。因此，非居民个人从我国境内取得这些所得时，适用的税率表如表5-4所示。

表5-4 非居民个人工资、薪金所得，劳务报酬所得，稿酬所得，特许权使用费所得适用税率表

级数	全年应纳税所得额	税率/%	速算扣除数
1	不超过3 000元的	3	0
2	超过3 000元至12 000元的部分	10	210

续表

级数	全年应纳税所得额	税率/%	速算扣除数
3	超过 12 000 元至 25 000 元的部分	20	1 410
4	超过 25 000 元至 35 000 元的部分	25	2 660
5	超过 35 000 元至 55 000 元的部分	30	4 410
6	超过 55 000 元至 80 000 元的部分	35	7 160
7	超过 80 000 元的	45	15 160

【情景5-2】假定某外商投资企业中工作的美国作家（假设为非居民纳税人），2021年6月取得由该企业发放的含税工资收入 14 000 元人民币，此外从别处取得劳务报酬 8 000 元人民币。请计算当月其应纳个人所得税额。

（1）该非居民个人当月工资、薪资所得应纳税额 =（14 000-5 000）×10%-210=690（元）。

（2）该非居民个人当月劳务报酬所得应纳税额 =8 000×（1-20%）×10%-210=430（元）。

3. 经营所得应纳税额的计算

经营所得应纳税额的计算公式为：

应纳税额 = 全年应纳税所得 × 适用税率 - 速算扣除数 =（全年收入总额 - 成本、费用以及损失）× 适用税率 - 速算扣除数

同居民个人综合所得应纳税额的计算一样，利用税法中给出的经营所得税率表，换算得到包含速算扣除数的经营所得适用税率表，如表5-5所示。

表5-5　经营所得个人所得税税率表（含速算扣除数）

级数	全年应纳税所得额	税率/%	速算扣除数
1	不超过 30 000 元的	5	0
2	超过 30 000 元至 90 000 元的部分	10	1 500
3	超过 90 000 元至 300 000 元的部分	20	10 500
4	超过 300 000 元至 500 000 元的部分	30	40 500
5	超过 500 000 元的	35	65 500

（1）个体工商户应纳税额的计算。

个体工商户应纳税所得额的计算，以权责发生制为原则，属于当期的收入和费用，无论款项是否收付，均作为当期的收入和费用；不属于当期的收入和费用，即使款项已经在当期收付，也不作为当期收入和费用。财政部、国家税务总局另有规定的除外。

基本规定如下：

①计税基本规定。

Ⅰ. 个体工商户的生产、经营所得，以每一纳税年度的收入总额，减除成本、费用、税金、损失、其他支出以及允许弥补的以前年度亏损后的余额，为应纳税所得额。

Ⅱ. 个体工商户从事生产经营以及与生产经营有关的活动（以下简称生产经营）取得的货币形式和非货币形式的各项收入，为收入总额。包括：销售货物收入、提供劳务收入、转让财产收入、利息收入、租金收入、接受捐赠收入、其他收入。

前款所称其他收入，包括个体工商户资产溢余收入、逾期一年以上的未退包装物押金收入、确实无法偿付的应付款项、已作坏账损失处理后又收回的应收款项、债务重组收入、补贴收入、违约金收入、汇兑收益等。

Ⅲ. 成本是指个体工商户在生产经营活动中发生的销售成本、销货成本、业务支出以及其他耗费。

Ⅳ. 费用是指个体工商户在生产经营活动中发生的销售费用、管理费用和财务费用，已经计入成本的有关费用除外。

Ⅴ. 税金是指个体工商户在生产经营活动中发生的，除个人所得税和允许抵扣的增值税以外的各项税金及附加。

Ⅵ. 损失是指个体工商户在生产经营活动中发生的固定资产和存货的盘亏、毁损、报废损失，转让财产损失，坏账损失，自然灾害等不可抗力因素造成的损失以及其他损失。

提示

个体工商户发生的损失，减除责任人赔偿和保险赔款后的余额，参照财政部、国家税务总局有关企业资产损失税前扣除的规定扣除。

个体工商户已经作为损失处理的资产，在以

后纳税年度又全部收回或者部分收回时，应当计入收回当期的收入。

Ⅶ. 其他支出是指除成本、费用、税金、损失外，个体工商户在生产经营活动中发生的与生产经营活动有关的、合理的支出。

Ⅷ. 个体工商户发生的支出应当区分收益性支出和资本性支出。收益性支出在发生当期直接扣除；资本性支出应当分期扣除或者计入有关资产成本，不得在发生当期直接扣除。

提示

除税收法律、法规另有规定外，个体工商户实际发生的成本、费用、税金、损失和其他支出，不得重复扣除。

Ⅸ. 个体工商户下列支出不得扣除：个人所得税税款，税收滞纳金，罚金、罚款和被没收财物的损失，不符合扣除规定的捐赠支出、赞助支出，用于个人和家庭的支出，与取得生产经营收入无关的其他支出，国家税务总局规定不准扣除的支出。

Ⅹ. 个体工商户生产经营活动中，应当分别核算生产经营费用和个人、家庭费用。对于生产经营与个人、家庭生活混用难以分清的费用，其40%视为与生产经营有关的费用，准予扣除。

Ⅺ. 个体工商户纳税年度发生的亏损，准予向以后年度结转，用以后年度的生产经营所得弥补，但结转年限最长不得超过5年。

Ⅻ. 个体工商户使用或者销售存货，按照规定计算的存货成本，准予在计算应纳税所得额时扣除。

ⅩⅢ. 个体工商户转让资产，该项资产的净值，准予在计算应纳税所得额时扣除。

ⅩⅣ. 所谓亏损，是指个体工商户依照法律规定计算的应纳税所得额小于0的数额。

ⅩⅤ. 个体工商户与企业联营分得的利润，按利息、股息、红利所得项目，征收个人所得税。

ⅩⅥ. 个体工商户和从事生产、经营的个人，取得与生产、经营活动无关的各项应税所得，应按规定分别计征个人所得税。

②扣除项目及标准。

Ⅰ. 个体工商户实际支付给从业人员的、合理的工资薪金支出，准予扣除。

个体工商户业主的费用扣除标准，确定为60 000元/年。

个体工商户业主的工资薪金支出不得在税前扣除。

Ⅱ. 个体工商户按照国务院有关主管部门或者省级人民政府规定的范围和标准为其业主和从业人员缴纳的基本养老保险费、基本医疗保险费、失业保险费、生育保险费、工伤保险费和住房公积金，准予扣除。

个体工商户为从业人员缴纳的补充养老保险费、补充医疗保险费，分别在不超过从业人员工资总额5%标准以内的部分据实扣除；超过部分，不得扣除。

个体工商户业主本人缴纳的补充养老保险费、补充医疗保险费，以当地（地级市）上年度社会平均工资的3倍为计算基数，分别在不超过该计算基数5%标准以内的部分据实扣除；超过部分，不得扣除。

Ⅲ. 除个体工商户依照国家有关规定为特殊工种从业人员支付的人身安全保险费和财政部、国家税务总局规定的可以扣除的其他商业保险费外，个体工商户业主本人或者为从业人员支付的商业保险费，不得扣除。

Ⅳ. 个体工商户在生产经营活动中发生的合理的、不需要资本化的借款费用，准予扣除。

个体工商户为购置、建造固定资产、无形资产和经过12个月以上的建造才能达到预定可销售状态的存货发生借款的，在有关资产购置、建造期间发生的合理的借款费用，应当作为资本性支出计入有关资产的成本，并依照本办法的规定扣除。

Ⅴ. 个体工商户在生产经营活动中发生的下列利息支出，准予扣除：向金融企业借款的利息支出；向非金融企业和个人借款的利息支出，不超过按照金融企业同期同类贷款利率计算数额的部分。

Ⅵ. 个体工商户在货币交易中，以及纳税年度终了时将人民币以外的货币性资产、负债，按照期末即期末人民币汇率中间价折算为人民币时产生的汇兑损失，除已经计入有关资产成本部分外，准予扣除。

Ⅶ. 个体工商户向当地工会组织拨缴的工会经费、实际发生的职工福利费支出、职工教育经费支出，分别在工资薪金总额2%、14%、8%的标准内据实扣除。

工资薪金总额是指允许在当期税前扣除的工资薪金支出数额。

职工教育经费的实际发生数额超出规定比例当期不能扣除的数额，准予在以后纳税年度结转扣除。

个体工商户业主本人向当地工会组织缴纳的工会经费、实际发生的职工福利费、职工教育经费支出，以当地（地级市）上年度社会平均工资的3倍为计算基数，按规定比例内据实扣除。

Ⅷ. 个体工商户发生的与生产经营活动有关的业务招待费，按照实际发生额的60%扣除，但最高不得超过当年销售（营业）收入的5‰。

业主自申请营业执照之日起至开始生产经营之日止所发生的业务招待费，按照实际发生额的60%计入个体工商户的开办费。

Ⅸ. 个体工商户每一纳税年度发生的与其生产经营活动直接相关的广告费和业务宣传费不超过当年销售（营业）收入15%的部分，可以据实扣除；超过部分，准予在以后纳税年度结转扣除。

Ⅹ. 个体工商户代从业人员或者他人负担的税款，不得在税前扣除。

Ⅺ. 个体工商户按照规定缴纳的摊位费、行政性收费、协会会费等，按实际发生数额扣除。

Ⅻ. 个体工商户根据生产经营活动的需要租入固定资产支付的租赁费，按照以下方法扣除：以经营租赁方式租入固定资产发生的租赁费支出，按照租赁期限均匀扣除；以融资租赁方式租入固定资产发生的租赁费支出，按照规定构成融资租入固定资产价值的部分应当提取折旧费用，分期扣除。

ⅩⅢ. 个体工商户参加财产保险，按照规定缴纳的保险费，准予扣除。

ⅩⅣ. 个体工商户发生合理的劳动保护支出，准予扣除。

ⅩⅤ. 个体工商户自申请营业执照之日起至开始生产经营之日止所发生的符合规定的费用，除为取得固定资产、无形资产的支出，以及应计入资产价值的汇兑损益、利息支出外，作为开办费，个体工商户可以选择在开始生产经营的当年一次性扣除，也可以自生产经营月份起在不短于3年的期限内摊销扣除，但一经选定，不得变更。

提示

开始生产经营之日为个体工商户取得第一笔销售（营业）收入的日期。

ⅩⅥ. 个体工商户通过公益性社会团体或者县级以上人民政府及其部门，用于《中华人民共和国公益事业捐赠法》规定的公益事业的捐赠，捐赠额不超过应纳税所得额30%的部分可以据实扣除。

提示

财政部、国家税务总局规定可以全额在税前扣除的捐赠支出项目，按有关规定执行。公益性社会团体的认定，按照财政部、国家税务总局、民政部有关规定执行。

ⅩⅦ. 赞助支出，是指个体工商户发生的与生产经营活动无关的各种非广告性质支出。

ⅩⅧ. 个体工商户研究开发新产品、新技术、新工艺所发生的开发费用，以及为研究开发新产品、新技术而购置单台价值在100 000元以下的测试仪器和试验性装置的购置费准予直接扣除；单台价值在100 000元以上（含100 000元）的测试仪器和试验性装置，按固定资产管理，不得在当期直接扣除。

【情景5-3】某小型运输公司系个体工商户，账证健全，2021年12月取得经营收入为440 000元，准许扣除的当月成本、费用（不含业主工资）及相关税金共计366 000元。1～11月累计应纳税所得额99 000元（未扣除业主费用减除标准），1～11月累计已预缴个人所得税12 000元。除经营所得外，业主本人没有其他收入，且2021年全年均享受赡养老人一项专项附加扣除。不考虑专项扣除和符合税法规定的其他扣除，请计算该个体工商户就2021年度汇算清缴时应申请的个人所得税退税额。

（1）全年应税所得=440 000-366 000+99 000-60 000-24 000=89 000（元）。

（2）全年应缴纳个人所得税=89 000×10%-1 500=7 400（元）。

（3）该个体工商户2021年度应申请的个人所得税退税额=12 000-7 400=4 600（元）。

（2）个人独资企业和合伙企业应纳税额的计算。

对个人独资企业和合伙企业生产经营所得，个人所得税应纳税额的计算有两种方法：

第一种：查账征收。

①自2019年1月1日起，在对个人独资企业和合伙企业投资者的生产经营所得依法计征个人所得税时，个人独资企业和合伙企业投资者本人的费用扣除标准统一确定为60 000元/年，即5 000元/月。投资者的工资不得在税前扣除。

②投资者及其家庭发生的生活费用不允许在税前扣除。投资者及其家庭发生的生活费用与企业生产经营费用混合在一起且难以划分的，全部视为投资者个人及其家庭发生的生活费用，不允许在税前扣除。

③企业生产经营和投资者及其家庭生活共用的固定资产难以划分的，由主管税务机关根据企业的生产经营类型、规模等具体情况，核定准予税前扣除的折旧费用数额或比例。

④企业向从业人员实际支付的合理的工资、薪金支出，允许在税前据实扣除。

⑤企业拨缴的工会经费、发生的职工福利费、职工教育经费支出分别在工资薪金总额2%、14%、8%的标准内据实扣除。

⑥每一纳税年度发生的广告费和业务宣传费用不超过当年销售（营业）收入15%的部分，可据实扣除；超过部分，准予在以后纳税年度结转扣除。

⑦每一纳税年度发生的与其生产经营业务直接相关的业务招待费支出，按照发生额的60%扣除，但最高不得超过当年销售（营业）收入的5‰。

⑧企业计提的各种准备金不得扣除。

⑨投资者兴办两个或两个以上企业，并且企业性质全部是独资的，年度终了后汇算清缴时，应纳税款的计算按以下方法进行：汇总其投资兴办的所有企业的经营所得作为应纳税所得额，以此确定适用税率，计算出全年经营所得的应纳税额，再根据每个企业的经营所得占所有企业经营所得的比例，分别计算出每个企业的应纳税额和应补缴税额。计算公式为：

应纳税所得额=∑各个企业的经营所得

应纳税额=应纳税所得额×税率-速算扣除数

$$本企业应纳税额 = \frac{应纳税额 \times 本企业的经营所得}{\sum 各个企业的经营所得}$$

本企业应补缴的税额=本企业应纳税额-本企业预缴税额

⑩投资者兴办两个或两个以上企业的，根据前述规定准予扣除的个人费用，由投资者选择在其中一个企业的生产经营所得中扣除。

⑪企业的年度亏损，允许用本企业下一年度的生产经营所得弥补，下一年度所得不足以弥补的，允许逐年弥补，但最长不得超过5年。

投资者兴办两个或两个以上企业的，企业的年度经营亏损不能跨企业弥补。

⑫来源于中国境外的生产经营所得，已在境外缴纳所得税的，可以按照《个人所得税法》的有关规定计算扣除已在境外缴纳的所得税。

第二种：核定征收。

核定征收方式，包括定额征收、核定应税所得率征收以及其他合理的征收方式。

①存在下列情形之一的，主管税务机关应采取核定征收方式征收个人所得税：

Ⅰ.企业依照国家有关规定应当设置但未设置账簿的。

Ⅱ.企业虽设置账簿，但账目混乱或者成本资料、收入凭证、费用凭证残缺不全，难以查账的。

Ⅲ.纳税人发生纳税义务，未按照规定的期限办理纳税申报，经税务机关责令限期申报，逾期仍不申报的。

②实行核定应税所得率征收方式的，应纳所得税额的计算公式为：

应纳税额=应纳税所得额×适用税率

应纳税所得额=收入总额×应税所得率

或

$$\text{应纳税所得额} = \frac{\text{成本费用支出额}}{1-\text{应税所得率}} \times \text{应税所得率}$$

应税所得率应按规定的标准执行，如表5-6所示。

表5-6 个人所得税核定应税所得率征收表

行业	应税所得率/%
工业、交通运输业、商业	5～20
建筑业、房地产开发业	7～20
饮食服务业	7～25
娱乐业	20～40
其他行业	10～30

企业经营多业的，无论经营项目是否单独核算，均应根据主营项目确定适用的应税所得率。

③实行核定征收的投资者，不能享受个人所得税优惠政策。

④实行查账征收方式的个人独资企业和合伙企业改为核定征收方式后，在查账征收方式下认定的年度经营亏损未弥补完的部分，不得再继续弥补。

⑤个体工商户、个人独资企业和合伙企业因在纳税年度中间开业、合并、注销及其他原因，导致该纳税年度实际经营期不足1年的，对个体工商户业主、个人独资企业投资者与合伙企业自然人和合伙人的生产经营所得计算个人所得税时，以其实际经营期为1个纳税年度。投资者本人的费用扣除标准，应按照实际经营月份数，以每月5 000元的减除标准确定。计算公式为：

$$\text{应纳税所得额} = \text{该年度收入总额} - \text{成本、费用及损失} - \text{当年投资者本人费用扣除额}$$

$$\text{当年投资者本人费用扣除额} = \text{月减除费用（5 000元/月）} \times \text{当年实际经营月份数}$$

应纳税额 = 应纳税所得额 × 税率 - 速算扣除数

（3）无论是查账征收，还是核定征收的个人独资企业和合伙企业，税法规定：

①个人独资企业和合伙企业对外投资分回的利息或者股息、红利，不并入企业的收入，而应单独作为投资者个人取得的利息、股息、红利所得，按"利息、股息、红利所得"应税项目计算缴纳个人所得税。

以合伙企业名义对外投资分回的利息或者股息、红利的，应按"个人独资企业的投资者以全部生产经营所得为应纳税所得额；合伙企业的投资者按照合伙企业的全部生产经营所得和合伙协议约定的分配比例确定应纳税所得额，合伙协议没有约定分配比例的，以全部生产经营所得和合伙人数量平均计算每个投资者的应纳税所得额"的规定，确定各个投资者的利息、股息、红利所得，分别按"利息、股息、红利所得"应税项目计算缴纳个人所得税。

②残疾人员投资兴办或参与投资兴办个人独资企业和合伙企业的，残疾人员取得的经营所得，符合各省、自治区、直辖市人民政府规定的减征个人所得税条件的，经本人申请、主管税务机关审核批准，可按相应规定减征的范围和幅度，减征个人所得税。

③企业进行清算时，投资者应当在注销工商登记之前，向主管税务机关结清有关税务事宜。企业的清算所得应当视为年度生产经营所得，由投资者依法缴纳个人所得税。

上述所称清算所得，是指企业清算时的全部资产或者财产的公允价值扣除各项清算费用、损失、负债、以前年度留存的利润后，超过实缴资本的部分。

④企业在纳税年度中间开业，或者由于合并、关闭等原因，使该纳税年度的实际经营期不足12个月的，应当以实际经营期为一个纳税年度。

4. 财产租赁所得应纳税额的计算

（1）应纳税所得额。

财产租赁所得一般以个人每次取得的收入、定额或定率减除规定费用后的余额为应纳税所得额。每次收入不超过4 000元的，定额减除费用800元；每次收入在4 000元以上的，定率减除20%的费用。财产租赁所得以1个月内取得的收入为一次。

在确定财产租赁的应纳税所得额时，纳税人在出租财产过程中缴纳的税金和教育费附加，可持完税（缴款）凭证，从其财产租赁收入中扣除。准予扣除的项目除了规定费用和有关税费外，还准予扣除能够提供有效、准确凭证，证明由纳税人负担的该出租财产实际开支的修缮费用。允许扣除的修缮费用，以每次 800 元为限。一次扣除不完的，准予在下一次继续扣除，直到扣完为止。

个人出租财产取得的财产租赁收入，在计算缴纳个人所得税时，应依次扣除以下费用：

①财产租赁过程中缴纳的税金和国家能源交通重点建设基金、国家预算调节基金、教育费附加。

②由纳税人负担的该出租财产实际开支的修缮费用。

③税法规定的费用扣除标准。

应纳税所得额的计算公式为：

Ⅰ. 每次（月）收入不超过 4 000 元的，

应纳税所得额 =（每次（月）收入额 − 准予扣除项目 − 修缮费用（800 元为限））− 800 元

Ⅱ. 每次（月）收入超过 4 000 元的，

应纳税所得额 =［每次（月）收入额 − 准予扣除项目 − 修缮费用（800 元为限）］×（1−20%）

（2）个人房屋转租应纳税额的计算。

个人将承租房屋转租取得的租金收入，属于个人所得税应税所得，应按"财产租赁所得"项目计算缴纳个人所得税。具体规定为：

①取得转租收入的个人向房屋出租方支付的租金，凭房屋租赁合同和合法支付凭据允许在计算个人所得税时，从该项转租收入中扣除。

②有关财产租赁所得在个人所得税前扣除税费的扣除次序为：

Ⅰ. 财产租赁过程中缴纳的税费。

Ⅱ. 向出租方支付的租金。

Ⅲ. 由纳税人负担的租赁财产实际开支的修缮费用。

Ⅳ. 税法规定的费用扣除标准。

（3）应纳税额的计算方法。

财产租赁所得适用 20% 的比例税率。但对个人按市场价格出租的居民住房取得的所得，自 2001 年 1 月 1 日起暂减按 10% 的税率征收个人所得税。应纳税额的计算公式为：

应纳税额 = 应纳税所得额 × 适用税率

【情景 5-4】王某于 2021 年 1 月将其自有的面积为 200 平方米的公寓按市场价出租给李某居住。王某每月取得租金收入 5 000 元，全年租金收入 60 000 元。计算王某全年租金收入应纳的个人所得税（不考虑其他税费）。

（1）每月应纳税额 =5 000×（1−20%）×10%＝400（元）。

（2）全年应纳税额 =400×12=4 800（元）。

5. 财产转让所得应纳税额的计算

（1）一般情况下财产转让所得应纳税额的计算。

财产转让所得应纳税额的计算公式为：

应纳税额 = 应纳税所得额 × 适用税率

= （收入总额 − 财产原值 − 合理税费）×20%

【情景 5-5】某人建房一幢，造价 300 000 元，支付费用 10 000 元。其转让房屋，不含增值税售价 500 000 元，在卖房过程中按规定支付交易费等有关费用 20 000 元，请计算其应纳个人所得税税额。

（1）应纳税所得额 = 财产转让收入 − 财产原值 − 合理费用 =500 000−（300 000+10 000）−20 000=170 000（元）。

（2）应纳税额 =170 000×20%=34 000（元）。

（2）个人住房转让所得应纳税额的计算。

自 2006 年 8 月 1 日起，个人转让住房所得应纳个人所得税的计算具体规定如下：

①以实际成交价格为转让收入。纳税人申报的住房成交价格明显低于市场价格且无正当理由的，征收机关依法有权根据有关信息核定其转让收入，但必须保证各税种计税价格一致。

②纳税人可凭原购房合同、发票等有效凭证，经税务机关审核后，允许从其转让收入中减除房屋原值、转让住房过程中缴纳的税金及有关合理费用。

Ⅰ. 房屋原值具体如下。

商品房：购置该房屋时实际支付的房价款及缴纳的相关税费。

自建住房：实际发生的建造费用及建造和取得产权时实际缴纳的相关税费。

经济适用房（含集资合作建房、安居工程住房）：原购房人实际支付的房价款及相关税费，以及按规定缴纳的土地出让金。

已购公有住房：原购公有住房标准面积按当地经济适用房价格计算的房价款，加上原购公有住房超标准面积实际支付的房价款以及按规定向财政部门（或原产权单位）缴纳的所得收益及相关税费。已购公有住房是指城镇职工根据国家和县级（含县级）以上人民政府有关城镇住房制度改革政策规定，按照成本价（或标准价）购买的公有住房。经济适用房价格按县级（含县级）以上地方人民政府规定的标准确定。

城镇拆迁安置住房，原值分别为：房屋拆迁取得货币补偿后购置房屋的，为购置该房屋实际支付的房价款及缴纳的相关税费；房屋拆迁采取产权调换方式的，所调换房屋原值为"房屋拆迁补偿安置协议"注明的价款及缴纳的相关税费；房屋拆迁采取产权调换方式，被拆迁人除取得所调换房屋外，又取得部分货币补偿的，所调换房屋原值为"房屋拆迁补偿安置协议"注明的价款和缴纳的相关税费，减去货币补偿后的余额；房屋拆迁采取产权调换方式，被拆迁人取得所调换房屋，又支付部分货币的，所调换房屋原值为"房屋拆迁补偿安置协议"注明的价款，加上所支付的货币及缴纳的相关税费。

Ⅱ. 转让住房过程中缴纳的税金，是指纳税人在转让住房时实际缴纳的城市维护建设税、教育费附加、土地增值税、印花税等税金。

Ⅲ. 合理费用，是指纳税人按照规定实际支付的住房装修费用、住房贷款利息、手续费、公证费等费用。其中：

住房装修费用：纳税人能提供实际支付装修费用的税务统一发票，并且发票上所列付款人姓名与转让房屋产权人一致的，经税务机关审核，其转让的住房在转让前实际发生的装修费用，可在以下规定比例内扣除：已购公有住房、经济适用房，最高扣除限额为房屋原值的10%；商品房及其他住房，最高扣除限额为房屋原值的10%。纳税人原购房为装修房，即合同注明房价款中含有装修费（铺装了地板，装配了洁具、厨具等）的，不得重复扣除装修费用。

住房贷款利息：纳税人出售以按揭贷款方式购置的住房，其向贷款银行实际支付的住房贷款利息，凭贷款银行出具的有效证明据实扣除。

纳税人按照有关规定实际支付的手续费、公证费等，凭有关部门出具的有效证明据实扣除。

③ 纳税人未提供完整、准确的房屋原值凭证，不能正确计算房屋原值和应纳税额的，税务机关可根据《中华人民共和国税收征收管理法》（以下简称《税收征收管理法》）第三十五条的规定，实行核定征收，即按纳税人住房转让收入的一定比例核定应纳个人所得税额。具体比例由省级地方税务局或者省级地方税务局授权的地市级地方税务局根据纳税人出售住房的所处区域、地理位置、建造时间、房屋类型、住房平均价格水平等因素，在住房转让收入1%～3%的幅度内确定。

④ 关于个人转让离婚析产房屋的征税问题。

Ⅰ. 通过离婚析产的方式分割房屋产权是夫妻双方对共有财产的处置，个人因离婚办理房屋产权过户手续，不征收个人所得税。

Ⅱ. 个人转让离婚析产房屋所取得的收入，允许扣除其相应的财产原值和合理费用后，余额按照规定的税率缴纳个人所得税。相应的财产原值，为房屋初次购置全部原值和相关税费之和乘以转让者占房屋所有权的比例。

Ⅲ. 个人转让离婚析产房屋所取得的收入，符合家庭生活自用5年以上唯一住房的，可以申请免征个人所得税，购置时间按照个人购买住房已取得的房屋产权证或契税完税证明上注明的时间作为其购买房屋的时间执行。对于纳税人申报时，同时出具房屋产权证和契税完税证明且二者所注明的时间不一致的，按照"孰先"的原则确定购买房屋的时间，即房屋产权证上注明的时间早于契税完税证明上注明时间的，以房屋产权证注明的时间为购买房屋的时间；契税完税证明上注明的时间早于房屋产权证上注明的时间的，以契税完税证明上注明的时间为购买房屋的时间。

（3）个人转让股权应纳税额的计算。

为加强股权转让所得个人所得税征收管理，规范税务机关、纳税人和扣缴义务人的征纳行为，维护纳税人合法权益，自2015年1月1日起，按照国家税务总局发布的《股权转让所得个人所得税管理办法（试行）》计算个人转让股权应纳税额。

①基本概念。

股权是指自然人股东（以下简称个人）投资在中国境内成立的企业或组织（以下统称被投资企业，不包括个人独资企业和合伙企业）的股权或股份。

股权转让是指个人将股权转让给其他个人或法人的行为，包括以下情形：

Ⅰ. 出售股权。

Ⅱ. 公司回购股权。

Ⅲ. 发行人首次公开发行新股时，被投资企业股东将其持有的股份以公开发行方式一并向投资者发售。

Ⅳ 股权被司法或行政机关强制过户。

Ⅴ. 以股权对外投资或进行其他非货币性交易。

Ⅵ. 以股权抵偿债务。

Ⅶ. 其他股权转移行为。

个人转让股权，以股权转让收入减除股权原值和合理费用后的余额为应纳税所得额，按"财产转让所得"缴纳个人所得税。合理费用是指股权转让时按照规定支付的有关税费。

个人股权转让所得个人所得税，以股权转让方为纳税人，以受让方为扣缴义务人。

扣缴义务人应于股权转让相关协议签订后5个工作日内，将有关股权转让情况报告主管税务机关。

被投资企业应当详细记录股东持有本企业股权的相关成本，如实向税务机关提供与股权转让有关的信息，协助税务机关依法执行公务。

②股权转让收入的确认。

股权转让收入，是指转让方因股权转让而获得的现金、实物、有价证券和其他形式的经济利益。

转让方取得与股权转让相关的各种款项，包括违约金、补偿金以及其他名目的款项、资产、权益等，均应当并入股权转让收入。

纳税人按照合同约定，在满足约定条件后取得的后续收入，应当作为股权转让收入。

股权转让收入应当按照公平交易原则确定。

符合下列情形之一的，主管税务机关可以核定股权转让收入：

Ⅰ. 申报的股权转让收入明显偏低且无正当理由的。

Ⅱ. 未按照规定期限办理纳税申报，经税务机关责令限期申报，逾期仍不申报的。

Ⅲ. 转让方无法提供或拒不提供股权转让收入的有关资料。

Ⅳ. 其他应核定股权转让收入的情形。

符合下列情形之一的，视为股权转让收入明显偏低：

Ⅰ. 申报的股权转让收入低于股权对应的净资产份额的。其中，被投资企业拥有土地使用权、房屋、房地产企业未销售房产、知识产权、探矿权、采矿权、股权等资产的，申报的股权转让收入低于股权对应的净资产公允价值份额的。

Ⅱ. 申报的股权转让收入低于初始投资成本或低于取得该股权所支付的价款及相关税费的。

Ⅲ. 申报的股权转让收入低于相同或类似条件下同一企业、同一股东或其他股东股权转让收入的。

Ⅳ. 申报的股权转让收入低于相同或类似条件下同类行业的企业股权转让收入的。

Ⅴ. 不具有合理性的无偿让渡股权或股份。

Ⅵ. 主管税务机关认定的其他情形。

符合下列条件之一的股权转让收入明显偏低，视为有正当理由：

Ⅰ. 能出具有效文件，证明被投资企业因国家政策调整，生产经营受到重大影响，导致低价转让股权。

Ⅱ. 继承或将股权转让给能提供具有法律效力身份关系证明的配偶、父母、子女、祖父母、外祖父母、孙子女、外孙子女、兄弟姐妹以及对转让人承担直接抚养或者赡养义务的抚养人或者赡养人。

Ⅲ. 相关法律、政府文件或企业章程规定，并有相关资料充分证明转让价格合理且真实的，本企业员工持有的，不能对外转让股权的内部转让。

Ⅳ. 股权转让双方能够提供有效证据证明其合理性的其他合理情形。

主管税务机关应依次按照下列方法核定股权转让收入：

Ⅰ. 净资产核定法。

股权转让收入按照每股净资产或股权对应的净资产份额核定。被投资企业的土地使用权、房屋、房地产企业未销售房产、知识产权、探矿权、采矿权、股权等资产占企业总资产比例超过20%的,主管税务机关可参照纳税人提供的具有法定资质的中介机构出具的资产评估报告核定股权转让收入。

6个月内再次发生股权转让且被投资企业净资产未发生重大变化的,主管税务机关可参照上一次股权转让时被投资企业的资产评估报告核定此次股权转让收入。

Ⅱ. 类比法。

首先,参照相同或类似条件下同一企业、同一股东或其他股东股权转让收入核定。

其次,参照相同或类似条件下同类行业企业股权转让收入核定。

最后,其他合理方法。主管税务机关采用以上方法核定股权转让收入存在困难的,可以采取其他合理方法核定。

③股权原值的确认。

个人转让股权的原值,依照下列方法确认:

Ⅰ. 以现金出资方式取得的股权,按照实际支付的价款与取得股权直接相关的合理税费之和确认。

Ⅱ. 以非货币性资产出资方式取得的股权,按照税务机关认可或核定的投资入股时非货币性资产价格与取得股权直接相关的合理税费之和确认。

Ⅲ. 通过无偿让渡方式取得股权,具备"继承或将股权转让给能提供具有法律效力身份关系证明的配偶、父母、子女、祖父母、外祖父母、孙子女、外孙子女、兄弟姐妹以及对转让人承担直接抚养或者赡养义务的抚养人或者赡养人"情形的,按取得股权发生的合理税费与原持有人的股权原值之和确认。

Ⅳ. 被投资企业以资本公积、盈余公积、未分配利润转增股本,个人股东已依法缴纳个人所得税的,以转增额和相关税费之和确认新转增股本的股权原值。

Ⅴ. 除以上情形外,由主管税务机关按照避免重复征收个人所得税的原则合理确认。

股权转让人已被主管税务机关核定股权转让收入并依法征收个人所得税的,该股权受让人的股权原值以取得股权时发生的合理税费与股权转让人被主管税务机关核定的股权转让收入之和确认。

个人转让股权未提供完整、准确的股权原值凭证,不能正确计算股权原值的,由主管税务机关核定。

对个人多次取得同一被投资企业股权的,转让部分股权时,采用"加权平均法"确定股权原值。

(4) 个人转让债券类债权时原值的确定。

转让债券类债权,采用"加权平均法"确定应予减除的财产原值和合理费用。

6. 利息、股息、红利所得和偶然所得应纳税额的计算

利息、股息、红利所得和偶然所得应纳税额的计算公式为:

$$应纳税额 = 应纳税所得额 \times 适用税率 = 每次收入额 \times 20\%$$

7. 应纳税额计算中的特殊问题

(1) 对个人取得全年一次性奖金等计算征收个人所得税的方法。

全年一次性奖金是指行政机关、企事业单位等扣缴义务人根据全年经济效益和对雇员全年工作业绩的综合考核情况,向雇员发放的一次性奖金。一次性奖金也包括年终加薪、实行年薪制和绩效工资办法的单位根据考核情况兑现的年薪和绩效工资。

纳税人取得全年一次性奖金,单独作为1个月工资、薪金所得计算纳税,自2005年1月1日起按以下计税办法,由扣缴义务人发放时代扣代缴:

①将雇员当月内取得的全年一次性奖金,除以12个月,按其商数确定适用税率和速算扣除数,如表5-7所示。

表 5-7 按月换算后的综合所得税率表

级数	月应纳税所得额	税率/%	速算扣除数
1	不超过 3 000 元的	3	0
2	超过 3 000 元至 12 000 元的部分	10	210
3	超过 12 000 元至 25 000 元的部分	20	1 410
4	超过 25 000 元至 35 000 元的部分	25	2 660
5	超过 35 000 元至 55 000 元的部分	30	4 410
6	超过 55 000 元至 80 000 元的部分	35	7 160
7	超过 80 000 元的	45	15 160

如果在发放年终一次性奖金的当月，雇员当月工资、薪金所得低于税法规定的费用扣除额，应将全年一次性奖金减除"雇员当月工资薪金所得与费用扣除额的差额"后的余额，按上述办法确定全年一次性奖金的适用税率和速算扣除数。

②将雇员个人当月内取得的全年一次性奖金，按第①条确定的适用税率和速算扣除数计算征税，计算公式为：

Ⅰ.如果雇员当月工资薪金所得高于（或等于）税法规定的费用扣除额的。适用公式为：

应纳税额 = 雇员当月取得全年一次性奖金 × 适用税率 − 速算扣除数

Ⅱ.如果雇员当月工资薪金所得低于税法规定的费用扣除额的，适用公式为

应纳税额 =（雇员当月取得全年一次性奖金 − 雇员当月工资薪金所得与费用扣除额的差额）× 适用税率 − 速算扣除数

③在一个纳税年度内，对每一个纳税人，该计税办法只允许采用一次。

④实行年薪制和绩效工资的单位。个人取得年终兑现的年薪和绩效工资按第②条和第③条规定执行。

提示

雇员取得除全年一次性奖金以外的其他各种名目奖金，如半年奖、季度奖、加班奖、先进奖、考勤奖等，一律与当月工资、薪金收入合并，按税法规定缴纳个人所得税。

【情景5-6】假定中国居民刘某，2021年在我国境内1—12月每月的税后工资为5 800元，12月31日又一次性领取年终含税奖金90 000元。请计算刘某取得年终奖金应缴的个人所得税。

（1）年终奖金适用的税率和速算扣除数为：

按12个月分摊后，每月的奖金 = 90 000÷12 = 7 500（元）。

根据工资、薪金七级超额累进税率的规定，适用的税率和速算扣除数分别为10%、210元。

（2）年终奖应缴纳个人所得税为：

应纳税额 = 年终奖金收入 × 适用税率 − 速算扣除数

= 90 000×10% − 210

= 9 000 − 210

= 8 790（元）

（2）特定行业职工取得工资、薪金所得的计税方法。为了照顾采掘业、远洋运输业、远洋捕捞业因季节、产量等因素的影响，职工的工资、薪金收入呈现较大幅度波动的实际情况，对这三个特定行业的职工取得的工资、薪金所得，可按月预缴，年度终了后30日内，合计全年工资、薪金所得，再按12个月平均并计算实际应纳的税款，多退少补。公式表示为：

应纳税额 =［（全年工资、薪金收入÷12 − 费用扣除标准）× 税率 − 速算扣除数］×12

（3）关于个人取得公务交通、通信补贴收入征税问题。

个人因公务用车和通信制度改革而取得的公务用车、通信补贴收入，扣除一定标准的公务费用后，按照"工资、薪金所得"项目计征个人所得税。按月发放的，并入当月"工资、薪金所得"计征个人所得税；不按月发放的，分解到所属月份并与该月份"工资、薪金所得"合并后计征个人所得税。

提示

公务费用扣除标准，由省级地方税务局根据纳税人公务交通、通信费用实际发生情况调查测算，报经省级人民政府批准后确定，并报国家税务总局备案。

（4）在外商投资企业、外国企业和外国驻华机构工作的中方人员取得的工资、薪金所得的征税问题。

①在外商投资企业、外国企业和外国驻华机构工作的中方人员取得的工资、薪金收入，凡是由雇佣单位和派遣单位分别支付的，支付单位应按税法规定代扣代缴个人所得税。同时，按税法规定，纳税义务人应以每月全部工资、薪金收入减除规定费用后的余额为应纳税所得额。为了便于征管，对雇佣单位和派遣单位分别支付工资、薪金的，采取由支付者中的一方减除费用的方法，即只由雇佣单位在支付工资、薪金时，按税法规定减除费用，计算扣缴个人所得税；派遣单位支付的工资、薪金不再减除费用，按支付金额直接确定适用税率，计算扣缴个人所得税。

②上述纳税义务人，应持两处支付单位提供的原始明细工资、薪金单（书）和完税凭证原件，选择并固定到一地税务机关申报每月工资、薪金收入，汇算清缴工资、薪金收入的个人所得税，多退少补。具体申报期限，由各省、自治区、直辖市税务机关确定。

【情景5-7】张某为一外商投资企业雇佣的中方人员，假定2021年1月，该外商投资企业支付给张某的薪金为8 000元。同月，张某还收到其所在派遣单位发放给的扣完"五险一金"后的工资2 000元。该外商投资企业、派遣单位应如何扣缴个人所得税？张某当月实际应缴的个人所得税为多少（不考虑张某应享受的专项附加扣除和依法确定的其他扣除）？

（1）1月外商投资企业应为张某扣缴的个人所得税为：

扣缴税额＝（每月收入额－5 000）×适用税率－速算扣除数＝（8 000－5 000）×3%－0＝90（元）

（2）1月派遣单位应为张某扣缴的个人所得税为：

扣缴税额＝每月收入额×适用税率－速算扣除数＝2 000×3%－0＝60（元）

（3）1月张某实际应缴的个人所得税为：

应纳税额＝（每月收入额－5 000）×适用税率－速算扣除数＝（8 000＋2 000－5 000）×10%－210＝290（元）

因此，在张某到某税务机关申报时，还应补缴140元（290－90－60）税款。

提示

对外商投资企业、外国企业和外国驻华机构发放给中方工作人员的工资、薪金所得，应全额征税。但对可以提供有效合同或有关凭证，能够证明工资、薪金所得的一部分按照有关规定上缴派遣（介绍）单位的，可扣除实际上缴的部分按其余额计征个人所得税。

任务5.5 个人所得税的申报与缴纳

5.5.1 自行申报纳税

自行申报纳税，是由纳税人自行在税法规定的纳税期限内，向税务机关申报取得的应税所得项目和数额，如实填写个人所得税纳税申报表，并按照税法规定计算应纳税额，据此缴纳个人所得税的一种方法。

1. 自行申报纳税的纳税义务人

（1）自2006年1月1日起，年所得超过12万元的。

（2）从中国境内两处或者两处以上取得工资、薪金所得的。

（3）从中国境外取得所得的。

（4）取得应税所得，没有扣缴义务人的，如个体工商户从事生产、经营所得。

（5）国务院规定的其他情形。

其中，年所得超过12万元的纳税人，无论取得的各项所得是否已足额缴纳了个人所得税，均应当按照法律规定，于纳税年度终了后向主管税务机关办理纳税申报；其他情形的纳税人，均应当按照自行申报纳税管理办法的规定，于取得所得后向主管税务机关办理纳税申报。同时需要注意的是，年所得超过12万元的纳税人，不包括在中国境内无住所，且在一个纳税年度中在中国境内居住不满1年的个人；从中国境外取得所得的纳税人，是指在中国境内有住所，或者无住所但一个纳税年度中在中国境内居住满1年的个人。

2. 自行申报纳税的内容

年所得超过12万元的纳税人，在纳税年度终了后，应当填写"个人所得税纳税申报表"（适用于年所得12万元以上的纳税人申报），并在办理纳税申报时报送主管税务机关，同时报送个人有效身份证件复印件，以及主管税务机关要求报送的其他有关资料。

（1）构成12万元的所得。

工资、薪金所得；个体工商户的生产、经营所得；对企事业单位的承包经营、承租经营所得；劳务报酬所得；稿酬所得；特许权使用费所得；利息、股息、红利所得；财产租赁所得；财产转让所得；偶然所得；经国务院财政部门确定征税的其他所得。

（2）不包含在12万元中的所得。

①免税所得，即省级人民政府、国务院部委、中国人民解放军军以上单位，以及外国组织、国际组织颁发的科学、教育、技术、文化、卫生、体育、环境保护等方面的奖金；国债和国家发行的金融债券利息；按照国家统一规定发给的补贴、津贴，即《个人所得税法实施条例》第十三条规定的按照国务院规定发放的政府特殊津贴、院士津贴、资深院士津贴，以及国务院规定免征个人所得税的其他补贴、津贴；福利费、抚恤金、救济金；保险赔款；军人转业费、复员费；按照国家统一规定发放给干部、职工的安家费、退职费、退休金、离休工资、离休生活补助费。

②暂免征税所得，即依照我国有关法律规定应予免税的各国驻华使馆、领事馆的外交代表、领事官员和其他人员的所得；中国政府参加的国际公约、签订的协议中规定免税的所得。

可以免税的来源于中国境外的所得，如按照国家规定单位为个人缴付和个人缴付的基本养老保险费、基本医疗保险费、失业保险费、住房公积金。

（3）各项所得的年所得的计算方法。

①工资、薪金所得。按照未减除费用及附加减除费用的收入额计算。

②劳务报酬所得、特许权使用费所得。不得减除纳税人在提供劳务或让渡特许权使用权过程中缴纳的有关税费。

③财产租赁所得。不得减除纳税人在出租财产过程中缴纳的有关税费；对于纳税人一次取得跨年度财产租赁所得，全部视为实际取得所得年度的所得。

④个人转让房屋所得。采取核定征收个人所得税的，按照实际征收率（1%、2%、3%）分别换算为应税所得率（5%、10%、15%），据此计算年所得。

⑤个人储蓄存款利息所得、企业债券利息所得。全部视为纳税人实际取得所得年度的所得。

⑥对个体工商户、个人独资企业投资者，按照征收率核定个人所得税的，将征收率换算为应税所得率，据此计算应纳税所得额。

合伙企业投资者按照上述方法确定应纳税所得额后，合伙人应根据合伙协议规定的分配比例确定其应纳税所得额，合伙协议未规定分配比例的，按合伙人数平均分配确定其应纳税所得额。对于同时参与两个以上企业投资的，合伙人应将其投资所有企业的应纳税所得额相加后的总额作为年所得。

⑦股票转让所得。以1个纳税年度内,个人股票转让所得与损失盈亏相抵后的正数为申报所得数额,盈亏相抵为负数的,此项所得按"零"填写。

3. 自行申报纳税的申报期限

(1) 年所得超过12万元的纳税人,在纳税年度终了后3个月内向主管税务机关办理纳税申报。

(2) 个体工商户和个人独资、合伙企业投资者取得的生产、经营所得应纳的税款,分月预缴的,纳税人在每月终了后7日内办理纳税申报;分季预缴的,纳税人在每个季度终了后7日内办理纳税申报;纳税年度终了后,纳税人在3个月内进行汇算清缴。

(3) 纳税人年终一次性取得对企事业单位承包、承租经营所得的,自取得所得之日起30日内办理纳税申报;在1个纳税年度内分次取得承包、承租经营所得的,在每次取得所得后的次月7日内申报预缴,纳税年度终了后3个月内汇算清缴。

(4) 从中国境外取得所得的纳税人,在纳税年度终了后30日内向中国境内主管税务机关办理纳税申报。

(5) 除以上规定的情形外,纳税人取得其他各项所得须申报纳税的,在取得所得的次月7日内向主管税务机关办理纳税申报。

(6) 纳税人不能按照规定的期限办理纳税申报,需要延期的,按照《税收征收管理法》第二十七条和《中华人民共和国税收征收管理法实施细则》第三十七条的规定办理。

4. 自行申报纳税的申报方式

纳税人可以采取数据电文、邮寄等方式申报,也可以直接到主管税务机关申报,或者采取符合主管税务机关规定的其他方式申报。纳税人采取邮寄方式申报的,以邮政部门挂号信函收据作为申报凭据,以寄出的邮戳日期为实际申报日期。

纳税人也可以委托具有税务代理资质的中介机构或者他人代为办理纳税申报。

5. 自行申报纳税的申报地点

(1) 在中国境内有任职、受雇单位的,向任职、受雇单位所在地主管税务机关申报。

(2) 在中国境内有两处或者两处以上任职、受雇单位的,选择并固定向其中一处单位所在地主管税务机关申报。

(3) 在中国境内无任职、受雇单位,年所得项目中有个体工商户的生产、经营所得或者对企事业单位的承包、承租经营所得(以下统称生产、经营所得)的,向其中一处实际经营所在地主管税务机关申报。

(4) 在中国境内无任职、受雇单位,年所得项目中无生产、经营所得的,向户籍所在地主管税务机关申报。在中国境内有户籍,但户籍所在地与中国境内经常居住地不一致的,选择并固定向其中一地主管税务机关申报。在中国境内没有户籍的,向中国境内经常居住地主管税务机关申报。

(5) 其他所得的纳税人,纳税申报地点分别为:

从两处或者两处以上取得工资、薪金所得的,选择并固定向其中一处单位所在地主管税务机关申报。

从中国境外取得所得的,向中国境内户籍所在地主管税务机关申报。在中国境内有户籍,但户籍所在地与中国境内经常居住地不一致的,选择并固定向其中一地主管税务机关申报。在中国境内没有户籍的,向中国境内经常居住地主管税务机关申报。

个体工商户向实际经营所在地主管税务机关申报。

个人独资、合伙企业投资者兴办两个或两个以上企业的,区分不同情形确定纳税申报地点:

兴办的企业全部是个人独资性质的,分别向各企业的实际经营管理所在地主管税务机关申报;兴办的企业中含有合伙性质的,向经常居住地主管税务机关申报;兴办的企业中含有合伙性质,个人投资者经常居住地与其兴办企业的经营管理所在地不一致的,选择并固定向其参与兴办的某一合伙企业的经营管理所在地主管税务机关申报;除以上情形外,纳税人应当向取得所得所在地主管税务机关申报。

纳税人不得随意变更纳税申报地点，因特殊情况变更纳税申报地点的，须报原主管税务机关备案。

5.5.2 代扣代缴纳税

代扣代缴是指按照税法规定负有扣缴税款义务的单位或者个人，在向个人支付应纳税所得时，应计算应纳税额，从其所得中扣除并缴入国库，同时向税务机关报送扣缴个人所得税报告表。

提示

这种方法，有利于控制税源、防止漏税和逃税。

根据《个人所得税法》及其实施条例以及《税收征收管理法》及其实施细则的有关规定，国家税务总局制定下发了《个人所得税代扣代缴暂行办法》（以下简称《暂行办法》）。自1995年4月1日起执行的《暂行办法》，对扣缴义务人和代扣代缴的范围、扣缴义务人的义务及应承担的责任、代扣代缴期限等做了明确规定。

1. 扣缴义务人和代扣代缴的范围

（1）扣缴义务人。

凡支付个人应纳税所得的企事业单位、机关、社团组织、军队、驻华机构、个体户等单位或者个人，为个人所得税的扣缴义务人。

提示

这里所说的驻华机构，不包括外国驻华使领馆和联合国及其他依法享有外交特权和豁免的国际组织驻华机构。

（2）代扣代缴的范围。

扣缴义务人向个人支付下列所得，应代扣代缴个人所得税：

①工资、薪金所得。
②对企事业单位的承包、承租经营所得。
③劳务报酬所得。
④稿酬所得。
⑤特许权使用费所得。
⑥利息、股息、红利所得。
⑦财产租赁所得。
⑧财产转让所得。
⑨偶然所得。
⑩经国务院财政部门确定征税的其他所得。

扣缴义务人向个人支付应纳税所得（包括现金、实物和有价证券）时，不论纳税人是否属于本单位人员，均应代扣代缴应纳的个人所得税税款。

提示

这里所说的支付，包括现金支付、汇拨支付、转账支付和有价证券、实物以及其他形式的支付。

2. 扣缴义务人的义务及应承担的责任

（1）扣缴义务人应指定支付应纳税所得的财务会计部门或其他有关部门的人员为办税人员，由办税人员具体办理个人所得税的代扣代缴工作。

代扣代缴义务人的有关领导要对代扣代缴工作提供便利，支持办税人员履行义务；当确定的办税人员发生变动时，应将名单及时报告主管税务机关。

（2）扣缴义务人的法人代表（或单位主要负责人）、财会部门的负责人及具体办理代扣代缴税款的有关人员，共同对依法履行代扣代缴义务承担法律责任。

（3）同一扣缴义务人的不同部门支付应纳税所得时，应报办税人员汇总。

（4）扣缴义务人在代扣税款时，必须向纳税人开具税务机关统一印制的代扣代收税款凭证，并详细注明纳税人姓名、工作单位、家庭住址和居民身份证或护照号码（无上述证件的，可用其他能证明身份的有效证件）等个人情况。对工资、奖金所得和利息、股息、红利所得等，因纳税人数众多、不便一一开具代扣代收税款凭证的，经主管税务机关同意，可不开具代扣代收税款凭证，但应通过一定形式告知纳税人已扣缴税款。纳税人为持有完税依据而向扣缴义务人索取代扣代收税款凭证的，扣缴义务人不得拒绝。

> **提示**
>
> 扣缴义务人应主动向税务机关申领代扣代收税款凭证，据以向纳税人扣税。非正式扣税凭证，纳税人可以拒收。

（5）扣缴义务人对纳税人应扣未扣的税款，应纳税款仍然由纳税人缴纳，但扣缴义务人应承担应扣未扣税款 50% 以上至 3 倍的罚款。

（6）扣缴义务人应设立代扣代缴税款账簿，正确反映个人所得税的扣缴情况，如实填写"扣缴个人所得税报告表"及其他有关资料。

（7）关于行政机关、事业单位工资发放方式改革后扣缴个人所得税问题。

行政机关、事业单位改革工资发放方式后，随着支付工资所得单位的变化，其扣缴义务人也应有所变化。

根据《个人所得税法》的规定，凡是有向个人支付工薪所得行为的财政部门（或机关事务管理、人事等部门）、行政机关、事业单位均为个人所得税的扣缴义务人。

财政部门（或机关事务管理、人事等部门）向行政机关、事业单位工作人员发放工资时应依法代扣代缴个人所得税。行政机关、事业单位在向个人支付与其任职、受雇有关的其他所得时，应将个人的这部分所得与财政部门（或机关事务管理、人事等部门）发放的工资合并计算应纳税额，并就应纳税额与财政部门（或机关事务管理、人事等部门）已扣缴税款的差额部分代扣代缴个人所得税。

3. 代扣代缴期限

扣缴义务人每月所扣的税款，应当在次月 7 日内缴入国库，并向主管税务机关报送"扣缴个人所得税报告表"、代扣代收税款凭证和包括每一纳税人姓名、单位、职务、收入、税款等内容的支付个人收入明细表以及税务机关要求报送的其他有关资料。

扣缴义务人违反上述规定不报送或者报送虚假纳税资料的，一经查实，其未在支付个人收入明细表中反映的向个人支付的款项，在计算扣缴义务人应纳税所得额时不得作为成本费用扣除。

> **提示**
>
> 扣缴义务人因存在特殊困难不能按期报送"扣缴个人所得税报告表"及其他有关资料的，经县级及以上税务机关批准，可以延期申报。

5.5.3 核定征收

核定征收是指按照《税收征收管理法》的有关规定对无法查账征收的纳税人采用的一种征收形式。为了加强个人所得税的管理，有关规定如下：

（1）增值税起征点提高后，对采取核定征收办法的纳税人（包括按综合征收率或按应缴纳流转税的一定比例附征个人所得税等方法的纳税人），可依据《税收征收管理法》和《个人所得税法》的有关规定，结合增值税和营业税起征点提高后纳税人所得相应增加的实际情况，本着科学、合理、公开的原则，重新核定纳税人的个人所得税定额。

（2）任何地区均不得对律师事务所实行全行业核定征税办法。要按照《税收征收管理法》和《国务院关于批转国家税务总局加强个体私营经济税收征管强化查账征收工作意见的通知》（国发〔1997〕12 号）的精神，对具备查账征收条件的律师事务所，实行查账征收个人所得税。

对按照《税收征收管理法》第三十五条的规定确实无法实行查账征收的律师事务所，经地市级地方税务局批准，应根据《财政部、国家税务总局关于印发〈关于个人独资企业和合伙企业投资者征收个人所得税的规定》的通知》(财税〔2000〕91号)中确定的应税所得率来核定应纳税额。各地要根据雇员人数、营业规模等情况核定营业额,并根据当地同行业的盈利水平从高核定应税所得率,应税所得率不得低于25%。对实行核定征税的律师事务所,应督促其建账建制,符合查账征税条件后,应尽快转为查账征收。

各地要严格贯彻执行《国家税务总局关于律师事务所从业人员取得收入征收个人所得税有关业务问题的通知》(国税发〔2000〕149号),对律师事务所的个人所得税加强征收管理。对作为律师事务所雇员的律师,办案费用或其他个人费用在律师事务所报销的,在计算其收入时不得再扣除国税发〔2000〕149号文件第五条第二款规定的其收入30%以内的办理案件支出费用。

(3)会计师事务所、税务师事务所、审计师事务所以及其他中介机构的个人所得税征收管理,也应按照上述律师事务所的有关原则进行处理。

项目小结

本项目介绍了个人所得税的概念、个人所得税的纳税义务人、所得来源地的确定、征收对象、个人所得税的税率、每次收入的确定、应纳税所得额和费用减除标准、应纳税所得额的其他规定、应纳税额的计算和个人所得税的申报与缴纳。

思考与练习

一、单项选择题

1. 在中国境内无住所的个人,在一个纳税年度内在中国境内居住累计不超过( )天的,其来源于中国境内的所得,由境外雇主支付并且不由该雇主在中国境内的机构、场所负担的部分,免予缴纳个人所得税。

A. 60 B. 70 C. 90 D. 180

2. 张某在4月取得彩票中奖收入5 000元,这笔收入属于( )。

A. 稿酬所得　　B. 劳务报酬所得
C. 经营所得　　D. 偶然所得

3. 居民个人的综合所得,以每一纳税年度的收入额减除费用( )万元以及专项扣除、专项附加扣除和依法确定的其他扣除后的余额,为应纳税所得额。

A. 1 B. 3 C. 6 D. 10

4. 购买符合规定的商业健康保险产品的支出在当年(月)计算应纳税所得额时予以税前扣除,扣除限额为( )元/月。

A. 100   B. 200   C. 300   D. 500

5. 财产转让所得个人所得税税率是（   ）。

A. 20%   B. 25%   C. 30%   D. 10%

二、多项选择题

1. 以下情形中，对当事双方不征收个人所得税的有（   ）。

A. 房屋产权所有人将房屋产权无偿赠予配偶

B. 房屋产权所有人将房屋产权无偿赠予对其承担直接抚养或者赡养义务的抚养人

C. 房屋产权所有人死亡，依法取得房屋产权的法定继承人

D. 房屋产权所有人将房屋产权无偿赠予兄弟姐妹

2. （   ）等部门要加强协调、通力合作，切实做好税收政策实施的各项工作。

A. 财政   B. 税务   C. 证监   D. 环保

3. 个人持有挂牌公司的股票包括（   ）。

A. 在全国中小企业股份转让系统挂牌前取得的股票

B. 因依法继承或家庭财产分割取得的股票

C. 使用附认股权、可转换成股份条款的公司债券认购或者转换的股票

D. 挂牌公司分立，个人持有的被分立公司股票转换的分立后公司股票

4. 个税改革后，下列所得项目中实行超额累进税率的所得项目有（   ）。

A. 工资薪金所得   B. 偶然所得

C. 劳务报酬所得   D. 经营所得

5. 纳税人可享受的专项附加扣除除赡养老人外，还包括（   ）。

A. 子女教育   B. 继续教育

C. 大病医疗   D. 生活费支出

三、判断题

1. 居民纳税人子女在民办学校接受义务教育发生的相关支出不能享受子女教育专项附加扣除政策。（   ）

2. 纳税人年度中间更换工作单位的，在原单位任职、受雇期间已享受的专项附加扣除金额，不得在新任职、受雇单位扣除。（   ）

3. 个人所得税以所得人为纳税人，以支付所得的单位或者个人为扣缴义务人。（   ）

4. 大学本科及以下的学历继续教育只能作为继续教育专项附加扣除由接受教育的本人扣除。（   ）

5. 居民纳税人，应就其来源于中国境内和境外的所得，依照个人所得税法规定向中国政府履行全面纳税义务，缴纳个人所得税。（   ）

四、简答题

1. 简述个人所得税的概念。

2. 个人所得税纳税义务人有哪些？

3. 居民个人综合所得应纳税额的计算公式是什么？

项目 6　资源税、城镇土地使用税和环境保护税纳税实务

知识目标

◎ 了解资源税、城镇土地使用税和环境保护税的基本知识与税目和税率;

◎ 理解资源税、城镇土地使用税和环境保护税的征税范围。

技能目标

◎ 掌握资源税、城镇土地使用税和环境保护税的计算;

◎ 掌握资源税、城镇土地使用税和环境保护税的申报与缴纳。

案例导入

茶陵县某科技有限公司是茶陵县生活垃圾卫生填埋场(后称垃圾填埋场)的专业运营公司。垃圾填埋场位于虎踞镇与思聪街道交界处的茶陵县云阳国有林场东北面约 200 米的桥冲烂泥沟,垃圾场占地面积 0.26 平方公里,其中垃圾填埋区占地面积 0.24 平方公里,总库容 216.6 万立方米。该公司与茶陵县城市环境卫生管理所签订委托运营协议,于 2018 年 9 月开始对垃圾填埋场进行运营,同时对垃圾填埋场附属渗滤液采用膜生物反应器(MBR)+纳滤(NF)组合工艺进行场内处理。该公司成立后根据财税〔2015〕78 号文及《中华人民共和国环境保护税法》在茶陵县税务局及税务分局的指导下进行了增值税即征即退备案及环保税备案,后续享受了资源综合利用的增值税即征即退和环保税的减免。该公司自 2018 年 9 月成立后增值税即征即退共计退税 40 余万元,减免环保税 1 000 余元,极大地缓解了资金压力,为企业能够更加全身心地投入生产、更好地服务环保事业提供了保障。

案例思考

如有一家资源综合利用免增值税的一般纳税人企业,因经营需要,现异地租赁生产线,生产免税产品,请问能享受免增值税政策吗?(用工业废渣、煤灰生产建筑材料粉煤灰砖)是否需要到税务机关办理其他手续?

本章导语

本项目主要介绍的是辅助税,是在一国税制中居于辅助地位,起补充作用的税种,也是各国税制建设中不可缺少的组成部分,辅助税是"主体税"的对称。设置辅助税的目的在于与主体税相配合,有利于税收全面地发挥职能作用,调整我国税收收入的弹性,为国家筹措一定的财政资金,同时也便于各地因地制宜选择适合本地区的税种,促进当地政府经济发展,发挥税收的灵活性调节作用。

任务 6.1 资源税纳税实务

6.1.1 资源税概述

1. 资源税的概念

资源税法是国家制定的用以调整资源税征收与缴纳相关权利及义务关系的法律规范。

资源税是对在我国境内从事应税矿产品开采和生产盐的单位和个人课征的一种税,属于对自然资源占用课税的范畴。1984 年我国开征资源税时,普遍认为征收资源税主要依据的是受益原则、公平原则和效率原则三个方面。从受益方面考虑,资源归国家所有,开采者因开采国有资源而得益,有责任向所有者支付地租;从公平角度来看,条件公平是有效竞争的前提,资源级差收入的存在影响资源开采者利润的真实性,故级差收入以归政府支配为宜;从效率角度分析,稀缺资源应由社会净效率高的企业开采,对资源开采中出现的掠夺和浪费行为,国家有权采取经济手段促其转变。

1986 年 10 月 1 日,《中华人民共和国矿产资源法》施行,该法第五条进一步明确:国家对矿产资源施行有偿开采。开采矿产资源,必须按照国家有关规定缴纳资源税和资源补偿费。1993 年,全国财税体制改革对 1984 年第一次资源税法律制度做了重大修改,形成了第二代资源税制度。1993 年 12 月,国务院发布的《中华人民共和国资源税暂行条例》(以下简称《资源税暂行条例》)及财政部发布的《中华人民共和国资源税暂行条例实施细则》(以下简称《资源税暂行条例实施细则》),将盐税并入资源税,并将资源税征收范围扩大为原油、天然气、煤炭、其他非金属矿原矿、黑色金属矿原矿、有色金属矿原矿和盐 7 种,于 1994 年 1 月 1 日起不再按超额利润征税,而是按矿产品销售量征税,按照"普遍征收、级差调节"的原则,就资源赋税情况、开采条件、资源等级、地理位置等客观条件的差异规定了幅度税额,为每一个课税矿区规定了适用税率。这一规定考虑了资源条件优劣的差别,对级差收益进行了有效调节。

2010 年 6 月 1 日,在新疆对原油、天然气进行了资源税从价计征改革试点工作;2011 年,国务院令第 605 号对《资源税暂行条例》进行了修改,财政部令第 66 号对《资源税暂行条例实施细则》进行了修订,并自 2011 年 11 月 1 日起施行。2014 年 12 月,又对煤炭的资源税由从量计征改为从价计征,取得了一定效果。根据党中央、国务院决策部署,2016 年全面推进资源税改革,财政部、国家税务总局于 2016 年 5 月公布的《关于全面推进资源税改革的通知》《关于资源税改革具体政策问题的通知》等,对绝大部分应税产品实行从价计征方式,对经营分散、多为现金交易且难以控管的黏土、砂石,按照便利征管原则,仍实行从量定额计征。同时,在河北省开征水资源税试点工作,采取水资源费改税方式,将地表水和地下水纳入征税范围,实行从量定额计征。自 2017 年 12 月 1 日起,水资源税改革试点进一步扩大到北京、天津、山西、内蒙古、山东、河南、四川、陕西、宁夏 9 个省(自治区、直辖市)。

为了贯彻习近平生态文明思想、落实税收法定原则,2019 年 8 月 26 日,第十三届全国人大常委会第十二次会议通过《中华人民共和国资源税法》(以下简称《资源税法》),并于 2020 年 9 月 1 日起施行。

征收资源税的主要作用体现在:

(1)促进企业之间开展平等竞争。我国的资源税属于比较典型的级差资源税,它根据应税产品的品种、质量、存在形式、开采方式以及企业所处地理位置和交通运输条件等客观因素的差异确定差别税率,从而使条件优越者税负较高;反之,则税负较低。这种税率设计使资源税能够比较有效地调节由于自然资源条件差异等客观因素给企业带来的级差收入，减少或排除资源条件差异对企业盈利水平的影响，为企业之间开展平等竞争创造有利的外部条件。

（2）促进对自然资源的合理开发利用。通过对开发、利用应税资源的行为课征资源税，体现了国有自然资源有偿占用的原则，从而可以促使纳税人节约、合理开发和利用自然资源，有利于我国经济可持续发展。

（3）为国家筹集财政资金。随着课征范围的逐渐扩展，资源税的收入规模及其在税收收入总额中所占的比重都相应增加，其财政意义也日渐明显，在为国家筹集财政资金方面发挥着不可忽视的作用。

2. 资源税的纳税义务人

资源税的纳税义务人是指在中华人民共和国境内开采应税资源的矿产品或者生产盐的单位和个人。

上述单位是指国有企业、集体企业、私营企业、股份制企业、其他企业和行政单位、事业单位、军事单位、社会团体及其他单位；个人是指个体经营者和其他个人；其他单位和其他个人包括外商投资企业、外国企业及外籍人员。

中外合作开采石油、天然气，按照现行规定只征收矿区使用费，暂不征收资源税。因此，中外合作开采石油、天然气的企业不是资源税的纳税义务人。

《资源税暂行条例》还规定，收购未税矿产品的单位为资源税的扣缴义务人。规定资源税的扣缴义务人主要是针对零星、分散、不定期开采的情况，为了加强管理，避免漏税，由扣缴义务人在收购矿产品时代扣代缴资源税。

收购未税矿产品的单位是指独立矿山、联合企业和其他单位。独立矿山是指只有采矿或只有采矿和选矿、独立核算、自负盈亏的单位，其生产的原矿和精矿主要用于对外销售。联合企业是指采矿、选矿、冶炼（或加工）连续生产的企业或采矿、冶炼（或加工）连续生产的企业，采矿单位一般是该企业的二级或二级以下核算单位。其他单位也包括收购未税矿产品的个体户在内。

6.1.2 资源税的税目和税率

1. 税目

资源税税目包括五大类，在五个税目下面又设有若干子目。《资源税法》所列的税目有164个，涵盖了所有已经发现的矿种和盐。

（1）能源矿产。

①原油，是指开采的天然原油，不包括人造石油。

②天然气、页岩气、天然气水合物。

③煤炭，包括原煤和以未税原煤加工的洗选煤。

④煤成（层）气。

⑤铀、钍。

⑥油页岩、油砂、天然沥青、石煤。

⑦地热。

（2）金属矿产。

①黑色金属。包括铁、锰、铬、钒、钛。

②有色金属。包括铜、铅、锌、锡、镍、锑、镁、钴、铋、汞；铝土矿；钨；钼；金、银；铂、钯、钌、锇、铱、铑；轻稀土；中重稀土；铍、锂、锆、锶、铷、铯、铌、钽、锗、镓、铟、铊、铪、铼、镉、硒、碲。

（3）非金属矿产。

①矿物类。包括高岭土；石灰岩；磷；石墨；萤石、硫铁矿、自然硫；天然石英砂、脉石英、粉石英、水晶、工业用金刚石、冰洲石、蓝晶石、硅线石（矽线石）、长石、滑石、刚玉、菱镁矿、颜料矿物、天然碱、芒硝、钠硝石、明矾石、砷、硼、碘、溴、膨润土、硅藻土、陶瓷土、耐火黏土、铁矾土、凹凸棒石黏土、海泡石黏土、伊利石黏土、累托石黏土；叶蜡石、硅灰石、透辉石、珍珠岩、云母、沸石、重晶石、毒重石、方解石、蛭石、透闪石、工业用电气石、白垩、石棉、蓝石棉、红柱石、石榴子石、石膏；其他黏土（铸

型用黏土、砖瓦用黏土、陶粒用黏土、水泥配料用黏土、水泥配料用红土、水泥配料用黄土、水泥配料用泥岩、保温材料用黏土）。

②岩石类。包括大理岩、花岗岩、白云岩、石英岩、砂岩、辉绿岩、安山岩、闪长岩、板岩、玄武岩、片麻岩、角闪岩、页岩、浮石、凝灰岩、黑曜岩、霞石正长岩、蛇纹岩、麦饭石、泥灰岩、含钾岩石、含钾砂页岩、天然油石、橄榄岩、松脂岩、粗面岩、辉长岩、辉石岩、正长岩、火山灰、火山渣、泥炭；砂石（天然砂、卵石、机制砂石）。

③宝玉石类。包括宝石、玉石、宝石级金刚石、玛瑙、黄玉、碧玺。

（4）水气矿产。
①二氧化碳气、硫化氢气、氦气、氡气。
②矿泉水。

（5）盐。
①钠盐、钾盐、镁盐、锂盐。
②天然卤水。
③海盐。

上述各税目征税时有的对原矿征税，有的对选矿征税，具体适用的征税对象按照税目税率表的规定执行，主要包括以下三类：
（1）按原矿征税。
（2）按选矿征税。
（3）按原矿或者选矿征税。

2. 税率

资源税采取从价定率或从量定额的办法计征。因此，税率形式有比例税率和定额税率两种。原油、天然气、煤炭、稀土、钨、钼资源采用比例税率，其他应税资源采用定额税率。

资源税采取从量定额的办法征收，实施"普遍征收、级差调节"的原则。普遍征收是指对在我国境内开发的一切应税资源产品征收资源税；级差调节是指运用资源税对因资源贮存状况、开采条件、资源优劣、地理位置等客观存在的差别产生的资源级差收入，通过实施差别税额标准进行调节。资源条件好的，税额高一些；资源条件差的，税额低一些。税目、税率（额）如表 6-1 所示。

表 6-1 资源税税目税率幅度表

税　　目		征税对象	税率幅度
一、原油		原油	5%～10%
二、天然气		原矿	5%～10%
三、煤炭		原煤或洗选煤	2%～10%
四、其他非金属矿	石墨	精矿	3%～10%
	硅藻土	精矿	1%～6%
	高岭土	原矿	1%～6%
	萤石	精矿	1%～6%
	石灰石	原矿	1%～6%
	硫铁矿	精矿	1%～6%
	磷矿	原矿	3%～8%
	氯化钾	精矿	3%～8%
	硫酸钾	精矿	6%～12%
	井矿盐	氯化钠初级产品	1%～6%
	湖盐	氯化钠初级产品	1%～6%
	提取地下卤水晒制的盐	氯化钠初级产品	3%～15%
	煤层（成）气	原矿	1%～2%
	黏土、砂石	原矿	每吨或每立方米0.1～5元
	未列举名称的其他非金属矿产品	原矿或精矿	从量税率每吨或每立方米不超过30元；从价税率不超过20%

续表

税　目		征税对象	税率幅度
五、金属矿	稀土	精矿	7.5%～27%
	钨	精矿	6.50%
	钼	精矿	11%
	铁矿	精矿	1%～6%
	金矿	金锭	1%～4%
	铜矿	精矿	2%～8%
	铝土矿	原矿	3%～9%
	铅锌矿	精矿	2%～6%
	镍矿	精矿	2%～6%
	锡矿	精矿	2%～6%
	未列举名称的其他金属矿产品	原矿或精矿	税率不超过20%
六、海盐		氯化钠初级产品	1%～5%

纳税人开采或者生产不同税目应税产品的，应当分别核算不同税目应税产品的销售额或者销售数量；未分别核算或者不能准确提供不同税目应税产品的销售额或者销售数量的，从高适用税率。

纳税人开采或者生产同一税目下适用不同税率应税产品的，应当分别核算不同税率应税产品的销售额或者销售数量；未分别核算或者不能准确提供不同税率应税产品的销售额或者销售数量的，从高适用税率。

6.1.3　资源税的计算

资源税的计税依据为应税产品的销售额或销售量，各税目的征税对象包括原矿、精矿等，根据"资源税税目税率表"的规定，地热、砂石、矿泉水和天然卤水可采用从价计征或从量计征的方式，其他应税产品统一适用从价定率征收的方式。

原矿和精矿的销售额或者销售量应当分别核算，未分别核算的，从高确定计税销售额或者销售数量。

1. 从价定率

（1）销售额的基本规定。

从价定率征收的计税依据为计税销售额。计税销售额是指纳税人销售应税产品向购买方收取的全部价款和价外费用，不包括增值税销项税额。

其中，价外费用包括价外向购买方收取的手续费、补贴、基金、集资费、返还利润、奖励费、违约金、滞纳金、延期付款利息、赔偿金、代收款项、代垫款项、包装费、包装物租金、储备费、优质费以及其他各种性质的价外收费。但下列项目不包括在内：

①同时符合以下条件的代垫运输费用：

Ⅰ. 承运部门的运输费用发票开具给购买方的；

Ⅱ. 纳税人将该项发票转交给购买方的。

②同时符合以下条件代为收取的政府性基金或者行政事业性收费：

Ⅰ. 由国务院或者财政部批准设立的政府性基金，由国务院或者省级人民政府及其财政、价格主管部门批准设立的行政事业性收费；

Ⅱ. 收取时开具省级以上财政部门印制的财政票据；

Ⅲ. 所收款项全额上缴财政。

（2）特殊情形下销售额的确定。

①纳税人开采应税矿产品由其关联单位对外销售的，按关联单位的销售额征收资源税。

②纳税人既有对外销售应税产品，又有将应税产品用于除连续生产应税产品以外其他方面的（包括用于非生产项目和生产非应税产品），则自用

部分的应税产品按纳税人对外销售应税产品的平均价格计算销售额，征收资源税。

③纳税人将其开采的应税产品直接出口的，按离岸价格（不含增值税）计算销售额，征收资源税。

④纳税人有视同销售应税产品行为而无销售价格的，或者申报的应税产品销售价格明显偏低且无正当理由的，税务机关应按下列顺序确定应税产品的计税价格：

I. 按纳税人最近时期同类产品的平均销售价格确定。

II. 按其他纳税人最近时期同类产品的平均销售价格确定。

III. 按应税产品组成计税价格确定。

$$\text{组成计税价格} = \frac{\text{成本} \times (1+\text{成本利润率})}{1-\text{资源税税率}}$$

公式中的成本为应税产品的实际生产成本；成本利润率由省、自治区、直辖市税务机关确定。

IV. 按后续加工非应税产品销售价格，减去后续加工环节的成本利润后确定。

V. 按其他合理方法确定。

⑤纳税人用已纳资源税的应税产品进一步加工应税产品销售的，不再缴纳资源税。纳税人以自采未税产品和外购已税产品混合销售或者混合加工为应税产品销售的，在计算应税产品计税销售额时，准予扣减已单独核算的已税产品购进金额；未单独核算的，一并计算缴纳资源税。已税产品购进金额当期不足扣减的可结转下期扣减。

纳税人核算并扣减当期外购已税产品购进金额，应依据外购已税产品的增值税发票、海关进口增值税专用缴款书或者其他合法有效凭据。

外购原矿或者精矿形态的已税产品与本产品征税对象不同的，在计算应税产品计税销售额时，应对混合销售额或者外购已税产品的购进金额进行换算或者折算。

⑥纳税人与其关联企业之间的业务往来，应当按照独立企业之间的业务往来收取或者支付价款、费用。不按照独立企业之间的业务往来收取或者支付价款、费用，而减少计税销售额的，税务机关可以按照《中华人民共和国税收征收管理法》及其实施细则的有关规定进行合理调整。

（3）实行从价定率方式征收资源税的，根据应税产品的销售额和规定的适用税率计算应纳税额，具体计算公式为：

$$\text{应纳税额} = \text{销售额} \times \text{税率}$$

【情景6-1】北京市惠达股份有限公司2021年3月销售原油20 000吨，开具增值税专用发票取得销售额20 000万元、增值税税额2 600万元，按"资源税税目税率幅度表"的规定，适用的税率为6%。计算该公司3月应缴纳的资源税。

销售原油应纳税额=20 000×6%=1 200（万元）

【情景6-2】北京市惠达股份有限公司为增值税一般纳税人，2021年4月发生以下业务：

业务（1）从国外某石油公司进口原油70 000吨，支付不含税价款折合人民币12 000万元，其中包含包装费及保险费，折合人民币110万元。

业务（2）开采原油5 000吨，并将开采的原油对外销售4 000吨，取得含税销售1 296万元，同时向购买方收取延期付款利息3万元，包装费1万元，另外支付运输费用2万元。

原油的资源税税率为6%，计算该公司当月应纳资源税。

①由于资源税仅对在中国境内开采或生产应税产品的单位和个人征收，因此业务（1）中北京市惠达股份有限公司进口原油无须缴纳资源税。

②业务（2）应缴纳的资源税=（1 296+3+1）÷（1+13%）×6%≈69.03（万元）。

北京市惠达股份有限公司当月应纳资源税=69.03（万元）。

2. 从量定额

（1）从量定额征收的计税依据。

实行从量定额征收的以销售数量为计税依据。销售数量的具体规定为：

①销售数量，包括纳税人开采或者生产应税产品的实际销售数量和视同销售的自用数量。

②纳税人不能准确提供应税产品销售数量的，以应税产品的产量或者主管税务机关确定的折算比换算成的数量，为计征资源税的销售数量。

③纳税人以自产的液体盐加工固体盐，按固

体盐税额征税，以加工的固体盐数量为课税数量。纳税人以外购的液体盐加工固体盐，加工固体盐所耗用液体盐的已纳税额准予抵扣。

同时在河北省开征水资源税试点工作，采取水资源费改税方式，将地表水和地下水纳入征税范围，实行从量定额计征。2017年12月1日起，水资源税改革试点进一步扩大到北京、天津、山西、内蒙古、山东、河南、四川、陕西、宁夏9个省、自治区、直辖市。

（2）从量定额资源税应纳税额的计算公式为：

$$应纳税额 = 计税数量 \times 税率$$

【情景6-3】北京市惠达股份有限公司2021年4月销售砂石4 000立方米，资源税税率为2元/立方米。请计算该公司4月应纳资源税税额。

销售砂石应纳税额 = 课税数量 × 单位税额
= 4 000 × 2
= 8 000（元）

3. 视同销售

计税销售额或者销售数量，包括应税产品实际销售和视同销售两个部分。应当征收资源税的视同销售的自产自用产品，包括用于非生产项目和生产非应税产品两类。视同销售具体包括以下情形：

（1）纳税人以自采原矿直接加工为非应税产品的，视同原矿销售；

（2）纳税人以自采原矿洗选（加工）后的精矿连续生产非应税产品的，视同精矿销售；

（3）以应税产品投资、分配、抵债、赠予、以物易物等，视同应税产品销售。

6.1.4 资源税的税收优惠

存在下列情形之一的，免征资源税：

（1）开采原油以及在油田范围内运输原油过程中用于加热的原油、天然气；

（2）煤炭开采企业因安全生产需要抽采的煤成（层）气。

存在下列情形之一的，减征资源税：

（1）从低丰度油气田开采的原油、天然气，减征20%的资源税；

（2）高含硫天然气、三次采油和从深水油气田开采的原油、天然气，减征30%的资源税；

（3）稠油、高凝油减征40%的资源税；

（4）从衰竭期矿山开采的矿产品，减征30%的资源税。

根据国民经济和社会发展需要，国务院对有利于促进资源节约集约利用、保护环境等情形可以规定免征或者减征资源税，报全国人大常委会备案。

存在下列情形之一的，省、自治区、直辖市可以决定免征或者减征资源税：

（1）纳税人开采或者生产应税产品过程中，因意外事故或者自然灾害等原因遭受重大损失的；

（2）纳税人开采共伴生矿、低品位矿、尾矿的。

前款规定的免征或者减征资源税的具体办法，由省、自治区、直辖市人民政府提出，报同级人大常委会决定，并报全国人大常委会和国务院备案。

纳税人的免税、减税项目，应当单独核算销售额或者销售数量；未单独核算或者不能准确提供销售额或者销售数量的，不予减免。

另外国务院根据国民经济和社会发展需要，依照法规的原则，对取用地表水或者地下水的单位和个人试点征收水资源税。征收水资源税的，停止征收水资源费。

①水资源税根据当地水资源状况、取用水类型和经济发展等情况实行差别税率。

②水资源税试点实施办法由国务院规定，报全国人大常委会备案。

③国务院自法规施行之日起五年内，就征收水资源税试点情况向全国人大常委会报告，并及时提出修改法律的建议。

（3）中外合作开采陆上、海上石油资源的企业依法缴纳资源税。

2011年11月1日前已依法订立中外合作开

采陆上、海上石油资源合同的,在该合同有效期内,继续依照国家有关规定缴纳矿区使用费,不缴纳资源税;合同期满后,依法缴纳资源税。

6.1.5 资源税的申报与缴纳

(1)纳税义务发生时间。

①纳税人采取分期收款结算方式的,纳税义务的发生时间为销售合同规定的收款日期的当天。

②纳税人采取预收货款结算方式的,纳税义务的发生时间为发出应税产品的当天。

③纳税人采取其他结算方式的,纳税义务的发生时间为收讫销售款或者取得索取销售款凭据的当天。

Ⅰ. 纳税人自产自用应税产品的,纳税义务的发生时间为移送使用应税产品的当天。

Ⅱ. 扣缴义务人代扣代缴税款的,纳税义务的发生时间为支付首笔货款或者开具应支付货款凭据的当天。

(2)纳税期限。

纳税期限是纳税人发生纳税义务后缴纳税款的期限。资源税的纳税期限为1日、3日、5日、10日、15日或者1个月,纳税人的纳税期限由主管税务机关根据实际情况具体核定。不能按固定期限计算纳税的,可以按次计算纳税。

纳税人按月或者按季申报缴纳的,应当自月度或者季度终了之日起15日内,向税务机关办理纳税申报并缴纳税款;按次申报缴纳的,应当自纳税义务发生之日起15日内,向税务机关办理纳税申报并缴纳税款。

(3)纳税地点。

①凡是缴纳资源税的纳税人,都应当向应税产品的开采或者生产所在地主管税务机关缴纳税款。

②如果纳税人在本省、自治区、直辖市范围内开采或者生产应税产品,纳税地点需要调整的,由所在地省、自治区、直辖市税务机关决定。

③如果纳税人应纳的资源税属于跨省开采,下属生产单位与核算单位不在同一省、自治区、直辖市的,对开采的矿产品一律在开采地纳税,应纳税款由独立核算、自负盈亏的单位,按照开采地的实际销售量(或者自用量)及适用的单位税额计算划拨。

④扣缴义务人代扣代缴的资源税,应当向收购地主管税务机关缴纳。

任务 6.2 城镇土地使用税纳税实务

6.2.1 城镇土地使用税概述

1. 城镇土地使用税的概念

城镇土地使用税是以城镇土地为征税对象,对拥有土地使用权的单位和个人征收的一种税。

开征城镇土地使用税,有利于通过经济手段,加强对土地的管理，变土地的无偿使用为有偿使用，促进合理、节约使用土地，提高土地使用效益；有利于适当调节不同地区、不同地段之间的土地级差收入，促进企业加强经济核算，理顺国家与土地使用者之间的分配关系。

2. 城镇土地使用税的纳税义务人

在城市、县城、建制镇、工矿区范围内使用土地的单位和个人，为城镇土地使用税（以下简称土地使用税）的纳税人。

上述所称单位，包括国有企业、集体企业、私营企业、股份制企业、外商投资企业、外国企业以及其他企业和事业单位、社会团体、国家机关、军队以及其他单位；所称个人，包括个体工商户以及其他个人。

城镇土地使用税的纳税人，通常包括：

（1）拥有土地使用权的单位和个人。

（2）拥有土地使用权的单位和个人不在土地所在地的，土地的实际使用人和代管人为纳税人。

（3）土地使用权未确定或权属纠纷未解决的，实际使用人为纳税人。

（4）土地使用权共有的，共有各方都是纳税人，由共有各方分别纳税。

6.2.2 城镇土地使用税的征税范围和税率

1. 城镇土地使用税的征税范围

城镇土地使用税的征税范围，包括在城市、县城、建制镇和工矿区内的国家所有和集体所有的土地。

上述城市、县城、建制镇和工矿区分别按以下标准确认：

（1）城市是指经国务院批准设立的市。

（2）县城是指县人民政府所在地。

（3）建制镇是指经省、自治区、直辖市人民政府批准设立的建制镇。

（4）工矿区是指工商业比较发达，人口比较集中，符合国务院规定的建制镇标准，但尚未设立建制镇的大中型工矿企业所在地，工矿区须经省、自治区、直辖市人民政府批准。

上述城镇土地使用税的征税范围中，城市的土地包括市区和郊区的土地；县城的土地是指县人民政府所在地的城镇的土地；建制镇的土地是指镇人民政府所在地的土地。

2. 城镇土地使用税的税率

城镇土地使用税采用定额税率，即采用有幅度的差别税额，按大、中、小城市和县城、建制镇、工矿区分别规定每平方米土地使用税年应纳税额。具体标准为：

（1）大城市 1.5～30 元。

（2）中等城市 1.2～24 元。

（3）小城市 0.9～18 元。

（4）县城、建制镇、工矿区 0.6～12 元。

大、中、小城市以公安部门登记在册的非农业正式户口人数为依据，按照国务院颁布的《城市规划条例》中规定的标准划分。人口在 50 万以上的为大城市；人口在 20 万～50 万的为中等城市；人口在 20 万以下的为小城市，如表 6-2 所示。

表 6-2 城镇土地使用税税率

级别	人口/人	每平方米税额/元
大城市	50 万以上	1.5～30
中等城市	20 万～50 万	1.2～24
小城市	20 万以下	0.9～18
县城、建制镇、工矿区		0.6～12

各省、自治区、直辖市人民政府可根据市政建设情况和经济繁荣程度在规定税额幅度内，确定所辖地区的适用税额幅度。经济落后地区，土地使用税的适用税额标准可适当降低，但降低额不得超过上述规定最低税额的 30%。经济发达地区的适用税额标准可以适当提高，但须报财政部批准。

土地使用税规定幅度税额，主要考虑到我国各地区存在着差距悬殊的土地级差收益，同一地区内不同地段的市政建设情况和经济繁荣程度也有较大差别。把土地使用税税额定为幅度税额，拉开档次，而且每个幅度税额的差距规定为20倍。这样，各地政府在划分本辖区不同地段的等级，确定适用税额时，有选择余地，便于具体划分和确定。幅度税额还可以调节不同地区、不同地段之间的土地级差收益，尽可能平衡税负。

6.2.3 城镇土地使用税的计税依据

城镇土地使用税以纳税人实际占用的土地面积为计税依据，土地面积计量标准为每平方米，即税务机关根据纳税人实际占用的土地面积，按照规定的税额计算应纳税额，向纳税人征收土地使用税。

纳税人实际占用的土地面积按下列办法确定：

（1）由省、自治区、直辖市人民政府确定的单位组织测定土地面积的，以测定的面积为准。

（2）尚未组织测量，但纳税人持有政府部门核发的土地使用证书的，以证书确认的土地面积为准。

（3）尚未核发土地使用证书的，应由纳税人申报土地面积，据以纳税，待核发土地使用证以后再作调整。

（4）对在城镇土地使用税征税范围内单独建造的地下建筑用地，按规定征收城镇土地使用税。其中，已取得地下土地使用权证的，按土地使用权证确认的土地面积计算应征税款；未取得地下土地使用权证或地下土地使用权证上未标明土地面积的，按地下建筑垂直投影面积计算应征税款。

对上述地下建筑用地暂按应征税款的50%征收城镇土地使用税。

6.2.4 城镇土地使用税的计算

城镇土地使用税以纳税人实际占用的土地面积为计税依据，实行从量计征。计算公式为：

（年）应纳税额 = 实际占用土地面积 × 定额税率

纳税人实际占用的土地面积按下列办法确定：凡由省、自治区、直辖市人民政府确定的单位组织测定面积的，以测定的面积为依据；尚未组织测量，但纳税人持有政府部门核发的土地使用证书的，以证书确认的土地面积为依据；尚未核发土地使用证书的，以纳税人申报的土地面积为依据，待核发土地使用证后再作调整。

【情景6-4】北京市惠达股份有限公司实际占地面积共计60 000平方米。其中，5 000平方米为职工家属宿舍用地，800平方米为厂区以外绿化区，1 000平方米为厂内医院和幼儿园用地。该公司所处地段适用城镇土地使用税年税率2元/平方米。计算该公司应缴纳的城镇土地使用税税额。

根据税法规定，厂区以外的公共绿地、企业办的幼儿园用地，免征城镇土地使用税；纳税单位的职工家属宿舍用地，应缴纳城镇土地使用税。

应纳税额 =（60 000-800-1 000）×2=116 400（元）

6.2.5 城镇土地使用税的税收优惠

1. 法定免征城镇土地使用税的优惠

（1）国家机关、人民团体、军队自用的土地。上述土地是指这些单位本身的办公用地和公务用地。如国家机关、人民团体的办公楼用地，军队的训练场用地等。

（2）由国家财政部门拨付事业经费的单位自

用的土地。

上述土地是指这些单位本身的业务用地。如学校的教学楼、操场、食堂等占用的土地。

（3）宗教寺庙、公园、名胜古迹自用的土地。

宗教寺庙自用的土地，是指举行宗教仪式等的用地和寺庙内宗教人员的生活用地。公园、名胜古迹自用的土地，是指供公众参观游览的用地及其管理单位的办公用地。

以上单位的生产、经营用地和其他用地，不属于免税范围，应按规定缴纳城镇土地使用税。如公园、名胜古迹中附设的营业单位（如影剧院、饮食部、茶社、照相馆等）使用的土地。

（4）市政街道、广场、绿化地带等公共用地。

（5）直接用于农、林、牧、渔业的生产用地。

上述土地是指直接从事种植养殖、饲养的专业用地，不包括农副产品加工场地和生活办公用地。

（6）经批准开山填海整治的土地和改造的废弃土地，从使用月份起免征城镇土地使用税5～10年。

具体免税期限由各省、自治区、直辖市税务局在《中华人民共和国城镇土地使用税暂行条例》规定的期限内自行确定。

（7）对非营利性医疗机构、疾病控制机构和妇幼保健机构等卫生机构和非营利性科研机构自用的土地，免征城镇土地使用税。

（8）对国家拨付事业经费和企业办的各类学校（包括托儿所、幼儿园）自用的房产、土地，免征城镇土地使用税。

（9）免税单位无偿使用纳税单位的土地（如公安、海关等单位使用铁路、民航等单位的土地），免征城镇土地使用税。纳税单位无偿使用免税单位的土地，纳税单位应照章缴纳城镇土地使用税。纳税单位与免税单位共同使用、共有使用权土地上的多层建筑，对纳税单位可按占用的建筑面积占建筑总面积的比例，计征城镇土地使用税。

（10）对改造安置住房建设用地，免征城镇土地使用税。

在商品住房等开发项目中配套建造安置住房的，依据政府部门出具的相关材料、房屋征收（拆迁）补偿协议或棚户区改造合同（协议），按改造安置住房建筑面积占总建筑面积的比例，免征城镇土地使用税。

（11）为了体现国家的产业政策，支持重点产业发展，对石油、电力、煤炭等能源用地，民用港口、铁路等交通用地和水利设施用地，盐业、采石场、邮电等一些特殊用地划分了征免税界限和给予政策性减免税照顾。具体规定如下：

①对石油、天然气生产建设中用于地质勘探、钻井、井下作业、油气田地面工程等的施工临时用地，石油、天然气生产企业厂区以外的铁路专用线、公路及输油（气、水）管道用地，油气长输管线用地，暂免征收城镇土地使用税。

②对企业的铁路专用线、公路等用地，在厂区以外与社会公用地段未加隔离的，暂免征收城镇土地使用税。

③对企业厂区以外的公共绿化用地和向社会开放的公园用地，暂免征收城镇土地使用税；对企业厂区（包括生产、办公及生活区）以内的绿化用地，应照章征收城镇土地使用税。

④对盐场的盐滩、盐矿的矿井用地，暂免征收城镇土地使用税。

（12）自2019年1月1日至2021年12月31日，对专门经营农产品的农产品批发市场、农贸市场使用（包括自有和承租，下同）的房产、土地，暂免征收城镇土地使用税。对同时经营其他产品的，按其他产品与农产品交易场地面积的比例确定，免征城镇土地使用税。

农产品批发市场和农贸市场，是指经工商登记注册，供买卖双方进行农产品及其初加工品现货批发或零售交易的场所。农产品包括粮油、肉禽蛋、蔬菜、干鲜果品、水产品、调味品、棉麻、活畜、可食用的林产品以及由省、自治区、直辖市财税部门确定的其他可食用的农产品。

享受上述税收优惠的房产、土地，是指农产品批发市场、农贸市场直接为农产品交易提供服务的房产、土地。农产品批发市场、农贸市场的行政办公区、生活区，以及商业餐饮娱乐等非直接为农产品交易提供服务的房产、土地，不属于规定的优惠范围，应按规定征收城镇土地使用税。

（13）自2020年1月1日起至2022年12月

31日止,对物流企业自有(包括自用和出租)或承租的大宗商品仓储设施用地,减按所属土地等级适用税额标准的50%,计征城镇土地使用税。

上述所称物流企业,是指至少从事仓储或运输一种经营业务,为工农业生产、流通、进出口和居民生活提供仓储、配送等第三方物流服务,实行独立核算、独立承担民事责任,并在工商部门注册登记为物流、仓储或运输的专业物流企业。所称大宗商品仓储设施,是指同一仓储设施占地面积在6 000平方米及以上,且主要储存粮食、棉花、油料、糖料、蔬菜、水果、肉类、水产品、化肥、农药、种子、饲料等农产品和农业生产资料,煤炭、焦炭、矿砂、非金属矿产品、原油、成品油、化工原料、木材、橡胶、纸浆及纸制品、钢材、水泥、有色金属、建材、塑料、纺织原料等矿产品和工业原材料的仓储设施。所称仓储设施用地,包括仓库库区内的各类仓房(含配送中心)、油罐(池)、货场、晒场(堆场)、罩棚等储存设施和铁路专用线、码头、道路、装卸搬运区域等物流作业配套设施的用地。

物流企业的办公、生活区用地及其他非直接用于大宗商品仓储的土地,不属于本项规定的减税范围,应按规定征收城镇土地使用税。

(14)自2019年1月1日起至2021年12月31日止,对国家级、省级科技企业孵化器、大学科技园和国家备案众创空间自用以及无偿或通过出租等方式提供给在孵对象使用的土地,免征城镇土地使用税。

上述所称孵化服务,是指为在孵对象提供的经纪代理、经营租赁、研发和技术、信息技术、鉴证咨询服务。国家级、省级科技企业孵化器、大学科技园和国家备案众创空间应当单独核算孵化服务收入。所称在孵对象,是指符合前款认定和管理办法规定的孵化企业、创业团队和个人。国家级、省级科技企业孵化器、大学科技园和国家备案众创空间应按规定申报享受免税政策,并将房产土地权属资料等留存备查,税务部门依法加强后续管理。2018年12月31日以前认定的国家级科技企业孵化器、大学科技园,自2019年1月1日起享受规定的税收优惠政策。2019年1月1日以后认定的国家级、省级科技企业孵化器、大学科技园和国家备案众创空间,自认定之日的次月起享受规定的税收优惠政策。2019年1月1日以后被取消资格的,自取消资格之日的次月起停止享受规定的税收优惠政策。

(15)自2019年1月1日起至2021年12月31日止,对城市公交站场、道路客运站场、城市轨道交通系统运营用地,免征城镇土地使用税。

①城市公交站场运营用地,包括城市公交首末车站、停车场、保养场、站场办公及生产辅助用地。道路客运站场运营用地,包括站前广场、停车场、发车位、站务用地、站场办公及生产辅助用地。城市轨道交通系统运营用地,包括车站(含出入口、通道、配套及附属设施)、运营控制中心、车辆基地(含单独的综合维修中心、车辆段)以及线路用地,不包括购物中心、商铺等商业设施用地。

②城市公交站场、道路客运站场,是指经县级以上(含县级)人民政府交通运输主管部门等批准建设的,为公众及旅客、运输经营者提供站务服务的场所。城市轨道交通系统,是指依规定批准建设的,采用专用轨道导向运行的城市公共客运交通系统,包括地铁系统、轻轨系统、单轨系统、有轨电车、磁浮系统、自动导向轨道系统、市域快速轨道系统,不包括旅游景区等单位内部为特定人群服务的轨道系统。

③纳税人享受规定的免税政策,应按规定进行免税申报,并将不动产权属证明、土地用途证明等资料留存备查。

2. 省、自治区、直辖市税务局确定的城镇土地使用税减免优惠

(1)个人所有的居住房屋及院落用地。

(2)房产管理部门在房租调整改革前经租的居民住房用地。

(3)免税单位职工家属的宿舍用地。

(4)集体和个人办的各类学校、医院、托儿所、幼儿园用地。

6.2.6 城镇土地使用税的征收管理

1. 纳税期限

城镇土地使用税实行按年计算、分期缴纳的征收方法,具体纳税期限由省、自治区、直辖市人民政府确定。

2. 纳税义务发生时间

(1) 纳税人购置新建商品房,自房屋交付使用的次月起,缴纳城镇土地使用税。

(2) 纳税人购置存量房,自办理房屋权属转移、变更登记手续,房地产权属登记机关签发房屋权属证书的次月起,缴纳城镇土地使用税。

(3) 纳税人出租、出借房产,自交付出租、出借房产的次月起,缴纳城镇土地使用税。

(4) 以出让或转让方式有偿取得土地使用权的,应由受让方从合同约定交付土地时间的次月起缴纳城镇土地使用税;合同未约定交付土地时间的,由受让方从合同签订的次月起缴纳城镇土地使用税。

(5) 纳税人新征用的耕地,自批准征用之日起满1年时,缴纳土地使用税。

(6) 纳税人新征用的非耕地,自批准征用的次月起缴纳土地使用税。

(7) 自2009年1月1日起,纳税人因土地权利发生变化而依法终止城镇土地使用税纳税义务的,应纳税款的计算应截止到土地权利发生变化的当月末。

3. 纳税地点和征收机构

城镇土地使用税在土地所在地缴纳。

城镇土地使用税一般应当向土地所在地的税务机关缴纳。纳税人使用的土地属于不同省(自治区、直辖市)管辖范围的,应当分别向土地所在地的税务机关纳税。在同一省(自治区、直辖市)管辖范围以内,纳税人跨地区使用的土地,由当地省级地方税务局确定纳税地点。

城镇土地使用税由土地所在地的地方税务机关征收,收入纳入地方财政预算管理。土地使用税征收工作涉及面广,政策性较强,土地管理机关应当向土地所在地的税务机关提供土地使用权属资料,共同协作把征收管理工作做好。

任务 6.3　环境保护税纳税实务

6.3.1 环境保护税概述

1. 环境保护税的概念

环境保护税法,是指国家制定的调整环境保护税征收与缴纳相关权利及义务关系的法律规范。现行环境保护税法的基本规范包括2016年12月25日第十二届全国人民代表大会常务委员会第二十五次会议通过的《中华人民共和国环境保护税法》(以下简称《环境保护税法》)、2017年12月30日国务院发布的《中华人民共和国环境保护税法实施条例》等。《环境保护税法》自2018年1月1日起正式实施。

环境保护税是对在我国领域以及管辖的其他海域直接向环境排放应税污染物的企事业单位和其他生产经营者征收的一种税。立法目的是保护和改善环境，减少污染物排放，推进生态文明建设。环境保护税是我国首个明确以环境保护为目标的独立型环境税税种，有利于解决排污费制度存在的执法刚性不足等问题，有利于提高纳税人环保意识，强化企业治污减排责任。

直接向环境排放应税污染物的企事业单位和其他生产经营者，除依照《环境保护税法》规定缴纳环境保护税外，应当对所造成的损害依法承担责任。

2. 环境保护税的纳税义务人

在中华人民共和国领域和中华人民共和国管辖的其他海域，直接向环境排放应税污染物的企事业单位和其他生产经营者为环境保护税的纳税人，应当依照环境保护法规定缴纳环境保护税。

上述应税污染物是指环境保护法所附"环境保护税税目税额表""应税污染物和当量值表"规定的大气污染物、水污染物、固体废物和噪声。

存在下列情形之一的，不属于直接向环境排放污染物，不缴纳环境保护税：

（1）企事业单位和其他生产经营者向依法设立的污水集中处理、生活垃圾集中处理场所排放应税污染物的；

（2）企事业单位和其他生产经营者在符合国家和地方环境保护标准的设施、场所贮存或者处置固体废物的。

依法设立的城乡污水集中处理、生活垃圾集中处理场所超过国家和地方规定的排放标准向环境排放应税污染物的，应当缴纳环境保护税。企事业单位和其他生产经营者贮存或者处置固体废物不符合国家和地方环境保护标准的，应当缴纳环境保护税。

6.3.2 环境保护税的税目和税率

1. 环境保护税的税目

环境保护税税目包括大气污染物、水污染物、固体废物和噪声四大类。

（1）大气污染物。

大气污染物包括二氧化硫、氮氧化物、一氧化碳、氯气、氯化氢、氟化物、氰化氢、硫酸雾、铬酸雾、汞及其化合物、一般性粉尘、石棉尘、玻璃棉尘、碳黑尘、铅及其化合物、镉及其化合物、铍及其化合物、镍及其化合物、锡及其化合物、烟尘、苯、甲苯、二甲苯、苯并（a）芘、甲醛、乙醛、丙烯醛、甲醇、酚类、沥青烟、苯胺类、氯苯类、硝基苯、丙烯腈、氯乙烯、光气、硫化氢、氨、三甲胺、甲硫醇、甲硫醚、二甲二硫、苯乙烯、二硫化碳，共计44项。环境保护税的征税范围不包括温室气体二氧化碳。

（2）水污染物。

水污染物分为两类：第一类水污染物包括总汞、总镉、总铬、六价铬、总砷、总铅、总镍、苯并（a）芘、总铍、总银；第二类水污染物包括悬浮物（SS）、生化需氧量（BOD5）、化学需氧量（CODcr）、总有机碳（TOC）、石油类、动植物油、挥发酚、总氰化物、硫化物、氨氮、氟化物、甲醛、苯胺类、硝基苯类、阴离子表面活性剂（LAS）、总铜、总锌、总锰、彩色显影剂（CD-2）、总磷、单质磷（以P计）、有机磷农药（以P计）、乐果、甲基对硫磷、马拉硫磷、对硫磷、五氯酚及五氯酚钠（以五氯酚计）、三氯甲烷、可吸附有机卤化物(AOX)（以CI计）、四氯化碳、三氯乙烯、四氯乙烯、苯、甲苯、乙苯、邻-二甲苯、对-二甲苯、间-二甲苯、氯苯、邻二氯苯、对二氯苯、对硝基氯苯、2,4-二硝基氯苯、苯酚、间-甲酚、2,4-二氯酚、2,4,6-三氯酚、邻苯二甲酸二丁酯、邻苯二甲酸二辛酯、丙烯腈、总硒。应税水污染物共计61项。

（3）固体废物。

固体废物包括煤矸石、尾矿、危险废物、冶炼渣、粉煤灰、炉渣、其他固体废物(含半固态、液态废物)。

（4）噪声。

应税噪声污染目前只包括工业噪声。

2. 环境保护税的税率

环境保护税采用定额税率，其中对应税大气污染物和水污染物规定了幅度定额税率，具体适用税额的确定和调整由省、自治区、直辖市人民政府统筹考虑本地区环境承载能力、污染物排放现状和经济社会生态发展目标要求，在规定的税额幅度内提出，报同级人大常委会决定，并报全国人大常委会和国务院备案。

"环境保护税税目税额表"如表6-3所示。

表6-3 环境保护税税目税额表

税目		计税单位	税额/元	备注
大气污染物		每污染当量	1.2～12	
水污染物		每污染当量	1.4～14	
固体废物	煤矸石	每吨	5	
	尾矿	每吨	15	
	危险废物	每吨	1 000	
	冶炼渣、粉煤灰、炉渣、其他固体废物（含半固态、液态废物）	每吨	25	
噪声	工业噪声	超标1～3分贝	每月350	1. 一个单位边界上有多处噪声超标，根据最高一处超标声级计算应纳税额；当沿边界长度超过100米有两处以上噪声超标，按照两个单位计算应纳税额。 2. 一个单位有不同地点作业场所的，应当分别计算应纳税额，合并计征。 3. 昼、夜均超标的环境噪声，昼、夜分别计算应纳税额，累计计征。 4. 声源一个月内超标不足15天的，减半计算应纳税额。 5. 夜间频繁突发和夜间偶然突发厂界超标噪声，按等效声级和峰值噪声两种指标中超标分贝值高的一项计算应纳税额
		超标4～6分贝	每月700	
		超标7～9分贝	每月1 400	
		超标10～12分贝	每月2 800	
		超标13～15分贝	每月5 600	
		超标16分贝以上	每月11 200	

3. 环境保护税的计税依据

应税污染物的计税依据，按照下列方法确定：①应税大气污染物按照污染物排放量折合的污染当量数确定；②应税水污染物按照污染物排放量折合的污染当量数确定；③应税固体废物按照固体废物的排放量确定；④应税噪声按照超过国家规定标准的分贝数确定。

（1）应税大气污染物、水污染物按照污染物排放量折合的污染当量数确定计税依据。

污染当量数以该污染物的排放量除以该污染物的污染当量值计算。计算公式为：

$$\text{应税大气污染物、水污染物的污染当量数} = \frac{\text{该污染物的排放量}}{\text{该污染物的污染当量值}}$$

污染当量，是指根据污染物或者污染排放活动对环境的有害程度以及处理的技术经济性，衡量不同污染物对环境污染的综合性指标或者计量单位。同一介质相同污染当量的不同污染物，污染程度基本相当。每种应税大气污染物、水污染物的具体污染当量值，依照《环境保护税法》所附"应税污染物和当量值表"执行，如表6-4至表6-8所示。

表 6-4　大气污染物污染当量值

污染物	污染当量值/千克
1. 二氧化碳	0.95
2. 氮氧化物	0.95
3. 一氧化碳	16.7
4. 氯气	0.34
5. 氯化氢	10.75
6. 氟化物	0.87
7. 氰化物	0.005
8. 硫酸雾	0.6
9. 铬酸雾	0.0007
10. 汞及其化合物	0.0001
11. 一般性粉尘	4
12. 石棉尘	0.53
13. 玻璃棉尘	2.13
14. 碳黑尘	0.59
15. 铅及其化合物	0.02
16. 镉及其化合物	0.03
17. 铍及其化合物	0.0004
18. 镍及其化合物	0.13
19. 锡及其化合物	0.27
20. 烟尘	2.18
21. 苯	0.05
22. 甲苯	0.18
23. 二甲苯	0.27
24. 苯并（a）芘	0.000002
25. 甲醛	0.09
26. 乙醛	0.45
27. 丙烯醛	0.06
28. 甲醇	0.67
29. 酚类	0.34
30. 沥青烟	0.19
31. 苯胺类	0.21
32. 氯苯类	0.72
33. 硝基苯	0.17
34. 丙烯腈	0.22
35. 氯乙烯	0.55
36. 光气	0.04
37. 硫化氢	0.29
38. 氨	9.09
39. 三甲胺	0.32
40. 甲硫醇	0.04
41. 甲硫醚	0.28
42. 二甲二硫	0.28
43. 苯乙烯	25
44. 二硫化碳	20

表 6-5　第一类水污染物污染当量值

污染物	污染当量值/千克
1. 总汞	0.0005
2. 总镉	0.005
3. 总铬	0.04
4. 六价铬	0.02
5. 总砷	0.02
6. 总铅	0.025
7. 总镍	0.025
8. 苯并（a）芘	0.0000003
9. 总铍	0.01
10. 总银	0.02

表 6-6　第二类水污染物污染当量值

污染物	污染当量值/千克
11. 悬浮物（SS）	4
12. 生化需氧量（BOD_5）	0.5
13. 化学需氧量（CODcr）	1
14. 总有机碳（TOC）	0.49
15. 石油类	0.1
16. 动植物油	0.16
17. 挥发酚	0.08
18. 总氰化物	0.05
19. 硫化物	0.125
20. 氨氮	0.8
21. 氟化物	0.5
22. 甲醛	0.125
23. 苯胺类	0.2
24. 硝基苯类	0.2
25. 阴离子表面活性剂（LAS）	0.2
26. 总铜	0.1
27. 总锌	0.2
28. 总锰	0.2
29. 彩色显影剂（CD-2）	0.2
30. 总磷	0.25
31. 元素磷（以 P 计）	0.05
32. 有机磷农药（以 P 计）	0.05
33. 乐果	0.05
34. 甲基对硫磷	0.05
35. 马拉硫磷	0.05
36. 对硫磷	0.05
37. 五氯酚及五氯酚钠（以五氯酚计）	0.25
38. 三氯甲烷	0.04
39. 可吸附有机卤化物（AOX）（以 Cl 计）	0.25

续表

污染物	污染当量值/千克
40. 四氯化碳	0.04
41. 三氯乙烯	0.04
42. 四氯乙烯	0.04
49. 氯苯	0.02
50. 邻二氯苯	0.02
51. 对二氯苯	0.02
52. 对硝基氯苯	0.02
53. 2,4-二硝基氯苯	0.02
54. 苯酚	0.02
43. 苯	0.02
44. 甲苯	0.02

续表

污染物	污染当量值/千克
45. 乙苯	0.02
46. 邻-二甲苯	0.02
47. 对-二甲苯	0.02
48. 间-二甲苯	0.02
55. 间-甲酚	0.02
56. 2,4-二氯酚	0.02
57. 2,4,6-三氯酚	0.02
58. 邻苯二甲酸二丁酯	0.02
59. 邻苯二甲酸二辛酯	0.02
60. 丙烯腈	0.125
61. 总硒	0.02

表6-7　pH值、色度、大肠菌群数、余氯量污染当量值

污染物		污染当量值	备注
1. pH值	(1) 0—1,13—14 (2) 1—2,12—13 (3) 2—3,11—12 (4) 3—4,10—11 (5) 4—5,9—10 (6) 5—6	0.06 吨污水 0.125 吨污水 0.25 吨污水 0.5 吨污水 1 吨污水 5 吨污水	pH值5—6指大于等于5，小于6；pH值9—10指大于9，小于等于10，其余类推
2. 色度		5 吨水·倍	
3. 大肠菌群数（超标）		3.3 吨污水	大肠菌群数和余氯量只征收一项
4. 余氯量（用氯消毒的医院废水）		3.3 吨污水	

表6-8　禽畜养殖业、小型企业和第三产业水污染物污染当量值

类型		污染当量值
禽畜养殖场	1. 牛	0.1 头
	2. 猪	1 头
	3. 鸡、鸭等家禽	30 羽
4. 小型企业		1.8 吨污水
5. 饮食娱乐服务业		0.5 吨污水
6. 医院	消毒	0.14 床
		2.8 吨污水
	不消毒	0.07 床
		1.4 吨污水

【情景6-5】北京市惠达股份有限公司2021年3月向水体直接排放第一类水污染物总汞5千克，根据第一类水污染物污染当量值表，总汞的污染当量值为0.0005千克，其污染当量数为5÷0.0005=10 000。

（2）应税固体废物按照固体废物的排放量确定计税依据。

固体废物的排放量为当期应税固体废物的产生量减去当期应税固体废物的贮存量、处置量、综合利用量的余额。其中，固体废物的贮存量、处置量，是指在符合国家和地方环境保护标准的设施、场所贮存或者处置的固体废物数量；固体废物的综合利用量，是指按照国家发展和改革委、工业和信息化主管部门关于资源综合利用要求以

及国家和地方环境保护标准进行综合利用的固体废物数量。计算公式为：

$$\text{固体废物的排放量} = \text{当期固体废物的产生量} - \text{当期固体废物的综合利用量} - \text{当期固体废物的贮存量} - \text{当期固体废物的处置量}$$

6.3.3 环境保护税应纳税额的计算

1. 大气污染物应纳税额的计算

应税大气污染物、水污染物的污染当量数，按该污染物的排放量除以该污染物的污染当量值计算。计算公式为：

$$\text{应税大气污染物应纳税额} = \text{污染当量数（前三项）} \times \text{具体适用税额}$$

$$\text{应税大气污染物污染当量数} = \frac{\text{该污染物排放量}}{\text{该污染物的污染当量值}}$$

每种应税大气污染物、水污染物的具体污染当量值，依照《环境保护税法》所附"应税污染物和当量值表"执行。

每一排放口或者没有排放口的应税大气污染物，按照污染当量数从大到小排序，对前三项污染物征收环境保护税。每一排放口的应税水污染物，按照《环境保护税法》所附"应税污染物和当量值表"，区分第一类水污染物和其他类水污染物，按照污染当量数从大到小排序，对第一类水污染物按照前五项征收环境保护税，对其他类水污染物按照前三项征收环境保护税。

省、自治区、直辖市人民政府根据本地区污染物减排的特殊需要，可以增加同一排放口征收环境保护税的应税污染物项目数，报同级人大常委会决定，并报全国人大常委会和国务院备案。

纳税人存在下列情形之一的，以当期应税大气污染物、水污染物的产生量作为污染物的排放量：

（1）未依法安装使用污染物自动监测设备或者未将污染物自动监测设备与环境保护主管部门的监控设备联网。

（2）损毁或者擅自移动、改变污染物自动监测设备。

（3）篡改、伪造污染物监测数据。

（4）通过暗管、渗井、渗坑、灌注或者稀释排放以及不正常运行防治污染设施等方式违法排放应税污染物。

（5）进行虚假纳税申报。

从两个以上排放口排放应税污染物的，对每一排放口排放的应税污染物分别计算征收环境保护税；纳税人持有排污许可证的，污染物排放口按照排污许可证载明的污染物排放口确定。

（3）应税噪声按照超过国家规定标准的分贝数确定计税依据。

工业噪声按照超过国家规定标准的分贝数确定每月税额，超过国家规定标准的分贝数是指实际产生的工业噪声与国家规定的工业噪声排放标准限值之间的差值。

2. 水污染物应纳税额的计算

一般水污染物（包括第一类水污染物和第二类水污染物）的应纳税额为污染当量数乘以具体适用税额。计算公式为：

$$\text{应税水污染物应纳税额} = \text{污染当量数（第一类前五项、其他类前三项）} \times \frac{\text{具体适用税额}}{\text{应税水污染物污染当量数}}$$

$$= \frac{\text{该污染物排放量}}{\text{该污染物的污染当量值}}$$

【情景6-6】某县医院有床位60张，每月按时消毒，无法计量月污水排放量，污染当量值为0.15床，假设当地水污染物适用税额为每污染当量3.2元，当月应纳环境保护税税额计算如下：

水污染物当量数 = 60÷0.15 = 400

应纳税额 = 400×3.2 = 1 280（元）

3. 固体废物应纳税额的计算

应税固体废物的计税依据，按照固体废物的排放量确定。固体废物的排放量为当期应税固体废物的产生量减去当期应税固体废物的贮存量、处置量、综合利用量的余额。

$$\text{固体废物应纳税额} = \left(\begin{array}{c}\text{当期固体废物的产生量}\end{array} - \begin{array}{c}\text{当期固体废物的综合利用量}\end{array} - \begin{array}{c}\text{当期固体废物的贮存量}\end{array} - \begin{array}{c}\text{当期固体废物的处置量}\end{array}\right) \times \text{适用税额}$$

【情景6-7】北京市惠达股份有限公司2021年2月产生尾矿900吨,其中综合利用的尾矿200吨(符合国家相关规定),在符合国家和地方环境保护标准的设施贮存300吨。计算该企业当月尾矿应缴纳的环境保护税。

环境保护税应纳税额=(900-200-300)×15
=6 000（元）

前款规定的固体废物的贮存量、处置量,是指在符合国家和地方环境保护标准的设施、场所贮存或者处置的固体废物数量；固体废物的综合利用量,是指按照国家发展和改革委、工业和信息化主管部门关于资源综合利用要求以及国家和地方环境保护标准进行综合利用的固体废物数量。

纳税人存在下列情形之一的,以当期应税固体废物的产生量作为固体废物的排放量：

（1）非法倾倒应税固体废物；

（2）进行虚假纳税申报。

4. 噪声应纳税额的计算

应税噪声的应纳税额为与超过国家规定标准的分贝数对应的具体适用税额。

【情景6-8】北京市惠达股份有限公司有一个生产场所只在昼间生产,边界处声环境功能区类型为1类,生产时产生噪声为62分贝,《工业企业厂界环境噪声排放标准》规定1类功能区昼间的噪声排放限值为55分贝,当月超标天数为18天。请计算该企业当月噪声污染应缴纳的环境保护税。

超标分贝数：62-55=7（分贝）

根据"环境保护税税目税额表",可得出该企业当月噪声污染应缴纳环境保护税1 400元。

6.3.4 环境保护税的税收优惠

1. 暂免征收环境保护税

下列情形,暂免征收环境保护税：

（1）农业生产（不包括规模化养殖）排放应税污染物的；

（2）机动车、铁路机车、非道路移动机械、船舶和航空器等流动污染源排放应税污染物的；

（3）依法设立的城乡污水集中处理、生活垃圾集中处理场所排放应税污染物,不超过国家和地方规定排放标准的；

（4）纳税人综合利用的固体废物,符合国家和地方环境保护标准的；

（5）国务院批准免税的其他情形。

第（5）项免税规定,由国务院报全国人大常委会备案。

2. 减征环境保护税

下列情形减征环境保护税：

（1）纳税人排放应税大气污染物或者水污染物的浓度值,低于国家和地方规定的污染物排放标准30%的,减按75%征收环境保护税；低于国家和地方规定的污染物排放标准50%的,减按50%征收环境保护税。

（2）一个月内声源超标不足15天的,减半计算应纳税额。

6.3.5 环境保护税的征收管理

1. 环境保护税的纳税期限

《环境保护税法》第十八条规定,环境保护税按月计算,按季申报缴纳。不能按固定期限计算缴纳的,可以按次申报缴纳。《环境保护税法》第十九条规定，纳税人按季申报缴纳的，应当自季度终了之日起15日内，向税务机关办理纳税申报并缴纳税款。纳税人按次申报缴纳的，应当自纳税义务发生之日起15日内，向税务机关办理纳税申报并缴纳税款。

税务机关应当依据环境保护主管部门交送的排污单位信息进行纳税人识别。

在环境保护主管部门交送的排污单位信息中没有对应信息的纳税人，由税务机关在纳税人首次办理环境保护税纳税申报时进行纳税人识别，并将相关信息交送环境保护主管部门。

环境保护主管部门发现纳税人申报的应税污染物排放信息或者适用的排污系数、物料衡算方法有误的，应当通知税务机关处理。

纳税人申报的污染物排放数据与环境保护主管部门交送的相关数据不一致的，按照环境保护主管部门交送的数据确定应税污染物的计税依据。

《环境保护税法》第二十条第二款所称纳税人的纳税申报数据资料异常，包括但不限于下列情形：

（1）纳税人当期申报的应税污染物排放量与上一年同期相比明显偏低，且无正当理由的；

（2）纳税人单位产品污染物排放量与同类型纳税人相比明显偏低，且无正当理由的。

税务机关、环境保护主管部门应当无偿为纳税人提供与缴纳环境保护税有关的辅导、培训和咨询服务。

税务机关依法实施环境保护税的税务检查，环境保护主管部门予以配合。

纳税人应当按照税收征收管理的有关规定，妥善保管应税污染物监测和管理的有关资料。

2. 环境保护税的纳税地点

纳税人应当向应税污染物排放地税务机关申报缴纳环境保护税。应税污染物排放地，是指应税大气污染物、水污染物排放口所在地；应税固体废物产生地；应税噪声产生地。

纳税人跨区域排放应税污染物，税务机关对税收征收管辖有争议的，由争议各方按照有利于征收管理的原则协商解决。

纳税人从事海洋工程向中华人民共和国管辖海域排放应税大气污染物、水污染物或者固体废物的，申报缴纳环境保护税的具体办法，由国务院税务主管部门会同国务院海洋主管部门规定。

项目小结

本项目介绍了资源税概述、资源税的税目和税率、资源税的计算、资源税的税收优惠、资源税的申报与缴纳、城镇土地使用税概述、城镇土地使用税的征税范围和税率、城镇土地使用税的计税依据、城镇土地使用税的计算、城镇土地使用税的税收优惠、城镇土地使用税的征收管理、环境保护税概述、环境保护税的税目和税率、环境保护税应纳税额的计算、环境保护税的税收优惠和环境保护税的征收管理。

思考与练习

一、单项选择题

1. 下列关于资源税的说法中，正确的是（　　）。

A. 将自采的原煤加工为洗选煤销售，在加工环节缴纳资源税

B. 将自采的铁矿原矿加工为精矿自用，视同销售原矿缴纳资源税

C. 将自采的原油连续生产汽油，不缴纳资源税

D. 将自采的铜矿原矿加工为精矿进行投资，视同销售精矿缴纳资源税

2. 下列各项中，不属于资源税纳税人的是（　　）。

A. 进口铁矿石的贸易公司

B. 开采原煤的私营煤矿

C. 开采陆上石油的中外合作油气田

D. 试点地区取用地表水的滑雪场

3. 某铜矿开采企业 2020 年 10 月开采并销售铜矿原矿，开具增值税专用发票，注明不含增值税价款 800 万元；销售铜矿选矿取得含增值税销售额 1 130 万元。当地省人民政府规定，铜矿原矿资源税税率为 4%，铜矿选矿资源税税率为 8%。该企业 2020 年 10 月应缴纳的资源税税额为（　　）万元。

A. 32　　B. 112　　C. 122.4　　D. 840

4. 下列关于环境保护税征收管理的表述，不正确的是（　　）。

A. 环境保护税纳税义务发生时间为纳税人排放应税污染物的当日

B. 纳税人不能按固定期限计算缴纳环境保护税的，可以按次申报缴纳

C. 纳税人按次申报缴纳的，应当自纳税义务发生之日起 10 日内，向税务机关办理纳税申报并缴纳税款

D. 纳税人按季申报缴纳的，应当自季度终了之日起 15 日内，向税务机关办理纳税申报并缴纳税款

5. 下列关于环境保护税税收优惠的表述，不正确的是（　　）。

A. 农业生产（不包括规模化养殖）排放应税污染物的，暂予免征环境保护税

B. 依法设立的生活垃圾集中处理场所排放相应应税污染物，不超过国家和地方规定的排放标准的，暂予免征环境保护税

C. 机动车、铁路机车等流动污染源排放应税污染物的，暂予免征环境保护税

D. 纳税人排放应税大气污染物或者水污染物的浓度值低于国家和地方规定的污染物排放标准 30% 的，减按 50% 征收环境保护税

二、多项选择题

1. 下列关于环境保护税税目与税率的表述，正确的有（　　）。

A. 环境保护税税目包括大气污染物、水污染物、固体废物和噪声

B. 应税噪声污染目前只包括工业噪声

C. 应税污染物的适用税率有两种：一是全国统一定额税，二是浮动定额税

D. 昼、夜均超标的环境噪声，昼、夜分别计算应纳税额，累计计征

2. 下列关于城镇土地使用税纳税义务发生时间相关表述不正确的有（　　）。

A. 纳税人出租房产，自交付出租房产之次月起计征城镇土地使用税

B. 以出让方式有偿取得土地使用权的，自取得土地使用权的当月起计征城镇土地使用税

C. 纳税人新征用的非耕地，自批准征用当月

起缴纳城镇土地使用税

D. 纳税人新征用的耕地，自批准征用之日起满1年时缴纳城镇土地使用税

3. 下列各项中，符合城镇土地使用税有关纳税义务发生时间规定的有（　）。

A. 纳税人新征用的耕地，自批准征用之月起缴纳城镇土地使用税

B. 纳税人出租房产，自交付出租房产之次月起缴纳城镇土地使用税

C. 纳税人新征用的非耕地，自批准征用之月起缴纳城镇土地使用税

D. 纳税人购置新建商品房，自房屋交付使用之次月起缴纳城镇土地使用税

4. 下列各项中，属于资源税计税依据的有（　）。

A. 纳税人开采销售原油时的原油数量
B. 纳税人销售铝矿石时向对方收取的价外费用
C. 纳税人销售开采砂石的销售数量
D. 纳税人销售天然气时向购买方收取的销售额及其储备费

5. 资源税的纳税义务人包括（　）。
A. 在中国境内开采并销售煤炭的个人
B. 在中国境内生产销售天然气的国有企业
C. 在中国境内生产自用应税资源的个人
D. 进口应税资源的国有企业

三、判断题

1. 进口的矿产品和盐，不征收资源税；出口的矿产品和盐，也不免征或退还已纳资源税。（　）

2. 资源税在生产、批发、零售等环节对应税的资源产品征收。（　）

3. 土地增值税仅涉及内资企业、单位和个人。（　）

4. 纳税单位无偿使用免税单位的土地免征城镇土地使用税；免税单位无偿使用纳税单位的土地照章征收城镇土地使用税。（　）

5. 城镇土地使用税的税率适用有幅度的差别税额（定额税率），每个幅度税额的差距为30倍。（　）

四、简答题

1. 什么是资源税？资源税的税目有哪些？
2. 简述城镇土地使用税概念、纳税人、征收范围。
3. 环境保护税的税目有哪些？

项目 7　财产税纳税实务

知识目标

◎ 理解房产税、车船税的纳税义务人、征税范围；

◎ 掌握房产税、车船税的纳税税目与税率。

技能目标

◎ 掌握房产税、车船税应纳税额的计算；

◎ 掌握房产税、车船税的申报与缴纳。

案例导入

某大型企业，其生产用房原值 8 000 万元，还拥有 1 个内部职工医院、1 个幼儿园、1 个超市和 1 个学校，房产的原值分别为 280 万元、100 万元、100 万元和 120 万元。已知当地政府规定的扣除比例为 20%。

案例思考

该企业如何缴纳房产税？

本章导语

财产税是调节收入分配的政府"有形之手"，是二次分配的重要工具，同时也是促进社会财富再生产的重要手段，在世界各国的税收体系中都占有重要地位。由此可见，世界各国财产税在地方税中都占有举足轻重的地位，是地方财力的重要来源。

任务 7.1 房产税纳税实务

7.1.1 房产税概述

1. 房产税的概念

房产税，又称房屋税，是国家以房产作为课税对象向产权所有人征收的一种财产税。对房产征税的目的是运用税收杠杆，加强对房产的管理，提高房产使用效率，控制固定资产投资规模和配合国家房产政策的调整，合理调节房产所有人和经营人的收入。现行的房产税是第二步利改税以后开征的，1986年9月15日，国务院正式发布了《中华人民共和国房产税暂行条例》（以下简称《房产税暂行条例》），自1986年10月1日起实施。

2. 房产税的特点

（1）房产税属于财产税中的个别财产税，征税对象只是房屋；

（2）征收范围限于城镇的经营性房屋；

（3）区别房屋的经营使用方式规定征税办法，对于自用的房屋按房产计税余值征收，对于出租、出典的房屋按租金收入征税。

> **注意**
>
> 房屋出典不同于出租，出典人收取的典价也不同于租金。因此，不应将其确定为出租行为从租计征，而应按房产余值计算缴纳。为此，《财政部、国家税务总局关于房产税城镇土地使用税有关问题的通知》（财税〔2009〕128号）明确规定，产权出典的房产，由承典人依照房产余值缴纳房产税，税率为1.2%。

3. 房产税的纳税义务人

《房产税暂行条例》规定，房产税由产权所有人缴纳。产权属于全民所有的，由经营管理的单位缴纳；产权出典的，由承典人缴纳；产权所有人、承典人不在房产所在地的，或者产权未确定及租典纠纷未解决的，由房产代管人或者使用人缴纳。

前款列举的产权所有人、经营管理单位、承典人、房产代管人或者使用人，统称为纳税义务人（以下简称纳税人）。

（1）产权归国家所有的，由经营管理单位纳税；产权归集体和个人所有的，由集体单位和个人纳税。

（2）产权出典的，由承典人纳税。

（3）产权所有人、承典人不在房屋所在地的，由房产代管人或者使用人纳税。

（4）产权未确定及租典纠纷未解决的，由房产代管人或者使用人纳税。

（5）无租使用其他房产的问题。纳税单位和个人无租使用房产管理部门、免税单位及纳税单位的房产，由使用人代为缴纳房产税。

（6）产权归集体所有的，由实际使用人纳税，外商投资企业和外国企业、外籍个人、海外华侨、港澳台同胞拥有的房产，不征收房产税。

4. 房产税的征税范围

房产税以房产为征税对象。所谓房产，是指有屋面和围护结构（有墙或两边有柱），能够遮风避雨，可供人们生产、学习、工作、娱乐、居住或储藏物资的场所。房地产开发企业建造的商品房在出售前，不征收房产税；但对出售前房地产开发企业已使用或出租、出借的商品房，按规定征收房产税。

房产税的征税范围为，城市、县城、建制镇和工矿区。具体规定如下：

（1）城市是指国务院批准设立的市。

（2）县城是指县人民政府所在地的地区。

（3）建制镇是指经省、自治区、直辖市人民政府批准设立的建制镇。

（4）工矿区是指工商业比较发达、人口比较集中、符合国务院规定的建制镇标准但尚未设立建制镇的大中型工矿企业所在地。开征房产税的工矿区须经省、自治区、直辖市人民政府批准。

房产税的征税范围不包括农村，主要是为了减轻农民负担。因为农村的房屋，除农副业生产用房外，大部分是农民居住用房。对农村房屋不纳入房产税征税范围，有利于农业发展，繁荣农村经济，有利于社会稳定。

7.1.2 房产税的计税依据与税率

1. 房产税的计税依据

房产税的计税依据是房产的计税价值或房产的租金收入。按照房产计税价值征税的，称为从价计征；按照房产租金收入计征的，称为从租计征。

（1）从价计征。

《房产税暂行条例》规定，房产税依照房产原值一次减除 10%～30% 后的余值计算缴纳。各地扣除比例由当地省、自治区、直辖市人民政府确定。

①房产原值是指纳税人按照会计制度规定，在账簿"固定资产"科目中记载的房屋原价。因此，凡按会计制度规定在账簿中记载有房屋原价的，应以房屋原价按规定减除一定比例后作为房产余值计征房产税；没有记载房屋原价的，按照上述原则，参照同类房屋确定房产原值，按规定计征房产税。

房产原值应包括与房屋不可分割的各种附属设备或一般不单独计算价值的配套设施。主要有：暖气、卫生、通风、照明、煤气等设备；各种管线，如蒸汽、压缩空气、石油、给水排水等管道及电力、电信、电缆导线；电梯、升降机、过道、晒台等。属于房屋附属设备的水管、下水道、暖气管、煤气管等应从最近的探视井或三通管起，计算原值；电灯网、照明线从进线盒连接管起，计算原值。

②纳税人对原有房屋进行改建、扩建的，要相应增加房屋的原值。房产余值是房产的原值减除规定比例后的剩余价值。此外，还应注意以下两个问题：

首先，对投资联营的房产，在计征房产税时应予以区别对待。对于以房产投资联营，投资者参与投资利润分红，共担风险的，按房产余值作为计税依据计征房产税；对于以房产投资，收取固定收入，不承担联营风险的，实际是以联营名义取得房产租金，应根据《房产税暂行条例》的有关规定由出租方按租金收入计缴房产税。

其次，对融资租赁房屋的情况，由于租赁费包括购进房屋的价款、手续费、借款利息等，与一般房屋出租的"租金"内涵不同，且租赁期满后，当承租方偿还最后一笔租赁费时，房屋产权要转移到承租方。这实际是一种变相的分期付款购买固定资产形式，所以在计征房产税时应按房产余值计征。

③居民住宅区内业主共有的经营性房产缴纳房产税。自 2007 年 1 月 1 日起，对居民住宅区内业主共有的经营性房产，由实际经营（包括自营和出租）的代管人或使用人缴纳房产税。其中，自营的，依照房产原值减除 10%～30% 后的余值计征，没有房产原值或不能将业主共有房产与其他房产原值准确划分的，由房产所在地地方税务机关参照同类房产核定房产原值；出租的，依照租金收入计征。

④凡在房产税征收范围内具备房屋功能的地下建筑，包括与地上房屋相连的地下建筑以及完全建在地面以下的建筑、地下人防设施等，均应当依照有关规定征收房产税。上述具备房屋功能的地下建筑是指有屋面和维护结构，能够遮风避雨，可供人们生产、经营、工作、学习、娱乐、居住或储藏物资的场所。自用的地下建筑，按以下方式计税：

I. 工业用途房产，按房产原值一次减除

10%～30%后的余值计算。

应纳房产税的税额=应税房产原值×[1-（10%～30%）]×1.2%

Ⅱ.商业和其他用途房产，依照房产原值一次减除10%～30%后的余值计算。

应纳房产税的税额=应税房产原值×[1-（10%～30%）]×1.2%

（2）从租计征。

《房产税暂行条例》规定，房产出租的，以房产租金收入为房产税的计税依据。

所谓房产的租金收入，是房屋产权所有人出租房产使用权所得的报酬，包括货币收入和实物收入。

如果是以劳务或者其他形式为报酬抵付房租收入的，应根据当地同类房产的租金水平确定一个标准租金额，从租计征。

纳税人对个人出租房屋的租金收入申报不实或申报数与同一地段同类房屋的租金收入相比明显不合理的，税务部门可以按照《中华人民共和国税收征收管理法》的有关规定，采取科学合理的方法核定应纳税款。具体办法由各省、自治区、直辖市地方税务机关结合当地实际情况制定。

2. 房产税的税率

我国现行房产税采用的是比例税率。由于房产税的计税依据分为从价计征和从租计征两种形式，所以房产税的税率也有两种：一种是按房产原值一次减除10%～30%后的余值计征，税率为1.2%；另一种是按房产出租的租金收入计征，税率为12%。自2008年3月1日起，对个人出租住房不区分用途，均按4%的税率征收房产税。对企事业单位、社会团体以及其他组织按市场价格向个人出租用于居住的住房，减按4%的税率征收房产税。

7.1.3 房产税应纳税额的计算

房产税的计税依据有两种，与之相适应的应纳税额计算也分为两种：一是从价计征的计算；二是从租计征的计算。

1. 从价计征的计算

从价计征是按房产的原值减除一定比例后的余值计征，计算公式为：

应纳税额 = 应税房产原值 × (1 - 扣除比例) × 1.2%

如前所述，房产原值是"固定资产"科目中记载的房屋原价；扣除一定比例是省、自治区、直辖市人民政府规定的10%～30%的减除比例；适用税率为1.2%。

【情景7-1】北京市惠达股份有限公司的经营用房产原值为4 000万元，按照当地规定允许减除30%后的余值计税，适用税率为1.2%。请计算其应纳房产税额。

应纳税额=4 000×（1-30%）×1.2%=33.6（万元）

2. 从租计征的计算

从租计征是按房产的租金收入计征，计算公式为：

应纳税额 = 租金收入 × 12%

按个人出租住房的租金收入计征，计算公式为：

应纳税额 = 房产租金收入 × 4%

【情景7-2】北京市惠达股份有限公司出租房屋5间，年租金收入为50 000元，适用税率为12%。请计算应纳房产税额。

应纳税额=50 000×12%=6 000（元）

7.1.4 房产税的税收优惠

《房产税暂行条例》规定，下列房产免征房产税：

（1）国家机关、人民团体、军队自用的房产。但上述免税单位的出租房产不属于免税范围。

（2）由国家财政部门拨付事业经费的单位自用的房产。但如学校的工厂、商店、招待所等应照章纳税。

（3）宗教寺庙、公园、名胜古迹自用的房产。但经营用的房产不属于免税范围。

（4）个人所有的非营业用房产。但个人拥有的营业用房或出租的房产，应照章纳税。

（5）经财政部批准免税的其他房产。

①老年服务机构自用的房产免税。

②损坏不堪使用的房屋和危险房屋，经有关部门鉴定，在停止使用后，免征房产税。

③纳税人因房屋大修导致连续停用半年以上的，在房屋大修期间免征房产税，免征税额由纳税人在申报缴纳房产税时自行计算扣除，并在申报表附表或备注栏中做相应说明。

④在建筑工地为基建工地服务的各种工棚、材料棚、休息棚和办公室、食堂、茶炉房、汽车房等临时性房屋，在施工期间一律免征房产税。但工程结束后，施工企业将这种临时性房屋交还或估价转让给基建单位的，应从基建单位接收的次月起，照章纳税。

⑤地下人防设施暂不征收房产税。

⑥自1988年1月1日起，对房管部门经租的居民住房，在房租调整改革之前收取租金偏低的，暂缓征收房产税。对房管部门经租的其他非营业用房，是否给予照顾，由各省、自治区、直辖市根据当地具体情况，按税收管理体制的规定办理。

⑦对高校后勤实体免征房产税。

⑧对非营利性医疗机构、疾病控制机构和妇幼保健机构等卫生机构自用的房产，免征房产税。

⑨自2001年1月1日起，对按照政府规定价格出租的公有住房和廉租住房，包括企业和自收自支的事业单位向职工出租的单位自有住房，房管部门向居民出租的私有住房等，暂免征收房产税。

⑩对邮政部门坐落在城市、县城、建制镇、工矿区范围内的房产，应当依法征收房产税；对坐落在城市、县城、建制镇、工矿区范围以外的尚在县邮政局内核算的房产，在单位财务账中划分清楚的，自2001年1月1日起不再征收房产税。

⑪对向居民供热并向居民收取采暖费的供热企业生产用房，暂免征收房产税。这里的"供热企业"不包括虽从事热力生产但不直接向居民供热的企业。

⑫自2006年1月1日起至2008年12月31日止，对高校学生提供住宿服务并按高教系统收费标准收取租金的学生公寓，免征房产税。对从原高校后勤管理部门剥离出来后成立的进行独立核算并有法人资格的高校后勤经济实体自用的房产，免征房产税。

> **注意**
>
> 除上述规定外，纳税人纳税确有困难的，可由省、自治区、直辖市人民政府确定，定期减征或者免征房产税。

7.1.5 房产税的申报与缴纳

1. 房产税的申报

房产税的纳税人应按照条例的有关规定，及时办理纳税申报，如实填写"房产税纳税申报表"。

（1）纳税人将原有房产用于生产经营的，从生产经营的当月起缴纳房产税。

（2）纳税人自行新建房屋用于生产经营的，从建成的次月起缴纳房产税。

（3）纳税人委托施工企业建设的房屋，从办理验收手续的次月起缴纳房产税。

（4）纳税人购置的新建商品房，自房屋交付使用的次月起缴纳房产税。

（5）纳税人购置的存量房，自办理房屋权属转移、变更登记手续，房地产权属登记机关签发房屋权属证书的次月起缴纳房产税。

（6）纳税人出租、出借的房产，自交付出租、出借房产的次月起缴纳房产税。

（7）房地产开发企业自用、出租、出借本企业建造的商品房，自房屋使用或交付的次月缴纳房产税。

（8）自2009年1月1日起，纳税人因房产的实物或权利状态发生变化而依法终止房产税纳税义务的，应纳税款的计算应截止到房产的实物或权利状态发生变化的当月末。

2. 房产税的缴纳

《房产税暂行条例》规定，房产税按年征收，分期缴纳。纳税期限由省、自治区、直辖市人民政府规定。

房产税在房产所在地缴纳。房产不在同一地方的纳税人，应按房产的坐落地点分别向房产所在地的税务机关纳税。

任务 7.2 车船税纳税实务

7.2.1 车船税概述

1. 车船税的概念

车船税是指对在中国境内应依法到公安、交通、农业、渔业、军事等管理部门办理登记的车辆、船舶，根据种类，按照规定的计税依据和年税额标准计算征收的一种财产税。

自2007年7月1日起，有车族需要在投保交强险时缴纳车船税。车船税是以车船为特征对象，向车辆、船舶（以下简称车船）的所有人或者管理人征收的一种税。

上述所称车船是指依法应当在车船管理部门登记的车船。2011年2月25日，第十一届全国人民代表大会常务委员会第十九次会议通过，2019年4月23日第十三届全国人民代表大会常务委员会第十次会议修订《中华人民共和国车船税法》（以下简称《车船税法》）。2011年12月5日国务院发布，2019年3月2日修订《中华人民共和国车船税法实施条例》（以下简称《车船税法实施条例》）。

2. 车船税的纳税义务人

车船税纳税人是指在中华人民共和国境内属于税法规定的车辆、船舶的"所有人或者管理人"。

从事机动车第三者责任强制保险业务的"保险机构"为机动车车船税的扣缴义务人。

> **注意**
>
> 《车船税法》规定，从事机动车第三者责任强制保险业务的保险机构为机动车车船税的扣缴义务人，应当在收取保险费时依法代收车船税，并出具代收税款凭证。

车辆所有人或者管理人不缴纳车船税的，使用人代为缴纳车船税。一般情况下，拥有并使用车船的单位和个人是统一的，纳税人既是车船的拥有人，又是车船的使用人。

有租赁关系，拥有人与使用人不一致时，如果车辆拥有人未缴纳车船税，使用人应当代为缴纳车船税。外商投资企业、外国企业、华侨和香港、澳门、台湾同胞投资兴办的企业，外籍人员和香港、澳门、台湾同胞等适用《中华人民共和国车船税暂行条例》，属于车船税纳税人。

3. 征税范围

车船税的征税范围是指在中华人民共和国境内

属于车船税法实施条例所附"车船税税目税额表"规定的车辆、船舶。车辆、船舶是指:

(1) 依法应当在车船管理部门登记的机动车辆和船舶。

(2) 依法不需要在车船管理部门登记、在单位内部场所行驶或者作业的机动车辆和船舶。

车船管理部门,是指公安、交通运输、农业、渔业、军队、武装警察部队等依法具有车船登记管理职能的部门;单位,是指依照中国法律、行政法规规定,在中国境内成立的行政机关、企业、事业单位、社会团体以及其他组织。

(3) 境内单位和个人租入外国籍船舶的,不征收车船税。境内单位和个人将船舶出租到境外的,依法征收车船税。

7.2.2 车船税的税目与税率

车船税实行定额税率。定额税率,也称固定税额,是税率的一种特殊形式。定额税率计算简便,适用从量计征的税种。车船税的适用税额,依照《车船税法实施条例》所附的"车船税税目税额表"执行。

国务院财政部门、税务主管部门可以根据实际情况,在"车船税税目税额表"规定的税目范围和税额幅度内划分子税目,并明确车辆的子税目税额幅度和船舶的具体适用税额。车辆的具体适用税额由省、自治区、直辖市人民政府在规定的子税目税额幅度内确定,车船税税目税额表如表7-1所示。

表7-1 车船税税目税额表

单位:元

税　目	目　录	计税单位	年基准税额	备　注
乘用车按发动机气缸容量(排气量分档)	1.0升(含)以下的	每辆	60～360	核定载客人数9人(含)以下
	1.0升以上至1.6升(含)		300～540	
	1.6升以上至2.0升(含)		360～660	
	2.0升以上至2.5升(含)		660～1 200	
	2.5升以上至3.0升(含)		1 200～2 400	
	3.0升以上至4.0升(含)		2 400～3 600	
	4.0升以上的		3 600～5 400	
商用车	客车	每辆	480～1 440	核定载客人数9人(包括电车)
	货车	整备质量每吨	16～120	1. 包括半挂牵引车、挂车、客货两用汽车、三轮汽车和低速载货汽车 2. 挂车按照货车税额的50%计算
其他车辆	专用作业车	整备质量每吨	16～120	不包括拖拉机
	轮式专用机械车	整备质量每吨	16～120	
摩托车		每辆	36～180	
船舶	机动船舶	净吨位每吨	3～6	拖船、非机动驳船分别按机动船舶税额的50%计算;游艇的税额另行规定
	游艇	艇身长度每米	600～2 000	

(1) 机动船舶,具体适用税额为:

①净吨位不超过 200 吨的,每吨 3 元。

②净吨位超过 200 吨但不超过 2 000 吨的,每吨 4 元。

③净吨位超过 2 000 吨但不超过 10 000 吨的,每吨 5 元。

④净吨位超过 10 000 吨的,每吨 6 元。

拖船按照发动机功率每 1 千瓦折合净吨位 0.67 吨计算征收车船税。

(2) 游艇,具体适用税额为:

①艇身长度不超过 10 米的游艇,每米 600 元。

②艇身长度超过 10 米但不超过 18 米的游艇,每米 900 元。

③艇身长度超过 18 米但不超过 30 米的游艇,每米 1 300 元。

④艇身长度超过 30 米的游艇,每米 2 000 元。

⑤辅助动力帆艇,每米 600 元。

游艇艇身长度是指游艇的总长。

(3)《车船税法》及其实施条例所涉及的整备质量、净吨位、艇身长度等计税单位,有尾数的一律按照含尾数的计税单位据实计算车船税应纳税额。计算得出的应纳税额小数点后超过两位的可四舍五入保留两位小数。

(4) 乘用车以车辆登记管理部门核发的机动车登记证书或者行驶证书所载的排气量毫升数确定税额区间。

(5)《车船税法》及其实施条例所涉及的排气量、整备质量、核定载客人数、净吨位、功率(千瓦或马力)、艇身长度,以车船登记管理部门核发的车船登记证书或者行驶证相应项目所载数据为准。

依法不需要办理登记、依法应当登记而未办理登记或者不能提供车船登记证书、行驶证的,以车船出厂合格证明或者进口凭证相应项目标注的技术参数、所载数据为准;不能提供车船出厂合格证明或者进口凭证的,由主管税务机关参照国家相关标准核定,没有国家相关标准的参照同类车船核定。

7.2.3 车船税应纳税额的计算与代收代缴

1. 自缴税额的计算

《车船税法实施条例》规定,车船税的纳税人按照纳税地点所在的省、自治区、直辖市人民政府确定的具体适用税额缴纳车船税。

(1)《车船税法实施条例》规定,购置的新车船,购置当年的应纳税额自纳税义务发生的当月起按月计算。应纳税额为年应纳税额除以 12 再乘以应纳税月份数。计算公式为:

$$应纳税额 = \frac{年应纳税额}{12} \times 应纳税月份数$$

应纳税月份数 =12- 纳税义务发生时间(取月份)+1

(2)《车船税法实施条例》规定,在一个纳税年度内,已完税的车船被盗抢、报废、灭失的,纳税人可以凭有关管理机关出具的证明和完税凭证,向纳税所在地的主管税务机关申请退还自被盗抢、报废、灭失月份起至该纳税年度终了期间的税款。

(3)《车船税实施条例》规定,已办理退税的被盗抢车船失而复得的,纳税人应当自公安机关出具相关证明的当月起计算缴纳车船税。

(4) 在一个纳税年度内,纳税人在非车辆登记地由保险机构代收代缴机动车车船税,且能够提供合法有效完税证明的,纳税人不再向车辆登记地的地方税务机关缴纳车船税。

(5)《车船税法实施条例》规定,已缴纳车船税的车船在同一纳税年度内办理转让过户的,既不另纳税,也不退税。

【情景 7-3】北京市惠达股份有限公司拥有载货汽车 30 辆(货车整备质量全部为 10 吨);乘人大客车 20 辆;小客车 10 辆。计算该公司应纳车船税。

载货汽车每吨年税额 80 元,乘人大客车每辆年税额 800 元，小客车每辆年税额 700 元。

（1）载货汽车应纳税额 =30×10×80=24 000（元）。

（2）乘人汽车应纳税额 =20×800+10×700=23 000（元）。

全年应纳车船税额 =24 000+23 000=47 000（元）。

2. 保险机构代收代缴车船税和滞纳金的计算

为了做好机动车车船税代收代缴工作，中国银保监会下发了《关于修改机动车交通事故责任强制保险保单的通知》（保监产险〔2007〕501 号），在机动车交通事故责任强制保险（以下简称"交强险"）保单中增加了与车船税有关的数据项目。为了便于保险机构根据新修改的"交强险"保单，完善"交强险"业务及财务系统，现就有关涉税问题进一步明确如下：

（1）特殊情况下车船税应纳税款的计算。

①购买短期"交强险"的车辆。

对于境外机动车临时入境、机动车临时上道路行驶、机动车距规定的报废期限不足一年而购买短期"交强险"的车辆，保单中"当年应缴"项目的计算公式为：

$$当年应缴 = \frac{计税单位 \times 年单位税额 \times 应纳税月份数}{12}$$

其中，应纳税月份数为"交强险"有效期起始日期的当月至截止日期当月的月份数。

②已向税务机关缴税的车辆或税务机关已批准减免税的车辆。

对于已向税务机关缴税或税务机关已经批准免税的车辆，保单中"当年应缴"项目应为 0；对于税务机关已批准减税的机动车，保单中"当年应缴"项目应根据减税前的应纳税额扣除依据减税证明中注明的减税幅度计算的减税额确定，计算公式为：

$$减税车辆应纳税额 = 减税前应纳税额 \times (1 - 减税幅度)$$

（2）欠缴车船税的车辆补缴税款的计算。

自 2008 年 7 月 1 日起，保险机构在代收代缴车船税时，应根据纳税人提供的前次保险单，查验纳税人以前年度的完税情况。对于以前年度有欠缴车船税的，保险机构应代收代缴以前年度应纳税款。

①对于 2007 年 1 月 1 日前购置的车辆或者曾经缴纳车船税的车辆，保单中"往年补缴"项目的计算公式为：

$$往年补缴 = 计税单位 \times 年单位税额 \times (本次缴税年度 - 前次缴税年度 - 1)$$

其中，对于 2007 年 1 月 1 日前购置的车辆，纳税人从未缴纳车船税的，前次缴税年度设定为 2006 年。

②对于 2007 年 1 月 1 日以后购置的车辆，纳税人从购置时起一直未缴纳车船税的，保单中"往年补缴"项目的计算公式为：

$$往年补缴 = 购置当年欠缴的税款 + 购置年度以后欠缴税款$$

其中

$$购置当年欠缴的税款 = \frac{计税单位 \times 年单位税额 \times 应纳税月份数}{12}$$

$$购置年度以后欠缴税款 = 计税单位 \times 年单位税额 \times (本次缴税年度 - 车辆登记年度 - 1)$$

应纳税月份数为车辆登记日期的当月起至该年度终了的月份数。若车辆尚未到车船管理部门登记，则应纳税月份数为购置日期的当月起至该年度终了的月份数。

（3）滞纳金计算。

对于纳税人在应购买"交强险"截止日期以后购买"交强险"的，或以前年度没有缴纳车船税的，保险机构在代收代缴税款的同时，还应代收代缴欠缴税款的滞纳金。保单中"滞纳金"项目为各年度欠税与应加收滞纳金之和。

$$每一年度欠税应加收的滞纳金 = 欠税金额 \times 滞纳天数 \times 0.5\%$$

滞纳天数的计算，自应购买"交强险"截止日期的次日起到纳税人购买"交强险"当日止。纳税人在连续两年以上欠缴车船税的，应分别计算每一年度欠税应加收的滞纳金。

7.2.4 车船税的税收优惠

（1）《车船税法》规定，下列车船免征车船税：

①捕捞、养殖渔船，是指在渔业船舶管理部门登记为捕捞船或者养殖船的渔业船舶。

②军队、武装警察部队专用车船，是指按照规定在军队、武警车船管理部门登记，并领取军用牌照、武警牌照的车船。

③警用车船，是指公安机关、国家安全机关、监狱、劳动教养管理机关和人民法院、人民检察院领取警用牌照的车辆和执行警务的专用船舶。

④悬挂应急救援专用号牌的国家综合性消防救援车辆和国家综合性消防救援专用船舶。

（2）《车船税法》规定，对节约能源、使用新能源的车船可以减征或者免征车船税；对受严重自然灾害影响、纳税困难以及有其他特殊原因确需减税、免税的，可以减征或者免征车船税。具体办法由国务院规定，并报全国人大常委会备案。

（3）《车船税法》规定，省、自治区、直辖市人民政府根据当地实际情况，可以对公共交通车船，农村居民拥有并主要在农村地区使用的摩托车、三轮汽车和低速载货汽车定期减征或者免征车船税。

（4）《车船税法实施条例》规定，临时入境的外国车船和香港特别行政区、澳门特别行政区、台湾地区的车船，不征收车船税。

（5）《车船税法实施条例》规定，按照规定缴纳船舶吨税的机动船舶，自《车船税法》实施之日起5年内免征车船税。

（6）《车船税法实施条例》规定，依法不需要在车船登记管理部门登记的机场、港口、铁路站场内部行驶或者作业的车船，自《车船税法》实施之日起5年内免征车船税。

7.2.5 车船税的申报与缴纳

1. 车船税申报

《车船税法实施条例》规定，车船税按年申报，分月计算，一次性缴纳。纳税年度为公历1月1日至12月31日。具体申报纳税期限由省、自治区、直辖市人民政府规定。

（1）税务机关可以在车船管理部门、车船检验机构的办公场所集中办理车船税征收事宜。

（2）公安机关交通管理部门在办理车辆相关登记和定期检验手续时，对未提交自上次检验后各年度依法纳税或者免税证明的，不予登记、不予发放检验合格标志。

（3）海事部门、船舶检验机构在办理船舶登记和定期检验手续时，对未提交依法纳税或者免税证明，且拒绝扣缴义务人代收代缴车船税的纳税人，不予登记、不予发放检验合格标志。

（4）对于依法不需要购买机动车交通事故责任强制保险的车辆，纳税人应当向主管税务机关申报缴纳车船税。

（5）纳税人在首次购买机动车交通事故责任强制保险时，缴纳车船税或者自行申报缴纳车船税的，应当提供购车发票及反映排气量、整备质量、核定载客人数等与纳税相关的信息及其相应凭证。

（6）负责船舶登记、检验的船舶管理部门或者船舶检验机构为船舶车船税的扣缴义务人，应当在登记、检验时依法代收车船税，并出具代收税款凭证。

2. 车船税缴纳

（1）车船税纳税义务的发生时间为取得车船所有权或者管理权的当月。以购买车船的发票或其他证明文件所载日期的当月为准。

（2）车船税的纳税地点为车船的登记地或者车船税扣缴义务人所在地。依法不需要办理登记的车船，车船税的纳税地点为车船的所有人或者管理人所在地。扣缴义务人代收代缴车船税的，纳税地点为扣缴义务人所在地。

（3）纳税人自行申报缴纳车船税的，纳税地点为车船登记地的主管税务机关所在地。依法不需要办理登记的车船，纳税地点为车船所有人或者管理人主管税务机关所在地。

项目小结

本项目介绍了房产税概述、房产税的计税依据与税率、房产税应纳税额的计算、房产税的税收优惠、房产税的申报与缴纳、车船税概述、车船税的税目与税率、车船税应纳税额的计算与代收代缴、车船税的税收优惠和车船税的申报与缴纳。

思考与练习

一、单项选择题

1. 根据税收法律制度的规定，下列关于房产税的说法正确的是（　　）。

A. 产权属于国家所有的免征房产税

B. 张某将个人拥有产权的房屋出典给李某，则张某为该房屋房产税的纳税人

C. 纳税单位和个人租赁房产管理部门、免税单位及纳税单位的房产，由承租人缴纳房产税

D. 房地产开发企业建造的商品房，在出售前已使用的，应按规定征收房产税

2. 根据房产税法的规定，下列各项中，不予免征房产税的是（　　）。

A. 名胜古迹中附设的经营性茶社

B. 公园自用的办公用房

C. 个人所有的唯一普通居住用房

D. 国家机关的职工食堂

3. 下列各项中，不符合房产税纳税义务发生时间规定的是（　　）。

A. 将原有房产用于生产经营，从生产经营的次月起缴纳房产税

B. 委托施工企业建设的房屋，从办理验收手续的次月起缴纳房产税

C. 购置存量房，自权属登记机关签发房屋权属证书的次月起缴纳房产税

D. 购置新建商品房，自房屋交付使用的次月起缴纳房产税

4. 下列关于车船税的说法，正确的是（　　）。

A. 拖船按船舶税额的70%计算车船税

B. 挂车按照货车税额的50%计算车船税

C. 非机动船舶按照机动船舶税额60%计算车船税

D. 车辆整备质量尾数在0.5吨以下的不计算车船税

5. 根据车船税法的规定，下列各项中，属于车船税的扣缴义务人的是（　　）。

A. 机动车制造厂

B. 车辆船舶的所有人

C. 车辆船舶的管理人

D. 从事机动车交通事故责任强制保险业务的保险机构

二、多项选择题

1. 下列有关房产税规定的表述中，正确的有（　　）。

A. 事业单位自实行自收自支的年度起，免征房产税3年

B. 自2013年1月1日至2015年12月31日，对专门经营农产品的农产品批发市场、农贸市场使用的房产，暂免征收房产税

C. 个人拥有的超奢华别墅，计征房产税

D. 对按照房产原值计税的房产，无论会计上如何核算，房产原值都不应包含地价

2. 甲企业2021年1月以融资租赁方式出租给乙企业一栋房屋，原值为400万元，租期5年，年租金100万元，税务机关确定纳税人为承租方（该省规定允许按原值减除30%的余值计税）。下列处理正确的有（　　）。

A. 甲企业应纳房产税为0

B. 甲企业应纳房产税为48万元

C. 乙企业应纳房产税为0

D. 乙企业应纳房产税为3.36万元

3. 下列各项中，符合房产税纳税义务人规定的有（　　）。

A. 人保投资控股有限公司，房产税由产权所有人缴纳

B. 房屋产权出典的，由出典人缴纳

C. 产权纠纷未解决的，由代管人或使用人缴纳

D. 纳税单位和个人无租使用房产管理部门、免税单位及纳税单位的房产，应由使用人代为缴纳房产税

4. 下列在用车船中，一定可以免征车船税的有（　　）。

A. 公安机关办案专用的车辆

B. 军队用于出租的富余小汽车

C. 公共交通车辆

D. 在渔业船舶管理部门登记的净吨位1.5吨的捕捞渔船

5. 下列关于车船税征收管理的说法，正确的有（　　）。

A. 依法不需要办理登记的车船，车船税的纳税地点为车船所有人或管理人的所在地

B. 对于依法不需要购买机动车交强险的车辆，纳税人应当向主管税务机关申报纳税

C. 购买的船舶，纳税义务发生时间为购买发票或其他证明文件所载日期的当月

D. 车船税按年申报，分月缴纳，纳税年度为公历1月1日到12月31日

三、判断题

1. 农用运输车不属于车辆购置税的征税范围。（　　）

2. 乘用车和商用车，按整备质量每吨为计税依据。（　　）

3. 节约能源、使用新能源的车船可以免征或者减半征收车船税。（　　）

4. 以房屋为载体、不可随意移动的附属设备和配套设施，如果单独记账，价值没有计入房产原值，可以不计算缴纳房产税。（　　）

5. 房地产开发企业建造的商品房在出售前已经使用或者出租、出借的，不缴纳房产税。（　　）

四、简答题

1. 简述车船税的税收优惠政策。

2. 车船税的纳税地点是哪里？

3. 简述房产税的纳税人、征税范围和计税依据。

项目 8 行为税纳税实务

知识目标

◎理解印花税、契税的计税依据、税目与税率；

◎掌握印花税、契税的优惠政策。

技能目标

◎掌握印花税、契税应纳税额的计算；

◎掌握印花税、契税纳税的申报与缴纳。

案例导入

2021年5月，邓小姐购买樱花园的房子交首付款时开发商让她把契税、印花税、买卖手续费、房屋登记费等一并缴清，并把这些钱与首付款一起开在同一收据里。

后来邓小姐听说契税并非在购房时就必须缴纳，就要求开发商退还其预付的契税。开发商则认为，这实际上是为客户着想，契税预先收齐，办理房产证时方便，表示不愿退，双方闹得很不愉快。邓小姐遂向律师咨询。

案例思考

让我们从法律角度看一下，契税究竟应该在什么时候缴、向什么部门缴？

本章导语

行为税指的是国家为了对某些特定行为进行限制或开辟某些财源而课征的一类税收。按照国家实行的标准来看，行为税一般作为地方政府筹集地方财政资金的一种手段，行为课税的最大特点是征纳行为的发生具有偶然性或一次性。

任务 8.1　印花税纳税实务

8.1.1　印花税概述

1. 印花税的概念

印花税是对经济活动和经济交往中书立、领受具有法律效力凭证的行为所征收的一种税。因采用在应税凭证上粘贴印花税票作为完税的标志而得名。

印花税法是指国家制定的用以调整印花税征收与缴纳之间权利及义务关系的法律规范。

1988年8月6日国务院发布并于同年10月1日实施了《中华人民共和国印花税暂行条例》。2021年6月10日《中华人民共和国印花税法》（以下简称《印花税法》）已由中华人民共和国第十三届全国人民代表大会常务委员会第二十九次会议通过并予以公布，自2022年7月1日起实施。

2. 印花税特点

（1）征税范围广。印花税的征税对象是经济活动和经济交往中书立、领受应税凭证的行为。征税范围十分广泛，主要表现在两个方面：一是涉及的应税行为广泛，包括书立和领受应税凭证的行为，这些行为在经济生活中是经常发生的；二是涉及的应税凭证范围广泛，包括各类经济合同、营业账簿、权利许可证照等，这些凭证在经济生活中被广泛使用。随着社会主义市场经济的发展和经济法制的日益完善，印花税的应税行为和应税凭证将会越来越普遍，征税范围也会更加广阔。

（2）税负从轻。印花税税负较轻，主要表现在税率或税额明显低于其他税种，最低比例税率为应税凭证所载金额的万分之零点五（一般都为万分之几或千分之几），定额税率为每件应税凭证5元。

（3）自行贴花纳税。印花税的纳税方法完全不同于其他税种，它采取纳税人自行计算应纳税额、自行购买印花税票、自行贴花、自行在每枚税票的骑缝处盖戳注销或画销的纳税方法。

（4）多缴不退不抵。《印花税法》规定，凡多贴印花税票者，不得申请退税或者抵用。这与其他税种多缴税款可以申请退税或抵缴的规定也不相同。

3. 印花税的纳税义务人

印花税的纳税义务人，是在我国境内书立、使用、领受属于征税范围内所列凭证的单位和个人，包括各类企业、事业、机关、团体、部队，以及中外合资经营企业、合作经营企业、外资企业、外国公司企业和其他经济组织及其在华机构等单位和个人。

根据书立、使用、领受凭证的不同，印花税的纳税人分别称为立合同人、立据人、立账簿人、领受人和使用人。

（1）立合同人。

立合同人指合同的当事人。所谓当事人，是指对凭证有直接权利义务关系的单位和个人，但不包括合同的担保人、证人、鉴定人。各类合同的纳税人是立合同人。各类合同，包括购销、加工承揽、建设工程承包、财产租赁、货物运输、仓储保管、借款、财产保险、技术合同或者具有合同性质的凭证。

《中华人民共和国民法典》第四百六十四条规定：合同，是民事主体之间设立、变更、终止民事法律关系的协议。

当事人的代理人有代理纳税的义务，他与纳税人负有同等的税收法律义务和责任。

（2）立据人。

产权转移书据的纳税人是立据人。所谓立据人是指土地、房屋权属转移过程中买卖双方的当事人。

(3) 立账簿人。

营业账簿的纳税人是立账簿人。所谓立账簿人，是指设立并使用营业账簿的单位和个人。例如，企业单位因生产、经营需要，设立了营业账簿，该企业即为纳税人。

(4) 领受人。

权利、许可证照的纳税人是领受人。所谓领受人，是指领取或接受并持有该项凭证的单位和个人。例如，某人因其发明创造，经申请依法取得国家专利机关颁发的专利证书，该人即为纳税人。

(5) 使用人。

在国外书立、领受，但在国内使用的应税凭证，其纳税人是使用人。

对于同一凭证，凡是由两方或者两方以上当事人共同书立的，各方均为印花税的纳税人，应当由各方就所持凭证的计税金额履行纳税义务。

【情景8-1】2021年12月某税务人员到某建筑公司查账。通过检查各类账簿，发现该公司"工程往来"账户长期与某一异地建筑队有经济往来。该公司与异地的建筑工程队是何关系，有无签订建筑工程承包合同，经与该公司会计人员座谈了解，否认有转包、分包工程建筑事项。带着这一疑点，检查人员有针对性地外查该异地建筑队。经查实。该异地的建筑队长期挂靠在该公司名下，仅2021年就从该公司接收转包、分包工程316.17万元，分包、转包合同书4份，均未申报缴纳印花税。税务人员将稽查结果通知该公司，并对该公司工程承包合同进行了详细核查，查实该公司只就其总包合同申报缴纳了印花税，对外部建筑队的分包、转包合同金额均未申报缴纳税款，有意隐瞒分包、转包合同，偷漏印花税857.21元。

8.1.2 印花税的计税依据、税目与税率

《印花税法》规定，印花税的税目、税率，依照本法所附"印花税税目税率表"执行。

1. 税目

我国经济活动中发生的经济凭证种类繁多、数量巨大，现行印花税采取正列举形式，只对法律规定中列举的凭证征收，没有列举的凭证不征税。列举的凭证分为四类，即合同类、产权转移书据类、营业账簿类和证券交易类。

(1) 合同。

合同是指平等主体的自然人、法人、其他组织之间设立、变更、终止民事权利与义务关系的协议。印花税税目在税目税率表中列举了11大类合同，即：

①买卖合同，包括供应、预购、采购、购销结合及协作、调剂、补偿、贸易等合同；还包括各出版单位与发行单位（不包括订阅单位和个人）之间订立的图书、报刊、音像征订凭证。

对于工业、商业、物资、外贸等部门经销和调拨商品、物资供应的调拨单（或其他名称的单、卡、书、表等），应当区分性质和用途，即看是作为部门内执行计划使用的，还是代替合同使用的，以确定是否贴花。凡属于明确双方供需关系，据以供货和结算，具有合同性质的凭证，都应按规定缴纳印花税。

对纳税人以电子形式签订的各类应税凭证，按规定征收印花税。

对发电厂与电网之间、电网与电网之间（国家电网公司系统、南方电网公司系统内部各级电网互供电量除外）签订的购售电合同，按购销合同征收印花税。电网与用户之间签订的供用电合同，不征印花税。

②借款合同，包括银行及其他金融组织和借款人（不包括银行同业拆借）之间签订的借款合同。

③融资租赁合同。

④租赁合同，包括租赁房屋、船舶、飞机、机动车辆、机械、器具、设备等合同；还包括企业、个人出租门店、柜台等签订的合同，但不包

括企业与主管部门签订的租赁承包合同。

⑤承揽合同，包括加工、定做、修缮、修理、印刷、广告、测绘、测试等合同。

⑥建筑工程合同，包括勘察、设计、建筑、安装工程的总包合同、分包合同和转包合同。

⑦运输合同，包括民用航空运输、铁路运输、海上运输、内河运输、公路运输和联运合同。

⑧技术合同，包括技术开发、转让、咨询、服务等合同。

技术转让合同包括专利申请转让、非专利技术转让所书立的合同，但不包括专利权转让、专利实施许可所书立的合同。后者适用于"产权转移书据"合同。

技术咨询合同是合同当事人就有关项目的分析、论证、评价、预测和调查订立的技术合同，而一般的法律、会计、审计等方面的咨询不属于技术咨询，所立合同不贴印花。

技术服务合同的征税范围包括技术服务合同、技术培训合同和技术中介合同。

⑨保管合同，包括保管合同或作为合同使用的仓单、栈单（或称入库单）。对某些使用不规范的凭证不便计税的，可就结算单据作为计税贴花的凭证。

⑩仓储合同。

⑪财产保险合同，包括财产、责任、保证、信用等保险合同。

（2）产权转移书据。

产权转移即财产权利关系的变更行为，表现为产权主体发生变更。产权转移书据是在产权买卖、交换、继承、赠与、分割等产权主体变更过程中，由产权出让人与受让人之间订立的民事法律文书。

我国印花税税目中的产权转移书据，包括土地使用权出让和转让书据；房屋等建筑物、构筑物所有权、股权（不包括上市和挂牌公司股票）、商标专用权、著作权、专利权、专有技术使用权转让书据。

（3）营业账簿。

印花税税目中的营业账簿归属于财务会计账簿，是指按照财务会计制度的要求设置的，反映生产经营活动的账册。按照营业账簿反映的内容不同，在税目中分为记载资金的账簿（以下简称"资金账簿"）和其他营业账簿两类，对记载资金的营业账簿征收印花税，对其他营业账簿不征收印花税。

①资金账簿，是反映生产经营单位"实收资本"和"资本公积"金额增减变化的账簿。

②其他营业账簿，是反映除资金资产以外的其他生产经营活动内容的账簿，即除资金账簿以外的，归属于财务会计体系的其他生产经营用账册。

（4）证券交易。

证券交易是指在依法设立的证券交易所上市交易或者在国务院批准的其他证券交易场所转让公司股票和以股票为基础发行的存托凭证。

2. 税率

印花税的税率设计，由于遵循税负从轻、共同负担的原则，所以税率比较低。凭证的当事人，即对凭证有直接权利与义务关系的单位和个人均应就所持凭证依法纳税。

印花税的比例税率分为5档，即：1‰、0.5‰、0.3‰、0.25‰和0.05‰。

（1）适用0.05‰税率的，包括"借款合同"和"融资合同"。

（2）适用0.25‰税率的，包括经济合同中的"营业账簿"。

（3）适用0.3‰税率的，包括经济合同中的"承揽合同""建筑工程合同""货物运输合同""买卖合同""技术合同"中记载资金的账簿。

（4）适用0.5‰税率的，包括土地使用权出让和转让书据；房屋等建筑物、构筑物所有权、股权（不包括上市和挂牌公司股票）、商标专用权、著作权、专利权、专有技术使用权转让书据。

（5）适用1‰税率的，包括经济合同中的"租赁合同""保管合同""仓储合同""财产保险合同"和证券交易。

印花税税目税率表如表8-1所示。

表 8-1 印花税税目税率表

税 目		税 率	备 注
合同 （指书面合同）	借款合同	借款金额的万分之零点五	指银行业金融机构、经国务院银行业监督管理机构批准设立的其他金融机构与借款人（不包括同业拆借）的借款合同
	融资租赁合同	租金的万分之零点五	
	买卖合同	价款的万分之三	指动产买卖合同（不包括个人书立的动产买卖合同）
	承揽合同	报酬的万分之三	
	建筑工程合同	价款的万分之三	
	运输合同	运输费用的万分之三	指货运合同和多式联运合同（不包括管道运输合同）
	技术合同	价款、报酬或者使用费的万分之三	不包括专利权、专有技术使用权转让书据
	租赁合同	租金的千分之一	
	保管合同	保管费的千分之一	
	仓储合同	仓储费的千分之一	
	财产保险合同	保险费的千分之一	不包括再保险合同
产权转移书据	土地使用权出让书据	价款的万分之五	转让包括买卖（出售）、继承、赠予、互换、分割
	土地使用权、房屋等建筑物和构筑物所有权转让书据（不包括土地承包经营权和土地经营权转移）	价款的万分之五	
	股权转让书据（不包括应缴纳证券交易印花税的）	价款的万分之五	
	商标专用权、著作权、专利权、专有技术使用权转让书据	价款的万分之三	
营业账簿		实收资本（股本）、资本公积合计金额的万分之二点五	
证券交易		成交金额的千分之一	

8.1.3 印花税应纳税额的计算

1. 计税依据

（1）应税合同的计税依据，为合同所列的金额，不包括列明的增值税税款；

（2）应税产权转移书据的计税依据，为产权转移书据所列的金额，不包括列明的增值税税款；

（3）应税营业账簿的计税依据，为账簿记载的实收资本（股本）、资本公积合计金额；

（4）证券交易的计税依据，为成交金额。

2. 应纳税额的计税方法

印花税以应纳税凭证所记载的金额、费用、收入额和凭证的件数为计税依据，按照适用税率或者税额标准计算应纳税额。

应纳税额的计算公式为：

应纳税额 = 应纳税凭证记载的金额（费用、收入额）× 适用税率

应纳税额 = 应纳税凭证件数 × 适用税额

【情景 8-2】北京市惠达股份有限公司 2021 年

4月开业,当年发生以下有关业务事项:与其他企业订立转移专用技术使用权书据1份,所载金额为200万元;订立产品购销合同1份,所载金额为300万元;订立借款合同1份,所载金额为400万元。试计算该企业当年应缴纳的印花税税额。

企业订立产权转移书据应纳税额:

应纳税额 =2 000 000×0.5‰=1 000(元)

企业订立购销合同应纳税额:

应纳税额 =3 000 000×0.3‰=900(元)

企业订立借款合同应纳税额:

应纳税额 =4 000 000×0.05‰=200(元)

当年企业应纳印花税税额:

应纳税额 =1 000+900+200=2 100(元)

8.1.4 印花税的税收优惠

1. 法定免征

《印花税法》规定,下列凭证免征印花税:

(1)应税凭证的副本或者抄本;

(2)依照法律规定应当予以免税的外国驻华使馆、领事馆和国际组织驻华代表机构为获得馆舍书立的应税凭证;

(3)中国人民解放军、中国人民武装警察部队书立的应税凭证;

(4)农民、家庭农场、农民专业合作社、农村集体经济组织、村民委员会购买农业生产资料或者销售农产品书立的买卖合同和农业保险合同;

(5)无息或者贴息借款合同、国际金融组织向中国提供优惠贷款书立的借款合同;

(6)财产所有权人将财产赠与政府、学校、社会福利机构、慈善组织书立的产权转移书据;

(7)非营利性医疗卫生机构采购药品或者卫生材料书立的买卖合同;

(8)个人与电子商务经营者订立的电子订单。

根据国民经济和社会发展的需要,国务院对居民住房需求保障、企业改制重组、破产、支持小型微型企业发展等情形可以规定减征或者免征印花税,报全国人大常委会备案。

2. 其他免征

(1)对个人销售或购买住房,暂免征收印花税。

(2)对个人出租、承租住房签订的租赁合同,免征印花税。

(3)自2018年5月1日起,对按件贴花5元的其他账簿,免征印花税。

(4)对与高校学生签订的高校学生公寓租赁合同,免征印花税。

(5)对金融机构与小型企业、微型企业签订的借款合同,免征印花税。

(6)新设立的资金账簿,免征印花税。

(7)铁路、公路、航运、水路承运快件行李、包裹开具的托运单据,免征印花税。

3. 减征

增值税小规模纳税人印花税减征。

8.1.5 印花税的申报与缴纳

1. 纳税申报

(1)《印花税法》规定,纳税人为单位的,应当向其机构所在地的主管税务机关申报缴纳印花税;纳税人为个人的,应当向应税凭证书立地或者纳税人居住地的主管税务机关申报缴纳印花税。

不动产产权发生转移的,纳税人应当向不动

产所在地的主管税务机关申报缴纳印花税。

（2）《印花税法》规定，纳税人为境外单位或者个人，在境内有代理人的，以境内代理人为扣缴义务人；在境内没有代理人的，由纳税人自行申报缴纳印花税，具体办法由国务院税务主管部门规定。

（3）《印花税法》规定，证券登记结算机构为证券交易印花税的扣缴义务人，应当向机构所在地的主管税务机关申报解缴税款以及银行结算的利息。

（4）《印花税法》规定，印花税的纳税义务发生时间为纳税人书立应税凭证或者完成证券交易的当日。

证券交易印花税扣缴义务发生时间为证券交易完成的当日。

2. 税款缴纳

（1）《印花税法》规定，印花税按季、按年或者按次计征。实行按季、按年计征的，纳税人应当自季度、年度终了之日起十五日内申报缴纳税款；实行按次计征的，纳税人应当自纳税义务发生之日起十五日内申报缴纳税款。

证券交易印花税按周解缴。证券交易印花税扣缴义务人应当自每周终了之日起五日内申报解缴税款以及银行结算的利息。

（2）《印花税法》规定，印花税可以采用粘贴印花税票或者由税务机关依法开具其他完税凭证的方式缴纳。

印花税票粘贴在应税凭证上的，由纳税人在每枚税票的骑缝处盖戳注销或者画销。

印花税票由国务院税务主管部门监制。

（3）《印花税法》规定，印花税由税务机关依照本法和《中华人民共和国税收征收管理法》的规定征收管理。

（4）《印花税法》规定，纳税人、扣缴义务人和税务机关及其工作人员违反本法规定的，依照《中华人民共和国税收征收管理法》和有关法律、行政法规的规定追究法律责任。

3. 纳税办法

印花税的纳税办法，根据税额大小、贴花次数以及税收征收管理的需要，分别采用以下三种纳税办法。

（1）自行贴花办法。

这种办法，一般适用于应税凭证较少或者贴花次数较少的纳税人。纳税人书立、领受或者使用印花税法列举的应税凭证的同时，纳税义务即已产生，应当根据应纳税凭证的性质和适用的税目税率，自行计算应纳税额，自行购买印花税票，自行一次贴足印花税票并加以注销或画销，纳税义务才算全部履行完毕。值得注意的是，纳税人购买了印花税票，支付了税款，国家就取得了财政收入。但就印花税来说，纳税人支付了税款并不等于已履行了纳税义务。纳税人必须自行贴花并注销或画销，这样才算完整地完成了纳税义务。这也就是通常所说的"三自"纳税办法。

对已贴花的凭证，修改后所载金额增加的，增加部分应当补贴印花税票。凡多贴印花税票者，不得申请退税或者抵用。

（2）汇贴或汇缴办法。

这种办法，一般适用于应纳税额较大或者贴花次数频繁的纳税人。

一份凭证应纳税额超过500元的，应向当地税务机关申请填写缴款书或者完税凭证，将其中一联粘贴在凭证上或者由税务机关在凭证上加注完税标记代替贴花。这就是通常所说的"汇贴"办法。

同一种类应纳税凭证，需频繁贴花的，纳税人可以根据实际情况自行决定是否采用按期汇总缴纳印花税的方式，汇总缴纳的期限为1个月。采用按期汇总缴纳方式的纳税人应事先告知主管税务机关。缴纳方式一经选定，1年内不得变更。主管税务机关接到纳税人要求按期汇总缴纳印花税的告知后，应及时登记，制定相应的管理办法，防止出现管理漏洞。对采用按期汇总缴纳方式缴纳印花税的纳税人，应加强日常监督、检查。

实行印花税按期汇总缴纳的单位，对征税凭证和免税凭证进行汇总时，凡分别汇总的，按本期征税凭证的汇总金额计算缴纳印花税；凡确属不能分别汇总的，应按本期全部凭证的实际汇总金额计算缴纳印花税。

凡汇总缴纳印花税的凭证，应加注税务机关指定的汇缴戳记、编号并装订成册后，将已贴印花或者缴款书的一联黏附册后，盖章注销，保存备查。

经税务机关核准，持有代售许可证的代售户，代售印花税票取得的税款须专户存储，并按照规定的期限，向当地税务机关结报，或者填开专用缴款书直接向银行缴纳，不得逾期不缴或者挪作他用。代售户领存的印花税票及所售印花税票的税款，如有损失，应负责赔偿。

（3）委托代征办法。

这一办法主要是通过税务机关的委托，经由发放或者办理应纳税凭证的单位代为征收印花税税款。税务机关应与代征单位签订代征委托书。所谓发放或者办理应纳税凭证的单位，是指发放权利、许可证照的单位和办理凭证的鉴证、公证及其他有关事项的单位。税务机关委托工商行政管理机关代售印花税票，按代售金额5%的比例支付代售手续费。

《印花税法》规定，发放或者办理应纳税凭证的单位，负有监督纳税人依法纳税的义务，具体是指对以下纳税事项监督：

①应纳税凭证是否已粘贴印花；
②粘贴的印花是否足额；
③粘贴的印花是否按规定注销。

对未完成以上纳税手续的，应督促纳税人当场完成。

4. 纳税环节

印花税应当在书立或领受时贴花。具体是指在合同签订时、账簿启用时和证照领受时贴花。如果合同是在国外签订，并且不便在国外贴花的，应在将合同带入境时办理贴花纳税手续。

5. 纳税地点

印花税一般实行就地纳税。对于全国性商品物资订货会（包括展销会、交易会等）上所签订合同应纳的印花税，由纳税人返回所在地后及时办理贴花完税手续；对地方主办、不涉及省际关系的订货会、展销会上所签合同的印花税，纳税地点由各省、自治区、直辖市人民政府自行确定。

任务 8.2　契税纳税实务

8.2.1　契税概述

契税法是指国家制定的用以调整契税征收和缴纳之间权利与义务关系的法律规范。现行契税法的基本规范是 2020 年 8 月 11 日第十三届全国人民代表大会常务委员会第二十一次会议通过并于 2021 年 9 月 1 日起实施的《中华人民共和国契税法》。

1. 契税的概念

契税是以在中华人民共和国境内转移土地、房屋权属为征税对象，向产权承受人征收的一种财产税。征收契税有利于增加地方财政收入，有利于保护合法产权，避免产权纠纷。

在中国境内取得土地、房屋权属的企业和个人，应当依法缴纳契税。上述取得土地、房屋权属包括下列方式：国有土地使用权出让，土地使用权转让（包括出售、赠予和交换），房屋买卖、赠予和交换。以下列方式转移土地房屋权属的，视同土地使用权转让、房屋买卖或者房屋赠予征收契税：以土地、房屋权属作价投资、入股；以土地、房屋权属抵偿债务；以获奖的方式承受土地、房屋权属；以预购方式或者预付集资建房款的方式承受土地、房屋权属。契税实行3%～5%的幅度比例税率。

2. 契税的特点

契税属于财产转移税。
契税由财产承受人缴纳。

8.2.2 契税的征税对象

1. 国有土地使用权出让

国有土地使用权出让是指，土地使用者向国家交付土地使用权出让费用，国家将国有土地使用权在一定年限内让与土地使用者的行为。

2. 土地使用权的转让

土地使用权的转让，是指土地使用者以出售、赠予、交换或者其他方式将土地使用权转移给其他单位和个人的行为。土地使用权的转让，不包括农村集体土地承包经营权的转移。

3. 房屋买卖

房屋买卖即以货币为媒介，出卖者向购买者过渡房产所有权的交易行为。以下几种特殊情况，视同买卖房屋：

（1）以房产抵债或实物交换房屋。经当地政府和有关部门批准，以房产抵债或实物交换房屋，均视同房屋买卖，应由产权承受人，按房屋现值缴纳契税。

（2）以房产作投资或作股权转让。这种交易业务属于房屋产权转移，应根据国家房地产管理的有关规定，办理房屋产权交易和产权变更登记手续，视同房屋买卖，由产权承受方按契税税率计算缴纳契税。

以自有房产作股投入本人独资经营的企业，免纳契税。因为以自有的房产投入本人独资经营的企业，产权所有人和使用权使用人未发生变化，不需办理房产变更手续，也不办理契税手续。

（3）买房拆料或翻建新房，应照章缴纳契税。例如，甲某购买乙某房产，不论其目的是取得房产的建筑材料还是翻建新房，实际构成房屋买卖。甲某应首先办理房屋产权变更手续，并按买价缴纳契税。

4. 房屋赠予

房屋赠予是指房屋产权所有人将房屋无偿转让给他人所有。其中，将自己的房屋转交给他人的法人和自然人，称作房屋赠予人；接受他人房屋的法人和自然人，称为受赠人。房屋赠予的前提必须是产权无纠纷，赠予人和受赠人双方自愿。

由于房屋是不动产，价值较大，故法律要求赠予房屋应签订书面合同（契约），并到房地产管理机关或农村基层政权机关办理登记过户手续，才能生效。如果房屋赠予行为涉及涉外关系，还需公证处证明和外事部门认证，才能有效。房屋的受赠人要按规定缴纳契税。

5. 房屋交换

房屋交换是指房屋所有者之间互相交换房屋的行为。

随着经济的发展，有些用特殊方式转移土地、房屋权属的，也将视同土地使用权转让、房屋买卖或者房屋赠予。一是以土地、房屋权属作价投资、入股；二是以土地、房屋权属抵债；三是以获奖方式承受土地、房屋权属；四是以预购方式或者预付集资建房款方式承受土地、房屋权属。

6. 承受国有土地使用权支付的土地出让金

对承受国有土地使用权所应支付的土地出让金要计征契税。不得因减免土地出让金而减免契税。

8.2.3 契税纳税义务人与税率

1. 纳税义务人

契税的纳税义务人是承受境内转移土地、房屋权属的单位和个人。境内是指中华人民共和国实际税收行政管辖范围内。土地、房屋权属是指土地使用权和房屋所有权。转移土地、房屋权属是指下列行为：

（1）土地使用权出让。

（2）土地使用权转让。包括出售、赠予、互换，不包括土地承包经营权和土地经营权的转移。

（3）房屋买卖、赠予、互换。

单位是指企事业单位、国家机关、军事单位和社会团体以及其他组织。个人是指个体经营者及其他个人，包括中国公民和外籍人员。

2. 税率

契税实行3%～5%的幅度税率。具体执行税率，由各省、自治区、直辖市人民政府在3%～5%的幅度内提出，报同级人大常委会决定，并报全国人大常委会和国务院备案。

省、自治区、直辖市可以依照上述规定的程序，对不同主体、不同地区、不同类型住房的权属转移确定差别税率。

自2010年10月1日起，对个人购买90平方米及以下且属家庭唯一住房的普通住房，减按1%的税率征收契税。

8.2.4 契税应纳税额的计算

1. 计税依据

契税的计税依据为不动产的价格。由于土地、房屋权属转移方式不同，定价方法不同，因而具体计税依据视不同情况而定。

（1）国有土地使用权出让、土地使用权出售、房屋买卖，以成交价格为计税依据。成交价格是指土地、房屋权属转移合同确定的价格，包括承受者应交付的货币、实物、无形资产或者其他经济利益。

（2）土地使用权赠予、房屋赠予，由征收机关参照土地使用权出售、房屋买卖的市场价格核定。

（3）土地使用权交换、房屋交换，为所交换的土地使用权、房屋的价格差额。也就是说，交换价格相等时，免征契税；交换价格不等时，由多交付货币、实物、无形资产或者其他经济利益的一方缴纳契税。

（4）以划拨方式取得土地使用权，经批准转让房地产时，由房地产转让者补缴契税。计税依据为补缴的土地使用权出让费用或者土地收益。

（5）房屋附属设施征收契税的依据。

①采取分期付款方式购买房屋附属设施土地使用权、房屋所有权的，应按合同规定的总价款计征契税。

②承受的房屋附属设施权属如为单独计价的，按照当地确定的适用税率征收契税；如与房屋统一计价的，适用与房屋相同的契税税率。

（6）个人无偿赠予不动产行为（法定继承人除外），应对受赠人全额征收契税。在缴纳契税时，纳税人须提交经税务机关审核并签字盖章的"个人无偿赠予不动产登记表"，税务机关（或其他征收机关）应在纳税人的契税完税凭证上加盖"个人无偿赠予"印章，在"个人无偿赠予不动产登记表"中签字并将该表格留存。

（7）出让国有土地使用权，契税计税价格为

承受人为取得该土地使用权而支付的全部经济利益。对通过"招、拍、挂"程序承受国有土地使用权的，应按照土地成交总价款计征契税，其中的土地前期开发成本不得扣除。

2. 应纳税额的计算方法

契税采用比例税率。当计税依据确定以后，应纳税额的计算比较简单。应纳税额的计算公式为：

应纳税额 = 计税依据 × 税率

【情景8-3】北京市惠达股份有限公司员工王佳有两套住房，将一套出售给居民李明，成交价格为200 000元；将另一套两居室住房与居民刘源交换成两处一居室住房，并支付给居民刘源换房差价款60 000元。试计算王佳、李明、刘源相关行为应缴纳的契税（假定税率为4%）。

（1）王佳应缴纳契税 = 60 000 × 4% = 2 400（元）。

（2）李明应缴纳契税 = 200 000 × 4% = 8 000（元）。

（3）刘源不缴纳契税。

8.2.5 契税的税收优惠

1. 契税优惠的一般规定

（1）国家机关、事业单位、社会团体、军事单位承受土地、房屋用于办公、教学、医疗、科研和军事设施的，免征契税。

（2）城镇职工按规定第一次购买公有住房，免征契税。

此外，财政部、国家税务总局规定：自2000年11月29日起，对各类公有制单位为解决职工住房而采取集资建房方式建成的普通住房，或由单位购买的普通商品住房，经当地县级以上人民政府房改部门批准、按照国家房改政策出售给本单位职工的，如属职工首次购买住房，均可免征契税。

（3）因不可抗力灭失住房而重新购买住房的，酌情减免。不可抗力是指自然灾害、战争等不能预见、不可避免，并不能克服的客观情况。

（4）土地、房屋被县级以上人民政府征用、占用后，重新承受土地、房屋权属的，由省级人民政府确定是否减免。

（5）承受荒山、荒沟、荒丘、荒滩土地使用权，并用于农、林、牧、渔业生产的，免征契税。

（6）经外交部确认，依照我国有关法律规定以及我国缔结或参加的双边和多边条约或协定，应当予以免税的外国驻华使馆、领事馆、联合国驻华机构及其外交代表、领事官员和其他外交人员承受土地、房屋权属，免征契税。

（7）公租房经营单位购买住房作为公租房，免征契税。

（8）对个人购买家庭唯一住房（家庭成员范围包括购房人、配偶以及未成年子女，下同），面积为90平方米及以下的，减按1%的税率征收契税；面积为90平方米以上的，减按1.5%的税率征收契税。

（9）对个人购买家庭第一套改善性住房，面积为90平方米及以下的，减按1%的税率征收契税；面积为90平方米以上的，减按2%的税率征收契税。

家庭第二套改善性住房，是指已拥有一套住房的家庭购买的家庭第二套住房。

（10）纳税人申请享受税收优惠的，根据纳税人的申请或授权，由购房所在地的房地产主管部门出具纳税人家庭住房情况书面查询结果，并将查询结果和相关住房信息及时传递给税务机关。因暂不具备查询条件而不能提供家庭住房查询结果的，纳税人应向税务机关提交家庭住房实有套数书面诚信保证，诚信保证不实的，属于虚假纳税申报，按照《中华人民共和国税收征收管理法》的有关规定处理，并将不诚信记录纳入个人征信系统。

2. 契税优惠的特殊规定

自2018年1月1日起至2020年12月31日止，企事业单位改制重组过程中涉及的契税按以下规定执行。该规定出台前，企事业单位改制重组过程中涉及的契税尚未处理的，符合以下规定的可按以下规定执行。

（1）企业公司制改造。非公司制企业，按照《中华人民共和国公司法》的规定，整体改建为有限责任公司（含国有独资公司）或股份有限公司，或者有限责任公司整体改建为股份有限公司的，对改建后的公司承受原企业土地、房屋权属，免征契税。

非公司制国有独资企业或国有独资有限责任公司，以部分资产与他人组建新公司，且该国有独资企业（公司）在新设公司中所占股份超过50%的，对新设公司承受该国有独资企业（公司）的土地、房屋权属，免征契税。

（2）企业股权重组。在股权转让中，单位、个人承受企业股权，企业土地、房屋权属不发生转移，不征收契税。

国有、集体企业实施"企业股份合作制改造"，由职工买断企业产权，或向职工转让部分产权，或通过职工投资增资扩股，将原企业改造为股份合作制企业的，对改造后的股份合作制企业承受的原企业土地、房屋权属，免征契税。

为进一步支持国有企业改制重组，国有控股公司投资组建新公司，有关契税政策规定如下：

①对国有控股公司以部分资产投资组建新公司，且该国有控股公司占新公司股份85%以上的，对新公司承受该国有控股公司土地、房屋权属，免征契税。上述所称国有控股公司，是指国家出资额占有限责任公司资本总额的50%以上，或国有股份占股份有限公司股本总额50%以上的国有控股公司。

②以出让方式承受原国有控股公司土地使用权的，不属于本规定的范围。

（3）企业合并。两个或两个以上的企业，依据法律规定或合同约定，合并改建为一个企业的，对合并后的企业承受原合并各方的土地、房屋权属，免征契税。

（4）企业分立。企业依照法律规定或合同约定分设为两个或两个以上投资主体相同的企业，对派生方、新设方承受原企业土地、房屋权属，不征收契税。

（5）企业出售。国有、集体企业出售，被出售企业法人予以注销，并且买受人按照《中华人民共和国劳动法》等国家有关法律、法规、政策妥善安置原企业全部职工，其中与原企业30%以上的职工签订服务年限不少于3年劳动用工合同的，对其承受所购企业的土地、房屋权属，减半征收契税；与原企业全部职工签订服务年限不少于3年劳动用工合同的，免征契税。

（6）企业注销、破产。企业依照有关法律、法规的规定实施注销、破产后，债权人（包括注销、破产企业的职工）承受注销、破产企业的土地、房屋权属以抵偿债务的，免征契税；对于非债权人承受注销、破产企业的土地、房屋权属，凡按照《中华人民共和国劳动法》等国家有关法律、法规、政策妥善安置原企业全部职工，其中与原企业30%以上的职工签订服务年限不少于3年劳动用工合同的，对其承受所购企业的土地、房屋权属，减半征收契税；与原企业全部职工签订服务年限不少于3年劳动用工合同的，免征契税。

（7）房屋的附属设施。对于承受与房屋相关的附属设施（包括停车位、汽车库、自行车库、顶层阁楼以及储藏室，下同）所有权或土地使用权的行为，按照契税法律、法规的规定征收契税；对于不涉及土地使用权和房屋所有权转移变动的，不征收契税。

（8）继承土地、房屋权属。对于《中华人民共和国继承法》规定的法定继承人（包括配偶、子女、父母、兄弟姐妹、祖父母、外祖父母）继承土地、房屋权属，不征收契税。

《中华人民共和国继承法》规定，非法定继承人根据遗嘱承受死者生前的土地、房屋权属，属于赠予行为，应征收契税。

（9）其他。

①经国务院批准实施债权转股权的企业，对债权转股权后新设立的公司承受原企业的土地、

房屋权属,免征契税。

②政府主管部门对国有资产进行行政性调整和划转过程中发生的土地、房屋权属转移,不征收契税。

③企业改制重组过程中,同一投资主体内部所属企业之间土地、房屋权属的无偿划转,包括母公司与其全资子公司之间,同一公司所属全资子公司之间,同一自然人与其设立的个人独资企业、一人有限公司之间土地、房屋权属的无偿划转,不征收契税。

④对拆迁居民因拆迁重新购置住房的,对购房成交价格中相当于拆迁补偿款的部分,免征契税;成交价格超过拆迁补偿款的,对超过部分征收契税。

⑤公司制企业在重组过程中,以名下土地、房屋权属对其全资子公司进行增资,属同一投资主体内部资产划转,对全资子公司承受母公司土地、房屋权属的行为,不征收契税。

8.2.6 契税的申报与缴纳

1. 纳税义务发生时间

契税的纳税义务发生时间是纳税人签订土地、房屋权属转移合同的当天,或者纳税人取得其他具有土地、房屋权属转移合同性质凭证的当天。

2. 纳税期限

纳税人应当自纳税义务发生之日起10日内,向土地、房屋所在地的契税征收机关办理纳税申报,并在契税征收机关核定的期限内缴纳税款。

3. 纳税地点

契税在土地、房屋所在地的征收机关缴纳。

4. 征收管理

纳税人办理纳税事宜后,征收机关应向纳税人开具契税完税凭证。纳税人持契税完税凭证和其他规定的文件材料,依法向土地管理部门、房产管理部门办理有关土地、房屋的权属变更登记手续。土地管理部门和房产管理部门应向契税征收机关提供有关资料,并协助契税征收机关依法征收契税。

自1997年《中华人民共和国契税暂行条例》实施以来,各级征收机关在国土部门、房管部门的协作配合下,积极探索契税征收方式,不断加强征收管理,促进了契税收入的持续快速增长。契税已经成为地方税收的重要税种。多年来的征管实践证明,征收机关直接征收契税,是掌握税源情况、制定税收政策的基础,是强化税收管理、严格执行政策的抓手,也是保障契税收入持续快速增长的必要措施。征收机关直接征收契税比委托其他单位代征契税效率高。为此,国家税务总局决定,各级征收机关要在2004年12月31日前停止代征委托,直接征收契税。

项目小结

本项目介绍了印花税概述,印花税的计税依据、税目与税率,印花税应纳税额的计算,印花税税收优惠,印花税的申报与缴纳,契税概述,契税的征税对象,契税的纳税义务人与税率,契税应纳税额的计算,契税的税收优惠,契税的申报与缴纳。

思考与练习

一、单项选择题

1. 下列关于契税的表述中，不正确的是（　）。
   A. 契税应当自纳税义务发生之日起 7 日内缴纳
   B. 购买精装修房屋，装修费要作为契税的计税依据
   C. 在签订房屋权属转移合同的当天即发生契税的纳税义务
   D. 契税以所有权发生转移的不动产为征税对象

2. 下列行为中，不属于契税征税对象的是（　）。
   A. 国有土地使用权出让
   B. 国有土地使用权的交换
   C. 农村集体土地承包经营权转移
   D. 出售国有土地使用权

3. 根据契税法的规定，下列各项中，应征收契税的是（　）。
   A. 法定继承人承受房屋权属
   B. 企业以行政划拨方式取得土地使用权
   C. 承包者获得农村集体土地承包经营权
   D. 运动员因成绩突出获得国家奖励的住房

4. 对已贴花的凭证，修改后所载金额增加的，下列关于印花税表述正确的是（　）。
   A. 应就增加部分补贴印花税票
   B. 应按修改后的总金额重贴印花税票
   C. 应贴印花税票 5 元
   D. 一般不再补贴印花税票

5. 某运输公司与甲公司于 2020 年 6 月签订了一份运输保管合同，注明不含于税运费 50 万元，保管费 12 万元；向某公司租赁运输工具，合同记载不含税年租金 15 万元，租期 3 个月。该运输公司以上经济行为应缴纳印花税（　）元。
   A. 400 B. 407.5
   C. 410 D. 307.5

二、多项选择题

1. 根据契税法的规定，下列关于契税的说法中错误的有（　）。
   A. 契税的纳税人是在我国境内转让土地房屋权属的单位和个人
   B. 土地使用权出让应按规定征收契税
   C. 土地使用权转让应按规定征收契税
   D. 承包者获得土地承包经营权应按规定征收契税

2. 根据契税的规定，下列选项中免征契税的有（　）。
   A. 婚姻存续期间，房屋、土地使用权归属夫妻一方所有，变更为夫妻双方共有
   B. 以获奖方式取得的房屋
   C. 企业分立后投资主体不变，新设方承受原企业的房产
   D. 个人购买 70 平方米的家庭唯一普通住房

3. 根据印花税法的规定，下列各项中，属于印花税纳税人的有（　）。
   A. 合同的双方当事人、担保人、证人、鉴定人
   B. 会计账簿的立账簿人
   C. 产权转移书据的立据人
   D. 在国外书立、领受，但在国内使用应税凭证的单位

4. 根据规定，以下所列的印花税的计税依据正确的有（　）。
   A. 营业账簿中记载资金的账簿以"实收资本"和"资本公积"两项的合计金额作为计税依据
   B. 不动产权证按件贴花

C. 应税合同的计税依据，为合同列明的价款或者报酬，包括增值税税款

D. 财产保险合同以保险费为计税依据

5. 甲公司于 2013 年 8 月与乙公司签订了数份以货易货合同，以共计 500 000 元的钢材换取 450 000 元的水泥，甲公司取得差价 50 000 元。下列各项中表述正确的有（　）。

A. 甲公司 8 月应缴纳的印花税为 285 元
B. 甲公司 8 月应缴纳的印花税为 150 元
C. 甲公司可对易货合同采用汇总方式缴纳印花税
D. 甲公司可对易货合同采用汇贴方式缴纳印花税

三、判断题

1. 契税的纳税人是在我国境内转让土地、房屋权属的单位和个人。（　）
2. 城镇居民第一次购买商品房免征契税。（　）
3. 契税的纳税人是在我国境内"承受"（而非转让）土地、房屋权属的单位和个人。（　）
4. 根据规定，对企业兼并的并入资金，已按资金总额贴花的，接收单位对并入的资金，仍需补贴印花。（　）
5. 某个体工商户在国外书立应税凭证，并在国内使用该应税凭证，可以不缴纳印花税。（　）

四、简答题

1. 印花税税目有哪些？
2. 简述契税的概念、特点、征收范围和纳税人。
3. 购销合同印花税的税率是多少？

项目 9 特定目的税纳税实务

知识目标

◎ 理解城市维护建设税、车辆购置税、耕地占用税、船舶吨税、烟叶税基本知识与税率；

◎ 理解城市维护建设税、车辆购置税、耕地占用税、船舶吨税、烟叶税的优惠政策及征税范围。

技能目标

◎ 掌握城市维护建设税、车辆购置税、耕地占用税、船舶吨税、烟叶税应纳税额的计算。

案例导入

彭先生于 2018 年 2 月在别克 4S 店购买了一台凯越轿车，为了省去亲自办证的麻烦，彭先生被 4S 店代办车牌、代缴车辆购置税等"一条龙"服务吸引，将办证所需的资料和钱款交给 4S 店。没过多久，4S 店交付给彭先生完税凭证及车牌。

2021 年 5 月，彭先生被国税局通知他名下的别克凯越未缴纳购置税，被送达一张长沙市国家税务局车辆购置税征收管理分局责令限期改正通知书，要求其缴纳 8 600 元车辆购置税。后彭先生在国税局通过其持有的车辆购置税完税证明编号进行查询，发现该编号的完税证明是一辆本田汽车，并不是彭先生名下的别克凯越。也就是说，4S 店在给其代缴的车辆购置税并未进国税局账户，车辆购置税完税凭证是假的。事发后，彭先生去 4S 店了解情况，4S 店告知当时的销售人员已经离职，4S 店不对销售人员的行为负责，不对彭先生的损失进行赔偿。而当时的代办公司已经跑路，联系不上经办人员。

案例思考

对彭先生的案例进行分析。

本章导语

我国的特定目的税，是在经济体制改革过程中，根据宏观经济调控的需要陆续设立的。为了更好地发展国民经济，协调经济体制改革的各个方面，国家在采取各项措施的同时，开征若干特定目的税，以便运用税收工具，强化宏观调控。

任务 9.1　城市维护建设税纳税实务

9.1.1　城市维护建设税概述

城市维护建设税法，是指国家制定的用以调整城市维护建设税征收与缴纳权利及义务关系的法律规范。现行城市维护建设税的基本法律规范，是 2020 年 8 月 11 日，第十三届全国人民代表大会常务委员会第二十一次会议通过并于同年 9 月 1 日起实施的《中华人民共和国城市维护建设税法》。

1. 城市维护建设税的概念、城市维护建设税的特点及城市维护建设税的作用

（1）城市维护建设税的概念。

城市维护建设税是对从事工商经营，缴纳增值税、消费税的单位和个人征收的一种附加税。

新中国成立以来，我国城市建设和维护在不同时期都取得了较大成绩，但国家在城市建设方面一直资金不足。1979 年以前，我国用于城市维护建设的资金来源由当时的工商税附加、城市公用事业附加和国家下拨城市维护费组成。1979 年国家开始在部分大中城市试行从上年工商利润中提取 5% 用于城市维护和建设的办法，但未能从根本上解决问题。1981 年国务院在批转财政部关于改革工商税制的设想中提出："根据城市建设的需要，开征城市维护建设税，作为县以上城市和工矿区市政建设的专项资金。"1985 年 2 月 8 日，国务院颁布了《中华人民共和国城市维护建设税暂行条例》并于 1985 年 1 月 1 日在全国范围内施行。

（2）城市维护建设税的特点。

①税款专款专用，具有受益税性质。按照财政的一般性要求，税收及其他政府收入应当纳入国家预算，根据需要统一安排用途，并不规定各个税种收入的具体使用范围和方向，否则也就无所谓国家预算。但是作为例外，也有个别税种事先明确规定使用范围与方向，税款的缴纳与受益更直接地联系起来，我们通常称为受益税。城市维护建设税专款专用，用来保证城市的公共事业和公共设施的维护和建设，是一种具有受益税性质的税种。

②属于一种附加税。征税对象是税法规定征税的目的物，是一个税种区别于另一个税种的主要标志。而城市维护建设税是以纳税人实际缴纳的增值税、消费税为计税依据，随增值税、消费税同时征收，本身没有特定的课税对象，征管方法也完全比照增值税、消费税的有关规定办理。

③根据城镇规模设计不同的比例税率。城市维护建设税的负担水平，不是依据纳税人获取的利润水平或经营特点而定，而是根据纳税人所在城镇的规模及其资金需要设计的。城镇规模大的，税率高一些；反之，就低一些。例如，纳税人所在地在城市市区的，税率为 7%；在县城、建制镇的税率为 5%；纳税人所在地不在城市市区、县城或建制镇的，税率为 1%。这样规定能够使不同地区获取不同数量的城市维护建设资金，因地制宜地进行城市的维护和建设。

④征收范围较广。增值税、消费税是对商品和劳务的征税，在我国现行税制体系中居主体税种的地位，占全部税收收入总额的 70% 左右，征税范围基本上包括了我国境内所有开展经营行为的单位和个人。城市维护建设税以增值税、消费税税额作为税基，从这个意义上看，城市维护建设税几乎是对所有纳税人的征税，因此它的征税范围比其他任何税种的征税范围都要广。

（3）城市维护建设税的作用。

①补充城市维护建设资金的不足。城市在国民经济建设中有着重要的作用。随着我国经济体制改革的深入和市场经济的迅速发展，我国城市化进程也在不断加快，城市的中心地位越来越重要。但是，由于城市建设资金不足，使城市的维

护建设欠账较多，远远跟不上工农业生产和各项事业发展的需要。在1984年以前，国家用于城市维护建设的资金，除了在基本建设投资中安排及征收城市公用事业附加外，还在部分城市试行从上年利润中提取5%的城市维护费的办法。采用这种办法集中城建资金，不仅面窄、量少，而且极不稳定。城市维护建设税以增值税、消费税应纳税额作为计税依据，保证税源的充足，对补充城市维护建设税资金的不足起到了积极的作用。

②限制了对企业的乱摊派。在开征城市维护建设税前，有些地区和部门借口城建资金不足，随意向企业摊派物资和资金，加重了企业的负担，影响了企业正常生产经营和发展。征收城市维护建设税后，国家把地方政府用于城市维护建设的资金来源用法律形式固定下来。所以，《中华人民共和国城市维护建设税暂行条例》第八条明确规定：开征城市建设维护税后，任何地区和部门，都不得再向纳税人摊派资金或物资。遇到摊派情况，纳税人有权拒绝执行，这就为限制对企业的乱摊派提供了法律保证。

③调动了地方政府进行城市维护和建设的积极性。《中华人民共和国城市维护建设税暂行条例》第六条规定：城市维护建设税应当保证用于城市公用事业和公共设施的维护建设，具体安排由地方政府确定。这就明确了城市维护建设税是一个具有专款专用性质的地方税。将城市维护建设税收入与当地城市建设直接挂钩，税收收入越多，城镇建设资金就越充裕，城镇建设发展就越快。

这样，就可以充分调动地方政府的积极性，使其关心城市维护建设税收入，加强城市维护建设税的征收管理。从另一角度看，城市维护建设税作为一个地方税种，也充实和完善了地方税体系，扩大了地方政府的财政收入规模，为整体税制的进一步完善起到了积极的作用。

2. 城市维护建设税的纳税义务人

关于承担城市维护建设税纳税义务的单位和个人，原规定缴纳产品税、增值税、营业税的单位和个人为城市维护建设税的纳税人，1994年税制改革后，改为缴纳增值税、消费税、营业税的单位（不包括外商投资企业、外国企业和进口货物者）和个人为城市维护建设税的纳税人。

自2016年5月起，全面实行营业税改征增值税，营业税全面取消。

按照现行税法的规定，城市维护建设税的纳税人是在征税范围内从事工商经营，缴纳"二税"（即增值税、消费税）的单位和个人。任何单位或个人，只要缴纳"二税"中的一种，就必须同时缴纳城市维护建设税。

自2010年12月1日起，对外商投资企业、外国企业及外籍个人，征收城市维护建设税。

3. 城市维护建设税的征税范围

城市维护建设税的征税范围，包括城市、县城、建制镇以及税法规定征税的其他地区。城市、县城、建制镇的范围应根据行政区划作为划分标准，不得随意扩大或缩小各行政区域的管辖范围。

9.1.2 城市维护建设税的税率和计税依据

1. 城市维护建设税的税率

根据《中华人民共和国城市维护建设税法》有关规定，城建税是根据城市维护建设资金的不同层次需要设计的，实行分区域的差别比例税率，即按纳税人所在城市、县城或镇等不同的行政区域分别规定不同的比例税率。具体规定为：

（1）纳税人所在地在市区的，税率为7%。这里所称的"市"是指国务院批准市建制的城市，"市区"是指省人民政府批准的市辖区（含市郊）的区域范围。

（2）纳税人所在地在县城、镇的，税率为5%。这里所称的"县城、镇"是指省人民政府批准的县城、县属镇（区级镇）。县城、县属镇的范围指县人民政府批准的城镇区域范围。

(3) 纳税人所在地不在市区、县城、县属镇的，税率为1%。

(4) 纳税人在外地发生缴纳增值税、消费税的，按纳税发生地的适用税率计征城建税。

2. 城市维护建设税的计税依据

城建税的计税依据，是指纳税人实际缴纳的增值税、消费税税额。纳税人违反增值税、消费税有关税法加收的滞纳金和罚款，是税务机关对纳税人违法行为的经济制裁，不作为城建税的计税依据，但纳税人在被查补增值税、消费税和被处以罚款时，应同时对偷漏的城建税进行补缴、征收滞纳金和罚款。

城建税以增值税、消费税税额为计税依据并同时征收，如果要免征或者减征增值税、消费税，也就要同时免征或者减征城建税。

自1997年1月1日起，供货企业向出口企业和市（县）外贸企业销售出口产品时，以增值税当期销项税额抵扣进项税额后的余额，计算缴纳城建税。但对出口产品退还增值税、消费税的，不退还已缴纳的城建税。

自2005年1月1日起，经国家税务总局正式审核批准的当期免抵的增值税税额应被纳入城市维护建设税和教育费附加的计征范围，分别按规定的税（费）率征收城市维护建设税和教育费附加。2005年1月1日前，已按免抵的增值税税额征收的城市维护建设税和教育费附加不再退还，未征的也不再补征。

9.1.3　城市维护建设税应纳税额的计算

城建税纳税人应纳税额的大小是由纳税人实际缴纳的增值税、消费税税额决定的，计算公式为：

应纳税额 =（纳税人实际缴纳的增值税额 + 消费税税额）× 适用税率

【情景9-1】北京市惠达股份有限公司位于县城，2021年3月撤县设区，该企业2021年3月实际缴纳增值税600 000元，缴纳消费税400 000元。计算该公司应纳的城市维护建设税税额。

应纳城市维护建设税税额 =（实际缴纳的增值税 + 实际缴纳的消费税）× 适用税率 =（600 000 + 400 000）× 7% = 1 000 000 × 7% = 70 000（元）

9.1.4　城市维护建设税的税收优惠

为进一步支持小微企业发展，现行增值税小规模纳税人适用免征增值税政策，即自2021年4月1日至2022年12月31日，对月销售额15万元以下（含本数）的增值税小规模纳税人，免征增值税。

增值税小规模纳税人月销售额或营业额不超过15万元（含15万元）的，按照规定免征增值税。其中，以1个季度为纳税期限的增值税小规模纳税人，季度销售额或营业额不超过45万元的，按照规定免征增值税。增值税免征，城建税的计税依据为零。省、自治区、直辖市人民政府根据本地区实际情况，以及宏观调控需要确定，对增值税小规模纳税人、自然人（即其他个人）可以在50%的税额幅度内减征城市维护建设税，执行期限为2019年1月1日至2021年12月31日。已依法享受城市维护建设税其他优惠政策的，可叠加享受该减半征收优惠政策。

(1) 城市维护建设税的征免规定。

①对出口产品退还增值税、消费税的，不退还已缴纳的城市维护建设税。

②海关对进口产品代征的增值税、消费税，不征收城市维护建设税。

③对"二税"实行先征后返、先征后退、即征即退办法的，除另有规定外，对随"二税"附

征的城市维护建设税,一律不予退(返)还。

城市维护建设税由于是以纳税人实际缴纳的增值税、消费税为计税依据,并随同增值税、消费税征收,因此减免增值税、消费税也就意味着减免城市维护建设税,所以城市维护建设税一般不能单独减免。但是,如果纳税人确有困难需要单独减免的,可以由省级人民政府酌情给予减税或者免税照顾。

(2) 减少或免除城市维护建设税税负的优待规定。

城建税以"二税"的实缴税额为计税依据征收,一般不规定减免税,但对下列情况可免征城建税:

① 海关对进口产品代征的流转税,免征城建税。

② 自1994年起,对三峡工程建设基金,免征城建税。

③ 2010年12月1日前,对中外合资企业和外资企业暂不征收城建税。2010年12月1日以后,根据2010年10月18日颁布的《国务院关于统一内外资企业和个人城市维护建设税和教育费附加制度的通知》,外商投资企业、外国企业及外籍个人适用国务院于1985年发布的《中华人民共和国城市维护建设税暂行条例》和1986年发布的《征收教育费附加的暂行规定》。

需特别注意:

① 出口产品退还增值税、消费税的,不退还已纳的城建税;

② "二税"先征后返、先征后退、即征即退的,不退还城建税。

9.1.5 城市维护建设税的征收管理

1. 纳税环节

城市维护建设税的纳税环节,与纳税人缴纳增值税、消费税的环节一致。城市维护建设税与增值税、消费税同时征收。

2. 纳税地点

城市维护建设税以纳税人实际缴纳的增值税、消费税额为计税依据,分别与增值税、消费税同时缴纳。所以,纳税人缴纳增值税、消费税的地点,就是该纳税人缴纳城市维护建设税的地点。但是,属于下列情况的,纳税地点为:

(1) 代扣代缴、代收代缴增值税、消费税的单位和个人,同时也是城市维护建设税的代扣代缴、代收代缴义务人,城市维护建设税的纳税地点在代扣代收地。

(2) 跨省开采的油田,下属生产单位与核算单位不在同一省内的,其生产的原油,在油井所在地缴纳增值税,应纳税款由核算单位按照各油井的产量和规定税率,计算汇拨各油井缴纳。所以,各油井应纳的城市维护建设税,应由核算单位计算,随同增值税一并汇拨油井所在地,由油井在缴纳增值税的同时,一并缴纳城市维护建设税。

(3) 纳税人跨地区提供建筑服务、销售和出租不动产的,应在建筑服务发生地、不动产所在地预缴增值税时,以预缴增值税税额为计税依据,并按预缴增值税所在地的城市维护建设税适用税率和教育费附加征收率,就地计算缴纳城市维护建设税和教育费附加。

预缴增值税的纳税人在其机构所在地申报缴纳增值税时,以实际缴纳的增值税税额为计税依据,并按机构所在地的城市维护建设税适用税率和教育费附加征收率,就地计算缴纳城市维护建设税和教育费附加。

(4) 对流动经营等无固定纳税地点的单位和个人,应随同增值税、消费税在经营地按适用税率缴纳。

3. 纳税期限

由于城市维护建设税是由纳税人在缴纳增值税、消费税时同时缴纳的,所以纳税期限分别与增值税、消费税的纳税期限一致。根据增值税和消费税法规规定,增值税、消费税的纳税期限分别为1日、3日、5日、10日、15日或者1个月。增值税、消费税纳税人的具体纳税期限,由主管税务机关根据纳税人应纳税额的大小分别核定；不能按照固定期限纳税的，可以按次纳税。

4. 申报与缴纳

自 2021 年 8 月 1 日起，增值税、消费税分别与城市维护建设税、教育费附加、地方教育附加申报表整合，启用"增值税及附加税费申报表（一般纳税人适用）""增值税及附加税费申报表（小规模纳税人适用）""增值税及附加税费预缴表"及其附列资料和"消费税及附加税费申报表""废止文件及条款清单"。

任务 9.2　车辆购置税纳税实务

9.2.1　车辆购置税概述

车辆购置税法是指国家制定的用以调整车辆购置税征收与缴纳权利及义务关系的法律规范。现行车辆购置税法的基本规范，是 2018 年 12 月 29 日第十三届全国人民代表大会常务委员会第七次会议通过，并于 2019 年 7 月 1 日起施行的《中华人民共和国车辆购置税法》（以下简称《车辆购置税法》）。

1. 车辆购置税的概念、特点及开征车辆购置税的作用

（1）车辆购置税的概念。

车辆购置税是以在中国境内购置规定的车辆为课税对象，在特定环节向车辆购置者征收的一种税。就其性质而言，属于直接税范畴。

（2）车辆购置税的特点。

车辆购置税除具有税收的共同特点外，还有自身独有的特点：

①征收范围单一。作为财产税的车辆购置税，是以购置的特定车辆为课税对象，而不是对所有财产或消费财产征税，范围窄，是特种财产税。

②征收环节单一。车辆购置税实行一次课征制，它不是在生产、经营和消费的每个环节实行道道征收，只是在退出流通进入消费领域的特定环节征收。

③税率单一。车辆购置税只确定一个统一比例税率征收，税率具有不随课税对象数额变动的特点，计征简便、负担稳定，有利于依法治税。

④征收方法单一。车辆购置税根据纳税人购置应税车辆的计税价格实行从价计征，以价格为计税标准，课税与价值直接发生关系，价值高的多征税，价值低的少征税。

⑤征税具有特定目的。车辆购置税具有专门用途，由中央财政根据国家交通建设投资计划统筹安排。这种特定目的的税收，可以保证国家财政支出的需要，既有利于合理统筹安排资金，又有利于保证特定事业和建设支出需要。

⑥价外征收，税负不发生转嫁。车辆购置税的计税依据中不包含车辆购置税税额，车辆购置税税额是附加在价格之外的，且纳税人就是赋税人，税负不发生转嫁。

（3）开征车辆购置税的作用。

①有利于合理筹集建设资金。国家通过开征车辆购置税参与国民收入的再分配，可以更好地将一部分消费基金转化为财政资金，为国家筹集更多资金，满足国家行使职能的需要。

第一，车辆购置税是在消费环节征收，具有经常性特点，只要纳税人发生了购置、使用应税车辆行为就要纳税，相比于对所得课税和商品课税更具及时性。

第二，车辆购置税按统一比例税率课征，具有相对稳定性。

第三，车辆购置税是依法征收的，具有强制性和固定性，因而其收入是可靠的。

> **提示**
> 车辆购置税更有利于依法合理筹集交通基础设施建设和维护资金，保证资金专款专用，从而促进了交通基础设施建设事业的健康发展。

②有利于规范政府行为。社会主义市场经济需要健全的宏观经济调控体系，保证快速协调发展和健康运行。首先，由于税与费之间的本质区别，以"费改税"，开征车辆购置税，有利于理顺税费关系，进一步完善财税制度，实现税制结构的不断优化。其次，"费改税"改革，不但能规范政府行为，遏制乱收费，同时对正确处理税费关系、深化和完善财税体制改革能起到积极作用。

③有利于调节收入差距。车辆购置税在消费环节对消费应税车辆的使用者征收，能更好地体现两条原则：

I. 兼顾公平原则。就是要保护合法收入，取缔非法收入，整顿不合理收入，调节过高收入。因此，开征车辆购置税可以对过高的消费支出进行调节。

II. 纳税能力原则。高收入者多负税，低收入者少负税，具有较高消费能力的人比一般消费能力的人要多负税。

（4）有利于配合打击走私和维护国家权益。

首先，车辆购置税对同一课税对象的应税车辆不论来源渠道如何，都按同一比例税率征收，具有同一应税车辆税负相同的特性。因此，可以平衡进口车辆与国产车辆的税收负担，体现国民待遇原则。

其次，车辆购置税在车辆上牌使用时征收，具有源泉控制的特点，可以配合有关部门在打击走私、惩治犯罪等方面起到积极作用。

最后，对进口自用的应税车辆以含关税、消费税的组成计税价格为计税依据，对进口应税车辆征收较高的税收，限制进口，有利于保护国内汽车工业发展。

2. 车辆购置税的纳税义务人

车辆购置税的纳税义务人是指在我国境内购置应税车辆的单位和个人。其中，购置是指以购买、进口、自产、受赠、获奖或者其他方式取得并自用应税车辆的行为。

上述所称单位，包括国有企业、集体企业、私营企业、股份制企业、外商投资企业、外国企业以及其他企事业单位、社会团体、国家机关、部队以及其他单位。

所称个人，包括个体工商户及其他个人，既包括中国公民又包括外国公民。

9.2.2 车辆购置税的征税对象与征税范围

车辆购置税以列举的车辆作为征税对象，未列举的车辆不纳税。征税范围包括汽车、摩托车、电车、挂车、农用运输车。具体规定如下：

1. 汽车

包括各类汽车。

2. 摩托车

（1）轻便摩托车：最高设计车速不大于50km/h，发动机气缸总排量不大于50的两个或三个车轮的机动车。

（2）两轮摩托车：最高设计车速大于50km/h，

或发动机气缸总排量大于 50 的两个车轮的机动车。

(3) 三轮摩托车：最高设计车速大于 50km/h，发动机气缸总排量大于 50，空车质量不大于 400kg 的三个车轮的机动车。

3. 电车

(1) 无轨电车：以电能为动力，由专用输电电缆供电的轮式公共车辆。

(2) 有轨电车：以电能为动力，在轨道上行驶的公共车辆。

4. 挂车

(1) 全挂车：无动力设备，独立承载，由牵引车辆牵引行驶的车辆。

(2) 半挂车：无动力设备，与牵引车共同承载，由牵引车辆牵引行驶的车辆。

5. 农用运输车

(1) 三轮农用运输车：柴油发动机，功率不大于 7.4kW，载重量不大于 500kg，最高车速不大于 40km/h 的三个车轮的机动车（三轮农用运输车，自 2004 年 10 月 1 日起免征车辆购置税）。

(2) 四轮农用运输车：柴油发动机，功率不大于 28kW，载重量不大于 1 500kg，最高车速不大于 50km/h 的四个车轮的机动车。

为了体现税法的统一性、固定性、强制性和法律的严肃性特征，车辆购置税征收范围的调整，由国务院决定，其他任何部门、单位和个人无权擅自扩大或缩小车辆购置税的征税范围。

9.2.3 车辆购置税的税率与计税依据

1. 车辆购置税的税率

车辆购置税实行统一比例税率，税率为 10%。

2. 车辆购置税的计税依据

计税依据为应税车辆的计税价格，按照下列规定确定：

(1) 自 2020 年 6 月 1 日起，纳税人购置应税车辆，以发票电子信息中的不含增值税价款作为计税价格。纳税人依据相关规定提供其他有效价格凭证的情形除外。

应税车辆存在多条发票电子信息或者没有发票电子信息的，纳税人需要按照购置应税车辆实际支付给销售方的全部价款（不包括增值税税款）申报纳税。

(2) 纳税人进口自用应税车辆的计税价格为关税完税价格加上关税和消费税；纳税人进口自用应税车辆，是指纳税人直接从境外进口或者委托代理进口自用的应税车辆，不包括在境内购买的进口车辆。

(3) 纳税人自产自用应税车辆的计税价格，按照纳税人生产的同类应税车辆（即车辆配置序列号相同的车辆）的销售价格确定，不包括增值税税款；没有同类应税车辆销售价格的，按照组成计税价格确定。组成计税价格的计算公式为：

组成计税价格 = 成本 × (1+ 成本利润率)

属于应征消费税的应税车辆，其组成计税价格中应加计消费税税额。

上述公式中的成本利润率，由国家税务总局，各省、自治区、直辖市和计划单列市税务局确定。

(4) 纳税人以受赠、获奖或者其他方式取得自用应税车辆的计税价格，按照购置应税车辆时相关凭证载明的价格确定，不包括增值税税款。

上述所称的购置应税车辆时相关凭证，是指原车辆所有人购置或者以其他方式取得应税车辆时载明价格的凭证。无法提供相关凭证的，参照同类应税车辆的市场平均交易价格确定计税价格。原车辆所有人为车辆生产或者销售企业，未开具机动车销售统一发票的，按照车辆生产或者销售同类应税车辆的销售价格确定应税车辆的计税价格。无同类应税车辆销售价格的，按照组成计税价格确定应税车辆的计税价格。

纳税人以外汇结算应税车辆价款的，按照申报纳税之日的人民币汇率中间价折合成人民币，计算缴纳税款。

9.2.4 车辆购置税应纳税额的计算

车辆购置税实行从价定率的方法计算应纳税额，计算公式为：

应纳税额 = 计税依据 × 税率

由于应税车辆的来源、应税行为的发生以及计税依据组成的不同，车辆购置税应纳税额的计算方法也有区别。

（1）购买自用应税车辆应纳税额的计算。

在应纳税额的计算当中，应注意以下费用的计税规定：

① 购买者随购买车辆支付的工具件和零部件价款应作为购车价款的一部分，并入计税依据，征收车辆购置税。

② 支付的车辆装饰费应作为价外费用，并入计税依据计税。

③ 代收款项应区别征税。

凡使用代收单位（受托方）票据收取的款项，应视作代收单位的价外收费，购买者支付的价费款，应并入计税依据一并征税；凡使用委托方票据收取，受托方只履行代收义务和收取代收手续费的款项，应按其他税收政策规定征税。

④ 销售单位开给购买者的各种发票金额中包含增值税税款。因此，计算车辆购置税时，应换算为不含增值税的计税价格。

⑤ 销售单位开展优质销售活动所开票收取的有关费用，应属于经营性收入，企业在代理过程中按规定支付给有关部门的费用，企业已作经营性支出列支核算，所收取的各项费用并在一张发票上难以划分的，应作为价外收入计算征税。

【情景9-2】李甜于2021年6月从新能源汽车有限公司购买一辆小汽车供自己使用，支付了含增值税税款在内的款项200 000元，另支付代收临时牌照费500元、代收保险费800元，支付购买工具件和零配件价款2 000元，车辆装卸1 000元。所支付的款项均由该汽车有限公司开具"机动车销售统一发票"和有关票据。请计算李甜应纳的车辆购置税。

（1）计税依据 = (200 000+500+800+2 000+1 000) ÷ (1+13%) ≈ 180 796.46（元）。

（2）应纳税额 = 180 796.46 × 10% ≈ 18 079.65（元）。

（2）进口自用应税车辆应纳税额的，应纳税额的计算公式为：

$$应纳税额 = (关税完税价格 + 关税消费税) \times 税率$$

【情景9-3】北京市惠达股份有限公司（为外贸进出口公司）于2021年8月从国外进口10辆某公司生产的H-1型号小轿车。该公司报关进口这批小轿车时，经报关地海关对有关报关资料的审查，确定关税完税价格为每辆165 000元人民币，海关按关税政策规定每辆征收了关税41 250元，并根据消费税、增值税有关规定分别代征了每辆小轿车的进口消费税24 750元和增值税21 450元。由于联系业务需要，该公司将一辆小轿车留在本单位使用。根据以上资料，计算应纳车辆购置税。

（1）计税依据 = 165 000+41 250+24 750 = 231 000（元）。

（2）应纳税额 = 231 000 × 10% = 23 100（元）。

（3）其他自用应税车辆应纳税额的计算。

纳税人自产自用、受赠使用、获奖使用和以其他方式取得并自用应税车辆的，凡不能取得该型号车辆的购置价格，或者低于最低计税价格的，以国家税务总局核定的最低计税价格为计税依据，计算征收车辆购置税：

应纳税额 = 最低计税价格 × 税率

【情景9-4】惠达客车制造厂将自产的一辆M-0型号的客车用于本厂后勤服务，该厂在办理车辆上牌落籍前，出具的发票上注明的金额为55 000元，并以此向主管税务机关申报纳税。经审核，国家税务总局对该车同类型车辆核定的最低计税价格为60 000元。计算该车应纳车辆购置税。

应纳税额 = 60 000 × 10% = 6 000（元）

（4）已经办理免税、减税手续的车辆因转让、改变用途等原因不再属于免税、减税范围的，纳税人、纳税义务发生时间、应纳税额按以下规定执行。

①发生转让行为的,受让人为车辆购置税纳税人;未发生转让行为的,车辆所有人为车辆购置税纳税人。

②纳税义务发生时间为车辆转让或者用途改变等情形发生的当日。

③应纳税额计算公式为:

应纳税额 = 初次办理纳税申报时确定的计税价格 × (1 - 使用年限) × 10% - 已纳税额

应纳税额不得为负数。

使用年限的计算方法是,自纳税人初次办理纳税申报之日起至不再属于免税、减税范围的情形发生之日止。使用年限取整计算,不满一年的不计算在内。

9.2.5 车辆购置税的税收优惠

(1) 下列车辆免征车辆购置税:

①依照法律规定应当予以免税的外国驻华使馆、领事馆和国际组织驻华机构及其有关人员自用的车辆;

②中国人民解放军和中国人民武装警察部队列入装备订货计划的车辆;

③悬挂应急救援专用号牌的国家综合性消防救援车辆;

④设有固定装置的非运输专用作业车辆;

⑤城市公交企业购置的公共汽电车辆。

提示

根据国民经济和社会发展需要,国务院可以规定减征或者其他免征车辆购置税的情形,报全国人大常委会备案。

(2) 继续执行的车辆购置税优惠政策为:

①回国服务的在外留学人员用现汇购买1辆个人自用国产小汽车和长期来华定居专家进口1辆自用小汽车,免征车辆购置税。防汛部门和森林消防部门用于指挥、检查、调度、报汛(警)、联络的由指定厂家生产的设有固定装置的指定型号的车辆,免征车辆购置税。具体操作按照《财政部国家税务总局关于防汛专用等车辆免征车辆购置税的通知》(财税〔2001〕39号)的有关规定执行。

②自2018年1月1日至2022年12月31日,对购置新能源汽车免征车辆购置税。具体操作按照《财政部、国家税务总局、工业和信息化部、科技部关于免征新能源汽车车辆购置税的公告》(财政部、国家税务总局、工业和信息化部、科技部公告2017年第172号)的有关规定执行。

③自2018年7月1日至2021年6月30日,对购置挂车减半征收车辆购置税。具体操作按照《财政部、国家税务总局、工业和信息化部关于对挂车减征车辆购置税的公告》(财政部、国家税务总局、工业和信息化部公告2018年第69号)的有关规定执行。

④中国妇女发展基金会"母亲健康快车"项目的流动医疗车,免征车辆购置税。

⑤北京2022年冬奥会和冬残奥会组委会新购置的车辆,免征车辆购置税。

⑥原公安现役部队和原武警黄金、森林、水电部队改制后换发地方机动车牌证的车辆(公安消防、武警森林部队执行灭火救援任务的车辆除外),一次性免征车辆购置税。

9.2.6 车辆购置税的征收管理

纳税人购置应税车辆,应当向车辆登记地主管税务机关申报缴纳车辆购置税;购置不需要办理车辆登记的应税车辆,应当向纳税人所在地主管税务机关,申报缴纳车辆购置税。

1. 纳税期限

车辆购置税的纳税义务发生时间为纳税人购置应税车辆的当日。纳税人应当自纳税义务发生之日起 60 日内申报缴纳车辆购置税。纳税人应当在向公安机关交通管理部门办理车辆注册登记前，缴纳车辆购置税。

进口自用的应税车辆，应当自进口之日起 60 日内申报纳税；自产、受赠、获奖和以其他方式取得并自用应税车辆的，应当自取得之日起 60 日内申报纳税。

纳税人应当在向公安机关交通管理部门办理车辆注册登记前，缴纳车辆购置税。

2. 纳税地点

根据《车辆购置税法》第十一条的规定，纳税人购置应税车辆，应当向车辆登记地主管税务机关申报缴纳车辆购置税；购置不需要办理车辆登记的应税车辆，应当向纳税人所在地主管税务机关，申报缴纳车辆购置税。

根据《国家税务总局关于车辆购置税征收管理有关事项的公告》（国家税务总局公告 2019 年第 26 号），购置应税车辆的纳税人，应当到下列地点申报纳税：

（1）需要办理车辆登记的，向车辆登记地主管税务机关申报纳税。

（2）不需要办理车辆登记的，单位纳税人向机构所在地主管税务机关申报纳税，个人纳税人向户籍所在地或者经常居住地主管税务机关申报纳税。

3. 纳税申报

车辆购置税实行一车一年申报制度。纳税人办理纳税申报时应如实填写"车辆购置税纳税申报表"，同时提供以下资料的原件和复印件，原件经车购办审核后退还纳税人，复印件和"机动车销售统一发票"的报税联由主管税务机关留存。

（1）车主身份证明。

（2）车辆价格证明。

（3）车辆合格证明。

（4）税务机关要求提供的其他资料。

任务 9.3　耕地占用税纳税实务

9.3.1　耕地占用税概述

耕地占用税法，是指国家制定的调整耕地占用税征收与缴纳权利及义务关系的法律规范。现行耕地占用税法的基本规范，是 2018 年 12 月 29 日第十三届全国人民代表大会常务委员会第七次会议通过的《中华人民共和国耕地占用税法》（以下简称《耕地占用税法》）。

1. 耕地占用税的概念

耕地占用税是对占用耕地建房或从事其他非农业建设的单位和个人，就实际占用的耕地面积征收的一种税，属于对特定土地资源占用课税。

提示

采用定额税率，其标准取决于人均占有耕地的数量和经济发展程度。目的是合理利用土地资源，加强土地管理，保护农用耕地。

2. 耕地占用税的特点

耕地占用税作为一个出于特定目的，对特定土地资源课征的税种，与其他税种相比，具有比较鲜明的特点，主要表现在：

（1）兼具资源税与特定行为税的性质。

耕地占用税以占用农用耕地建房或从事其他非农用建设的行为为征税对象，用来约束纳税人占用耕地的行为，以促进土地资源的合理运用为课征目的，除具有资源占用税的属性外，还具有明显的特定行为税特征。

（2）采用地区差别税率。

耕地占用税采用地区差别税率，根据不同地区的具体情况，分别制定差别税额，以适应我国地域辽阔、地区之间耕地质量差别大、人均占有耕地面积相差悬殊的具体情况，具有因地制宜的特点。

（3）在占用耕地环节一次性课征。

耕地占用税在纳税人获准占用耕地的环节征收，除对获准占用耕地后超过两年未使用者加征耕地占用税外，此后不再征收耕地占用税。因而，耕地占用税具有一次性征收的特点。

（4）税收收入专用于耕地开发与改良。

耕地占用税收入按规定应用于建立发展农业专项基金，主要用于宜耕土地开发和现有耕地改良之用，因此具有"取之于地、用之于地"的补偿性特点。

3. 耕地占用税的作用

开征耕地占用税是为了合理利用土地资源，加强土地管理，保护农用耕地。

（1）利用经济手段限制乱占滥用耕地，促进农业生产的稳定发展。

（2）补偿占用耕地所造成的农业生产力的损失。

（3）为大规模的农业综合开发提供必要的资金来源。

4. 耕地占用税的纳税义务人

耕地占用税的纳税人为在我国境内占用耕地建设建筑物、构筑物或者从事非农业建设的单位和个人。单位，包括企事业单位、社会团体、国家机关、部队以及其他单位；个人，包括个体工商户、农村承包经营户以及其他个人。

经申请批准占用耕地的，纳税人为农用地转用审批文件中标明的建设用地人；农用地转用审批文件中未标明建设用地人的，纳税人为用地申请人，其中用地申请人为各级人民政府的，由同级土地储备中心、自然资源主管部门或政府委托的其他部门、单位履行耕地占用税申报纳税义务。未经批准占用耕地的，纳税人为实际用地人。

9.3.2　耕地占用税的征税对象与征税范围

1. 耕地占用税的征税对象

耕地占用税的征税对象是占用耕地建房或从事非农业建设的行为。

耕地占用税征税对象的决定要素，取决于两方面：一是建设行为（建房，从事非农业建设）；二是被占耕地。

按照用途，应税建设行为可分为两种：一是建房，不管所建房屋是从事农业建设，还是从事非农业建设，只要占用耕地建设永久性建筑物，就要缴纳耕地占用税；二是从事非农业建设，不管是否建房，都应课税。

从征税对象来讲，将征税对象扩大到了整个农用地。纳税人占用除耕地以外的农用地，如林地、牧草地、农田水利用地和养殖水面等，均应按照《中华人民共和国耕地占用税法》（以下简称《耕地占用税法》）及相关文件的规定，缴纳耕地占用税。

2. 耕地占用税的征税范围

耕地占用税的征税范围，包括纳税人占用耕地建设建筑物、构筑物或者从事其他非农业建设而占用的国家所有和集体所有的耕地。

所谓"耕地"是指种植农业作物的土地，包括菜地、园地。其中，园地包括花圃、苗圃、茶园、果园、桑园和其他种植经济林木的土地。

占用鱼塘及其他农用土地建房或从事其他非农业建设，也视同占用耕地，必须依法征收耕地占用税。占用已开发从事种植、养殖的滩涂、草场、水面和林地等从事非农业建设，由省、自治区、直辖市本着有利于保护土地资源和生态平衡的原则，结合具体情况确定是否征收耕地占用税。

> **提示**
>
> 在占用的前三年内属于上述范围的耕地或农用土地，也都视为耕地。

9.3.3 耕地占用税的税率与计税依据

1. 耕地占用税税率

耕地占用税税率采用地区差别幅度定额税率，具体如下：

（1）人均耕地不超过1亩的地区（以县级行政区域为单位，下同），每平方米为10～50元；

（2）人均耕地超过1亩但不超过2亩的地区，每平方米为8～40元；

（3）人均耕地超过2亩但不超过3亩的地区，每平方米为6～30元；

（4）人均耕地超过3亩以上的地区，每平方米为5～25元。

国务院财政、税务主管部门根据人均耕地面积和经济发展情况确定各省（自治区、直辖市）的平均税额。《耕地占用税法》及相关文件规定，各省（自治区、直辖市）耕地占用税的平均税额，按照耕地占用税平均税额表（见表9-1）执行。县级行政区域的适用税额，按照《耕地占用税法》及相关文件和各省（自治区、直辖市）人民政府的规定执行。

表9-1　各省、自治区、直辖市耕地占用税平均税额表

单位：元

序号	地区	每平方米平均税额
1	上海	45
2	北京	40
3	天津	35
4	江苏、浙江、福建、广东	30
5	辽宁、湖北、湖南	25
6	河北、安徽、江西、山东、河南、重庆、四川	22.5

续表

序号	地区	每平方米平均税额
7	广西、海南、贵州、云南	20
8	山西、吉林、黑龙江	17.5
9	内蒙古、西藏、甘肃、青海、宁夏、新疆	12.5

在人均耕地低于0.5亩的地区，各省、自治区、直辖市可以根据当地经济发展情况，适当提高耕地占用税的适用税额，但提高的部分不得超过确定适用税额的50%。占用基本农田的，应当按照法定的当地适用税额，加按150%征收。

占用园地、林地、草地、农田水利用地、养殖水面、渔业水域滩涂以及其他农用地建设建筑物、构筑物或者从事非农业建设的，适用税额可以适当低于本地区确定的适用税额，但降低部分不得超过50%。具体适用税额由省、自治区、直辖市人民政府提出，报同级人大常委会决定，并报全国人大常委会和国务院备案。

2. 耕地占用税计税依据

耕地占用税以纳税人实际占用的属于耕地占用税征税范围的土地（以下简称应税土地）面积为计税依据，按应税土地当地适用税额计税，实行一次性征收。

实际占用的耕地面积，包括经批准占用的耕地面积和未经批准占用的耕地面积。

临时占用耕地，应当依照规定缴纳耕地占用税。纳税人在批准临时占用耕地的期限内恢复所占用耕地原状的，全额退还已经缴纳的耕地占用税。

纳税人临时占用耕地，是指经自然资源主管部门批准，在一般不超过2年内临时使用耕地并且没有修建永久性建筑物的行为。依法复垦应由自然资源主管部门会同有关行业管理部门认定并出具验收合格确认书。

9.3.4 耕地占用税应纳税额的计算

耕地占用税以纳税人实际占用的应税土地面积为计税依据，以每平方米土地为计税单位，按照适用的定额税率计税。

应纳税额为纳税人实际占用的应税土地面积（平方米）乘以适用税额。计算公式为：

应纳税额 = 应税土地面积 × 适用税额

加按150%征收耕地占用税的计算公式为：

应纳税额 = 应税土地面积 × 适用税额 ×150%

【情景9-5】经批准，北京市惠达股份有限公司占用耕地6 000平方米建设厂房，当地规定的耕地占用税标准为30元/平方米，计算企业应纳耕地占用税。

应纳税额 = 6 000×30 = 180 000（元）

提示

应税土地面积，包括经批准占用面积和未经批准占用面积，以平方米为单位。适用税额是指省、自治区、直辖市人大常委会决定的应税土地所在地县级行政区的现行适用税额。

9.3.5 耕地占用税的税收优惠

1. 免征耕地占用税

（1）军事设施占用耕地。

（2）学校、幼儿园、养老院、医院占用耕地。

（3）农村烈士遗属、因公牺牲军人遗属、残疾军人以及符合农村最低生活保障条件的农村居民，在规定用地标准以内新建自用住宅，免征耕地占用税。

2. 减征耕地占用税

（1）铁路线路、公路线路、飞机场跑道、停机坪、港口、航道占用耕地，减按每平方米2元征收耕地占用税。

根据实际需要，国务院财政、税务主管部门会同国务院有关部门并报国务院批准后，可以对前款规定的情形免征或者减征耕地占用税。

（2）农村居民占用耕地新建住宅，按照当地适用税额减半征收耕地占用税。

农村烈士家属、残疾军人、鳏寡孤独以及革命老根据地、少数民族聚居区和边远贫困山区生活困难的农村居民，在规定用地标准以内新建住宅缴纳耕地占用税确有困难的，经所在地乡（镇）人民政府审核，报经县级人民政府批准后，可以免征或者减征耕地占用税。

提示

免征或者减征耕地占用税后，纳税人改变原占地用途，不再属于免征或者减征耕地占用税情形的，应当按照当地适用税额补缴耕地占用税。

9.3.6 耕地占用税的征收管理

耕地占用税由地方税务机关负责征收。土地管理部门在通知单位或者个人办理占用耕地手续时，应当同时通知耕地所在地同级地方税务机关。获准占用耕地的单位或者个人应当在收到土地管理部门的通知之日起30日内，缴纳耕地占用税。土地管理部门凭耕地占用税完税凭证或者免税凭证和其他有关文件发放建设用地批准书。

纳税人临时占用耕地，应当依照《耕地占用税法》及相关文件的规定缴纳耕地占用税。纳税人在批准临时占用耕地的期限内恢复所占用耕地原状的，全额退还已经缴纳的耕地占用税。

占用林地、牧草地、农田水利用地、养殖水面以及渔业水域滩涂等其他农用地建房或者从事非农业建设的，比照《耕地占用税法》及相关文件的规定征收耕地占用税。建设直接为农业生产服务的生产设施占用前款规定的农用地的，不征收耕地占用税。

任务9.4　船舶吨税纳税实务

9.4.1　船舶吨税概述

船舶吨税是根据船舶运载量课征的一个税种，源于明朝以后税关的"船料"。现行船舶吨税的基本规范是2017年12月27日第十二届全国人民代表大会常务委员会第三十一次会议通过的《中华人民共和国船舶吨税法》，自2018年7月1日起实施。

1. 船舶吨税的概念

船舶吨税亦称"吨税"，是海关对自中华人民共和国境外港口进入境内港口的船舶所征收的一种税。其原因主要是外国船舶在本国港口行驶，使用了港口设施和助航设备，如灯塔、航标等，故应支付一定的费用。有的国家因此也称吨税为"灯塔税"。外商租用的中国籍船舶、中外合营企业等使用的中国籍船舶和我国租用航行国外兼营沿海贸易的外国籍船舶，都应按照规定缴纳船舶吨税。

> **提示**
> 对应纳吨税船舶经特准行驶于我国未设海关港口的，则由当地税务局代征。

2. 船舶吨税的特点

（1）船舶吨税主要是对进出中国港口的国际航行船舶征收。

（2）以船舶的净吨位为计税依据，实行从量定额征收。

（3）对不同的船舶分别适用普通税率或优惠税率。

（4）所征税款主要用于港口建设的维护及海上干线公用航标的建设维护。

3. 开征船舶吨税的作用

首先，为了限制外国航运业的利益，以扶持中国航运业的发展。其次，我国征收船舶吨税，不仅有利于对往来港口的国际航行船舶进行严格管理，保护各国远洋运输业的发展，而且还能为港口建设、海上干线公用航标的建设和维护筹集资金。

> **提示**
> 实行现代船舶吨税制可以有效促进中国籍船舶的增加，扩大船队规模，提高航运能力，在一定程度上避免国有资产流失。

4. 船舶吨税的纳税义务人

船舶吨税纳税人为拥有或租有进出中国港口的国际航行船舶的单位和个人。船舶吨税分为90天期缴纳与30天期缴纳两种办法，由纳税人于申请完税时自行填报。海关根据纳税人的申报，经审核后，按其申报的缴纳期限计征船舶吨税。

船舶吨税纳税人，在海关签发吨税缴款书的次日起7日内向指定银行缴清税款。逾期未缴纳的，按日征收滞纳金。纳税人缴清船舶吨税后，海关填发船舶吨税执照，交纳税人收存。

9.4.2 船舶吨税的征税对象与征税范围

1. 船舶吨税的征税对象

船舶吨税征税对象是行驶于中国港口的中外船舶。

具体包括：
（1）在中国港口行驶的外国籍船舶。
（2）外商租用的中国籍船舶。
（3）中外合营的海运企业自有或租用的中、外籍船舶。
（4）中国租用（包括国外华商所有的和租用的）航行国外及兼营国内沿海贸易的外国籍船舶。

2. 船舶吨税的征税范围

自中华人民共和国境外港口进入境内港口的船舶（以下称应税船舶），应当依法缴纳船舶吨税。

9.4.3 船舶吨税的税率与计税依据

船舶吨税设置优惠税率和普通税率。中华人民共和国国籍的应税船舶，船籍国（地区）与中华人民共和国签订含有相互给予船舶税费最惠国待遇条款的条约或者协定的应税船舶，适用优惠税率。其他应税船舶适用普通税率。吨税税目、税率表如表9-2所示。

表9-2 吨税税目、税率表

税目 (按船舶净吨位划分)	税率（元/净吨）						备注
	普通税率 (按执照期限划分)			优惠税率 (按执照期限划分)			
	1年	90日	30日	1年	90日	30日	
不超过2 000净吨	12.6	4.2	2.1	9.0	3.0	1.5	1. 拖船按照发动机功率每千瓦折合净吨位0.67吨。 2. 无法提供净吨位证明文件的游艇，按照发动机功率每千瓦折合净吨位0.05吨。 3. 拖船和非机动驳船分别按相同净吨位船舶税率的50%计征税款
超过2 000净吨，但不超过10 000净吨	24.0	8.0	4.0	17.4	5.8	2.9	
超过10 000净吨，但不超过50 000净吨	27.6	9.2	4.6	19.8	6.6	3.3	
超过50 000净吨	31.8	10.6	5.3	22.8	7.6	3.8	

注：拖船是指专门用于拖（推）动运输船舶的专业作业船舶。

9.4.4 船舶吨税应纳税额的计算

船舶吨税按照船舶净吨位和吨税执照期限征收。应纳税额按照船舶净吨位乘以适用税率计算。净吨位，是指由船籍国（地区）政府授权签发的船舶吨位证明书上标明的净吨位。计算公式为：

应纳税额＝船舶净吨位×定额税率

吨税由海关负责征收。海关征收吨税应当制发缴款凭证。应税船舶负责人缴纳吨税或者提供担保后，海关按照其申领的执照期限填发吨税执照。

应税船舶在进入港口办理入境手续时，应当向海关申报纳税领取吨税执照，或者交验吨税执照（或者申请核验吨税执照电子信息）。应税船舶在离开港口办理出境手续时，应当交验吨税执照（或者申请核验吨税执照电子信息）。

应税船舶负责人申领吨税执照时，应当向海关提供下列文件：

（1）船舶国籍证书或者海事部门签发的船舶国籍证书收存证明。

（2）船舶吨位证明。

应税船舶因不可抗力在未设立海关地点停泊的，船舶负责人应当立即向附近海关报告，并在不可抗力原因消除后，依照规定向海关申报纳税。

【情景9-6】外国某运输公司一艘货轮驶入我国港口，该货轮净吨位为40 000吨，货轮负责人已向我国海关领取了吨税执照，在港口停留期限为30天，该国已与我国签订有相互给予船舶税费最惠国待遇条款。请计算该货轮负责人应向我国海关缴纳的船舶吨税。

（1）根据船舶吨税的相关规定，该货轮应享受优惠税率，每净吨位为3.3元。

（2）应缴纳船舶吨税＝40 000×3.3=132 000（元）。

9.4.5 船舶吨税的税收优惠

1. 直接优惠

下列船舶，免征船舶吨税：

（1）应纳税额在人民币50元以下的船舶。

（2）自境外以购买、受赠、继承等方式取得船舶所有权的初次进口到港的空载船舶。

（3）吨税执照期满后24小时内不上下客货的船舶。

（4）非机动船舶（不包括非机动驳船），是指自身没有动力装置，依靠外力驱动的船舶。

（5）捕捞、养殖渔船，是指在中华人民共和国渔业船舶管理部门登记为捕捞船或者养殖船的船舶。

（6）避难、防疫隔离、修理、改造、终止运营或者拆解，并不上下客货的船舶。

（7）军队、武装警察部队专用或者征用的船舶。

（8）警用船舶。

（9）依照法律规定应当给予免税的外国驻华使领馆、国际组织驻华代表机构及其有关人员的船舶。

（10）国务院规定的其他船舶。

2. 延期优惠

延期优惠，是指海关按照实际发生的天数批注延长吨税执照期限。

（1）避难、防疫隔离、修理、改造，并不上下客货。

（2）军队、武装警察部队征用。

（3）应税船舶因不可抗力在未设立海关地点停泊的，船舶负责人应当立即向附近海关报告，并在不可抗力原因消除后，向海关申报纳税。

9.4.6 船舶吨税的征收管理

（1）吨税纳税义务发生时间为应税船舶进入港口的当日。

应税船舶在吨税执照期满后尚未离开港口的，应当申领新的吨税执照，自上一次执照期满的次日起续缴吨税。

（2）应税船舶负责人应当自海关填发吨税缴款凭证之日起十五日内缴清税款。未按期限缴清税款的，自滞纳税款之日起至缴清税款之日止，按日加收滞纳税款万分之五的税款滞纳金。

（3）应税船舶到达港口前，经海关核准先行申报并办结出入境手续的，应税船舶负责人应当向海关提供与其依法履行吨税缴纳义务相适应的担保；应税船舶到达港口后，依照规定向海关申报纳税。

下列财产、权利可以用于担保：
①人民币、可自由兑换货币；
②汇票、本票、支票、债券、存单；
③银行、非银行金融机构的保函；
④海关依法认可的其他财产、权利。

（4）应税船舶在吨税执照期限内，因修理、改造导致净吨位变化的，吨税执照继续有效。应税船舶办理出入境手续时，应当提供船舶经过修理、改造的证明文件。

（5）应税船舶在吨税执照期限内，因税目税率调整或者船籍改变而导致适用税率发生变化的，吨税执照继续有效。

因船籍改变导致适用税率发生变化的，应税船舶在办理出入境手续时，应当提供船籍改变的证明文件。

（6）吨税执照在期满前毁损或者遗失的，应当向原发照海关书面申请核发吨税执照副本，不再补税。

（7）海关发现少征或者漏征税款的，应当自应税船舶应当缴纳税款之日起一年内，补征税款。但因应税船舶违反规定造成少征或者漏征税款的，海关可以自应当缴纳税款之日起三年内追征税款，并自应当缴纳税款之日起按日加征少征或者漏征税款万分之五的税款滞纳金。

海关发现多征税款的，应当在24小时内通知应税船舶办理退还手续，并加算银行同期活期存款利息。

应税船舶发现多缴税款的，可以自缴纳税款之日起三年内以书面形式要求海关退还多缴的税款并加算银行同期活期存款利息；海关应当自受理退税申请之日起三十日内查实并通知应税船舶办理退还手续。

应税船舶应当自收到通知之日起三个月内办理有关退还手续。

（8）应税船舶存在下列行为之一的，由海关责令限期改正，处以两千元以上三万元以下的罚款；不缴或者少缴应纳税款的，处不缴或者少缴税款百分之五十以上五倍以下的罚款但罚款不得低于两千元：
①未按照规定申报纳税、领取吨税执照；
②未按照规定交验吨税执照（或者申请核验吨税执照电子信息）以及提供其他证明文件。

（9）吨税税款、税款滞纳金、罚款以人民币计算。

关于吨税的征收，《中华人民共和国船舶吨税法》未做规定的，依照有关税收征收管理的法律、行政法规的规定执行。

任务 9.5 烟叶税纳税实务

9.5.1 烟叶税概述

烟叶税是以纳税人收购烟叶的金额为计税依据征收的一种税。

1. 烟叶税的概念

烟叶税是以烟叶为课税对象，按烟叶收购金额的一定比例征收的一种农业特产税。农业税曾是我国重要的税种，由财政部门征收。财政部门在征收农业税的同时，针对农业特产收入，征收农林渔业特产税。

从 2006 年开始，我国取消了农业税，农林特产税也随之消失。同时，对农业生产者自产的农产品，我国还免征增值税。但对烟叶这一特殊的农产品，我国于 2006 年 4 月颁布了《中华人民共和国烟叶税暂行条例》（以下简称《烟叶税暂行条例》），并自公布之日起施行。财政部、国家税务总局随即印发《关于烟叶税若干具体问题的规定》。因此，烟叶税是唯一保留的农业特产税，它不仅用于增加财政收入，同时也有增加烟草收购成本、调控烟草消费行为的目的。

2017 年 12 月 27 日，第十二届全国人民代表大会常务委员会第三十一次会议通过《中华人民共和国烟叶税法》，自 2018 年 7 月 1 日起实施。

2. 烟叶税的特点

（1）烟叶税具有原农业税特点，以烟叶收购单位为纳税人。

（2）就其性质而言，属于特别消费税。

（3）烟叶税是价内税。

（4）烟叶税实行单一环节征税。

（5）烟叶税是地方税。

3. 烟叶税的作用

（1）改革烟叶收购价格制度，保障烟农经济利益。

烟草行业不同于其他行业，它由国家专卖，属于国家垄断性质，如果完全放开烟叶收购价格有可能出现价格扭曲的现象，即价格无法反映市场的供需情况。为此，政府可以通过规定各种烟叶的最低收购价格以保护烟农的基本利益。同时，由于烟叶种植极易受到自然环境变化的影响，烟叶生产的不确定性因素很多，为了减少烟农种烟的风险，稳定生产积极性，也需要最低收购价格作为保障。

（2）进一步改革烟叶生产补贴政策，完善烟叶税的计税依据。

为了给烟叶种植创造一个稳定的政策环境，避免烟叶税的流失，可从以下三个方面着手来完善烟叶补贴政策：

①中央政府进行统筹和协调，将各地对烟叶生产给予的明补和暗补进行归类，制定统一完善的补贴项目和标准，对一些地方因特殊情况需要安排特别补贴的，应规定将该补贴标准控制在合理范围之内。

②在确定各省补贴标准的基础上给予各地一定的浮动空间，使各地能够根据本省实际安排补贴政策。

③以上年的通货膨胀指标、农业生产资料价格指标及农产品价格指标等与烟叶生产及烟农利益密切相关的价格指标为基础，建立烟叶收购参考价格和补贴浮动机制，保障烟农利益不因市场价格的波动而受损。

4. 烟叶税的纳税义务人

《中华人民共和国烟草专卖法》规定，在中华人民共和国境内收购烟叶的单位为烟叶税的纳税人。其中，收购烟叶的单位是指依照《中华人民共和国烟草专卖法》的规定，有权收购烟叶的烟草公司或者受其委托收购烟叶的单位。

9.5.2 烟叶税的征税范围

烟叶税的征税范围包括晾晒烟叶、烤烟叶。晾晒烟叶包括被列入《名晾晒烟名录》的晾晒烟叶和未被列入《名晾晒烟名录》的其他晾晒烟叶。

9.5.3 烟叶税的税率与计税依据

1. 烟叶税税率

烟叶税实行比例税率，税率为20%。烟叶税实行全国统一税率，主要是考虑烟叶属于特殊的专卖品，其税率不宜存在地区间的差异，否则会形成各地之间的不公平竞争，不利于烟叶种植的统一规划和烟叶市场、烟叶收购价格的统一。

2. 烟叶税计税依据

烟叶税的计税依据是纳税人收购烟叶的收购金额，具体包括纳税人支付给烟叶销售者的烟叶收购价款和价外补贴。

9.5.4 烟叶税应纳税额的计算

烟叶税的应纳税额，按照纳税人收购烟叶实际支付的价款总额乘以税率计算，计算公式为：

应纳税额 = 实际支付价款 × 税率

纳税人收购烟叶实际支付的价款总额，包括纳税人支付给烟叶生产销售单位和个人的烟叶收购价款和价外补贴。其中，价外补贴统一按烟叶收购价款的10%计算。

实际支付价款 = 收购金额 × （1+10%）

【情景9-7】北京市惠达烟草股份有限公司系增值税一般纳税人，2021年3月收购烟叶200 000千克，烟叶收购价格10元/千克，总计2 000 000元，货款已全部支付。计算该烟草公司3月收购烟叶应缴纳的烟叶税。

应缴纳烟叶税 = 2 000 000 × （1+10%） × 20%
= 440 000（元）

9.5.5 烟叶税的征收管理

烟叶税的征收管理，依照《中华人民共和国税收征收管理法》及《中华人民共和国烟叶税法》的有关规定执行。

1. 纳税义务发生时间

烟叶税的纳税义务发生时间为纳税人收购烟叶的当日。收购烟叶的当日是指纳税人向烟叶销售者付讫收购烟叶款项或者开具收购烟叶凭据的当日。

2. 纳税地点

纳税人收购烟叶，应当向烟叶收购地主管税务机关申报缴纳烟叶税。

3. 纳税期限

烟叶税按月计征，纳税人应当于纳税义务发生月终了之日起十五日内申报并缴纳税款。

项目小结

本项目介绍了城市维护建设税、车辆购置税、耕地占用税、船舶吨税、烟叶税以相应的税率和计税依据、应纳税额的计算、税收优惠及征收管理。

思考与练习

一、单项选择题

1. 下列项目中属于城市维护建设税计税依据的是（　　）。

A. 某大型商场少计算增值税被追缴的部分
B. 个体工商户拖欠增值税加收的滞纳金
C. 个人独资企业偷税被处的增值税罚款
D. 某矿山销售铁矿石缴纳的资源税

2. 某市区一企业2018年6月缴纳进口关税65万元，进口环节增值税15万元，进口环节消费税26.47万元；本月实际缴纳增值税49万元，计算的免抵税额为10万元，消费税85万元。本月收到上月报关出口自产货物应退增值税35万元。该企业6月应缴纳的城市维护建设税税额为（　　）元。

A. 95 550　　　　　　B. 100 800
C. 71 050　　　　　　D. 122 829

3. 下列关于耕地占用税征收管理的说法中，不正确的是（　　）。

A. 耕地占用税由税务机关负责征收
B. 占用基本农田的，应当按照确定的当地适用税额，加按150%征收
C. 纳税人因建设项目施工临时占用耕地，应当依照规定缴纳耕地占用税
D. 纳税人在批准临时占用耕地期满之日起一年内依法复垦，恢复种植条件的，退还50%已缴纳的耕地占用税

4. 下列占用耕地免征耕地占用税的是（　　）。

A. 党政机关　　　　　B. 铁路线路
C. 医院办公楼　　　　D. 飞机场办公楼

5. 某烟草公司2020年8月8日支付烟叶收购

价款88万元，另向烟农按规定支付了价外补贴10万元。该烟草公司8月收购烟叶应缴纳的烟叶税为（　　）万元。

A. 17.6　　B. 19.36　　C. 21.56　　D. 19.6

二、多项选择题

1. 下列各项中，符合城市维护建设税计税依据规定的有（　　）。

A. 偷逃增值税而被查补的税款
B. 偷逃消费税而被加收的滞纳金
C. 出口货物免抵的增值税税额
D. 出口产品征收的消费税税额

2. 下列车辆应缴纳车辆购置税的有（　　）。

A. 汽车挂车　　　　B. 汽车
C. 有轨电车　　　　D. 农用运输车

3. 下列关于烟叶税征收管理的说法，正确的有（　　）。

A. 纳税人收购烟叶，应当向烟叶收购地主管税务机关申报纳税
B. 收购烟叶的当天，是指纳税人向烟叶销售者付讫收购烟叶款项或者开具收购烟叶凭据的当天
C. 烟叶税的纳税义务发生时间为纳税人收购烟叶的当日
D. 纳税人应当自纳税义务发生之日起10日内申报纳税

4. 根据《中华人民共和国船舶吨税法》的规定，吨税执照期限内，海关按照实际发生的天数延长吨税执照期限的有（　　）。

A. 避难的船舶
B. 修理并不上下客货的船舶
C. 军队武装警察部队征用的船舶
D. 自境外以购买方式取得船舶所有权的初次进口到港的空载船舶

5. 下列占用农村土地的行为，需缴纳耕地占用税的有（　　）。

A. 占用耕地建房
B. 占用耕地从事其他非农业建设
C. 占用鱼塘从事其他非农业建设
D. 占用耕地兴办学校

三、判断题

1. 纳税人占用鱼塘进行非农业建设，应缴纳耕地占用税。（　　）
2. 建设直接为农业生产服务的生产设施占用税法规定的农用地的，不征收耕地占用税。（　　）
3. 烟叶税在烟叶收购环节征收。（　　）
4. 烟叶税纳税人是种植单位及个人。（　　）
5. 城市维护建设税的计税依据，是纳税人当期应缴的增值税、消费税税额。（　　）

四、简答题

1. 简述城市维护建设税概念、纳税人和征税范围。
2. 什么是车辆购置税？车辆购置税的税目有哪些？
3. 简述耕地占用税的征税对象。

项目 10　税收征收管理法和税务行政法制

知识目标

◎ 理解税收征收管理法；
◎ 掌握税务行政复议；
◎ 掌握税务行政诉讼。

技能目标

◎ 掌握纳税申报；
◎ 掌握税务检查的形式和方法。

案例导入

高某是新疆哈密市人，通过朋友介绍认识了想在哈密市做生意的河北省廊坊市人员李某和薛某。李某把河南人汪某的身份证件提供给高某，高某以开办公司为由向公安机关提供虚假地址为汪某办理暂住证件，然后聘用会计周某在工商部门注册了 XC 商贸公司，在税务机关办理税务登记。在两个月时间内，高某和会计周某在李某和薛某的授意下，使用他人身份证件，采用和注册 XC 商贸公司相同的手段，又先后设立 DC 商贸公司等 5 户企业并办理了税务登记。

会计周某以 6 户企业的名义，先后向主管税务机关申领空白发票 1 300 多份交与高某，高某再通过快递方式将空白发票邮递给河北省廊坊市的薛某。薛某和李某根据其背后主谋孙某的授意向河北、天津 9 户企业（注册地址均为虚假）开具货物名称为煤炭、废钢铁的增值税专用发票，且此 9 户企业已经认证抵扣 1300 多万元进项税额，向河北 13 户企业（均为注册地址虚假或无实际经营能力的"空壳公司"）开具增值税专用发票 437 份，涉及金额 4 200 余万元，受票企业已认证抵扣增值税进项税额 710 余万元。

另外，辽宁和吉林两地 17 户企业向 XC 商贸公司累计开增值税发票 763 份，货物名称为稻谷、绿豆等，但是 17 户企业在开票以后，把相关货款随即转入个人开设的"中转账户"，在扣除固定比例金额后，最终转回 XC 商贸公司银行账户。

案例思考

对"空壳公司"虚开发票的行为进行案例分析。

本章导语

税收征管法的制定和颁布对我国加强税收征收管理，规范税收征收和缴纳行为，保障国家税收收入，保护纳税人的合法权益，促进经济和社会发展具有重要意义。随着国家相关行政法律制度的颁布实施和普法教育工作的常态开展，公民学法、用法、依法维护自己合法权益的意识进一步加强，社会主义法制建设得到了进一步发展，依法治国、建设社会主义法治国家进程进一步加快。

任务 10.1 税收征收管理法

《中华人民共和国税收征收管理法》于 1992 年 9 月 4 日由第七届全国人民代表大会常务委员会第二十七次会议通过，1993 年 1 月 1 日起实施，1995 年 2 月 28 日第八届全国人民代表大会常务委员会第十二次会议修正。2001 年 4 月 28 日，第九届全国人民代表大会常务委员会第二十一次会议通过了修订后的《中华人民共和国税收征收管理法》（以下简称《征管法》），并于 2001 年 5 月 1 日起实施。2013 年和 2015 年全国人民代表大会常务委员会对《征管法》又进行了两次修订。

10.1.1 税收征收管理法概述

税收征收管理是国家征税机关依据国家税收法律、行政法规的规定，按照统一标准，通过一定程序，对纳税人应纳税额组织入库的一种行政活动，是国家将税收政策贯彻实施到每个纳税人，有效组织税收收入及时、足额入库等一系列活动的总称。税收征管工作的好坏，直接关系到税收职能作用能否很好地发挥。为了加强税收征收管理，规范税收征收和缴纳行为，保障国家税收收入，保护纳税人的合法权益，促进经济和社会发展，制定本法。

1. 税务行政管理纳税人、扣缴义务人和其他有关单位

法律、行政法规规定负有纳税义务的单位和个人为纳税人。法律、行政法规规定负有代扣代缴、代收代缴税款义务的单位和个人为扣缴义务人。纳税人、扣缴义务人必须依照法律、行政法规的规定缴纳税款、代扣代缴、代收代缴税款。纳税人、扣缴义务人和其他有关单位，应当按照国家有关规定如实向税务机关提供与纳税和代扣代缴、代收代缴税款有关的信息。

根据上述规定，纳税人、扣缴义务人和其他有关单位是税务行政管理的相对人，是《征管法》的遵守主体，必须按照《征管法》的有关规定接受税务管理，享受合法权益。

2. 税务机关、有关单位和部门

《征管法》规定："国务院税务主管部门主管全国的税收征收管理工作。各地国家税务局应当按照国务院规定的税收征收管理规范分别进行征收管理。"

《征管法》及其实施细则规定："税务机关是指各级税务局、税务分局、税务所和省以下税务局的稽查局。稽查局专司偷税、逃避追缴欠税、骗税、抗税案件的查处。国家税务总局应明确划分税务局和稽查局的职责，避免职责交叉。"

地方各级人民政府应当依法加强对本行政区域内税收管理工作的领导或者协调，支持税务机关依法执行职务，依照法定税率计算税额，依法征收税款。各有关部门和单位应当支持、协助税务机关依法执行职务。

> **提示**
>
> 上述规定既明确了税收征收管理的行政主体（执法主体），也明确了《征管法》的遵守主体。包括地方各级人民政府在内的有关单位和部门同样是《征管法》的遵守主体，必须遵守《征管法》的有关规定。

3. 税收征收管理法的适用范围

《征管法》规定："凡依法由税务机关征收的各种税收的征收管理，均适用本法。"我国税收的征收机关有税务机关和海关，税务机关负责征收各种工商税收，海关负责征收关税。《征管法》只

适用于由税务机关征收的各种税收的征收管理。海关征收的关税及代征的增值税、消费税，适用其他法律、法规的规定。

税收的开征、停征以及减税、免税、退税、补税，依照法律的规定执行；法律授权国务院规定的，依照国务院制定的行政法规的规定执行。

任何机关、单位和个人不得违反法律、行政法规的规定，擅自作出税收开征、停征以及减税、免税、退税、补税和其他同税收法律、行政法规相抵触的决定。

> **提示**
> 目前还有一部分政府收费由税务机关征收，如教育费附加。这些费不适用《征管法》，不能采取《征管法》规定的措施，其具体管理办法由相关收费的条例和规章决定。

4. 税收法律关系

税收法律关系是税法所确认和调整的国家与纳税人之间、国家与国家之间以及各级政府之间在税收分配过程中形成的权利与义务关系。国家征税与纳税人纳税在形式上虽表现为利益分配的关系，但经过法律明确双方的权利与义务后，这种关系实质已上升为一种特定的法律关系。

（1）税收法律关系的构成。税收法律关系由税收法律关系的主体、客体和内容三个方面构成。

税收法律关系的主体，即税收法律关系中享有权利和履行义务的当事人。在我国，税收法律关系的主体包括征纳税双方，一方是代表国家行使征税职责的国家行政机关，包括各级国家税务机关、海关和财政机关；另一方是履行纳税义务的人，包括法人、自然人和其他组织以及在华的外国企业和组织、外籍人、无国籍人等。

税收法律关系的客体，即税收法律关系主体的权利和义务共同指向的对象，也就是征税对象。例如，所得税法律关系客体是生产经营所得和其他所得；财产税法律关系客体是财产；流转税法律关系客体是销售商品或提供劳务、服务等取得的流转额。

税收法律关系的内容，是主体享有的权利和应履行的义务，这是税收法律关系中最实质的内容，也是税法的灵魂。它规定了权利主体可以有什么行为，不可以有什么行为，若违反了这些规定，须承担相应的法律责任。税务机关的权利主要表现在依法征税、税务检查以及对违章者进行处罚；其义务主要是向纳税人宣传、辅导、解释税法，及时把征收的税款解缴国库，依法受理纳税人对税收争议的申诉等。纳税义务人的权利主要有延期纳税权、多缴税款申请退还权、依法申请减免税权、申请复议和提起诉讼权等；其义务主要是按税法规定办理税务登记、进行纳税申报、接受税务检查、依法缴纳税款等。

（2）税收法律关系的产生、变更与消灭。税法虽是引起税收法律关系的前提条件，但税法本身并不能产生具体的税收法律关系。税收法律关系的产生、变更和消灭必须有能够引起税收法律关系产生、变更或消灭的客观情况，也就是由税收法律事实决定。

税收法律事实可以分为税收法律事件和税收法律行为。税收法律事件是指不以税收法律关系权利主体的意志为转移的客观事件。例如，自然灾害可以导致税收减免，从而改变税收法律关系的内容。税收法律行为是指税收法律关系主体在正常意志支配下做出的活动。例如，纳税人开业经营会产生税收法律关系，纳税人转业或停业就会造成税收法律关系的变更或消灭。

10.1.2 税务管理

1. 税务管理的概念

税务管理，是指税收征收管理机关为了贯彻执行国家税收法律制度，加强税收工作，协调征税关系而对纳税人和扣缴义务人实施的基础性的管理制度和管理行为。税务管理是税收征收管理的重要内容，是税款征收的前提和基础。税务管理主要包括税务登记管理、账簿和凭证管理、发票管理、纳税申报管理等内容。

2. 税务登记

税务登记是税务机关对纳税人的基本情况及生产经营项目进行登记管理的一项基本制度，是整个税收征收管理的起点。税务登记的作用在于掌握纳税人的基本情况和税源分布情况。从税务登记开始，纳税人的身份及征纳双方的法律关系便得到确认。

（1）税务登记申请人。

企业在外地设立的分支机构和从事生产、经营的场所，个体工商户和从事生产、经营的事业单位，都应当办理税务登记（统称从事生产、经营的纳税人）。

前述规定以外的纳税人，除国家机关、个人和无固定生产经营场所的流动性农村小商贩外，也应当办理税务登记（统称非从事生产经营但依照规定负有纳税义务的单位和个人）。

根据税收法律、行政法规的规定，负有扣缴税款义务的扣缴义务人（国家机关除外），应当办理扣缴税款登记。

（2）税务登记主管机关。

县以上（含本级，下同）税务局（分局）是税务登记的主管机关，负责税务登记的设立登记、变更登记、注销登记以及非正常户处理、报验登记等有关事项。

县以上税务局按照国务院规定的税收征收管理范围，实施属地管理，办理税务登记。有条件的城市，可以按照"各区分散受理、全市集中处理"的原则办理税务登记。

（3）"多证合一"登记制度改革。

为提升政府行政服务效率，降低市场主体创设的制度性交易成本，激发市场活力和社会创新力，自2015年10月1日起，登记制度改革在全国推行。随着国务院简政放权、放管结合、优化服务的"放管服"改革不断深化，登记制度改革从"三证合一"推进为"五证合一"，又进一步推进为"多证合一、一照一码"，即在全面实施企业、农民专业合作社工商营业执照、组织机构代码证、税务登记证、社会保险登记证、统计登记证"五证合一、一照一码"登记制度改革和个体工商户工商营业执照、税务登记证"两证整合"的基础上，将涉及企业、个体工商户和农民专业合作社（统称企业）登记、备案等有关事项和各类证照进一步整合到营业执照上，实现"多证合一、一照一码"。使"一照一码"营业执照成为企业唯一的"身份证"，使统一社会信用代码成为企业唯一的身份代码，实现企业"一照一码"走天下。

3. 账簿、凭证管理

账簿是纳税人、扣缴义务人连续记录各种经济业务的账册或簿籍。凭证是纳税人用来记录经济业务，明确经济责任，并据以登记账簿的书面证明。账簿、凭证管理是继税务登记之后税收征管的又一重要环节，在税收征管中具有重要地位。

（1）纳税人、扣缴义务人按照有关法律、行政法规和国务院财政、税务主管部门的规定设置账簿，根据合法、有效凭证记账，进行核算。

（2）从事生产、经营的纳税人的财务、会计制度或者财务、会计处理办法和会计核算软件，应当报送税务机关备案。

纳税人、扣缴义务人的财务、会计制度或者财务、会计处理办法与国务院或者国务院财政、税务主管部门有关税收的规定抵触的，依照国务院或者国务院财政、税务主管部门有关税收的规定计算应纳税款、代扣代缴和代收代缴税款。

（3）税务机关是发票的主管机关，负责发票印制、领购、开具、取得、保管、缴销的管理和监督。单位、个人在购销商品、提供或者接受经营服务以及从事其他经营活动中，应当按照规定开具、使用、取得发票。发票的管理办法由国务院规定。

（4）增值税专用发票由国务院税务主管部门指定的企业印制；其他发票按照国务院税务主管部门的规定，分别由省、自治区、直辖市国家税务局、地方税务局指定企业印制。未经前款规定的税务机关指定，不得印制发票。

（5）国家根据税收征收管理的需要，积极推广使用税控装置。纳税人应当按照规定安装、使用税控装置，不得损毁或者擅自改动税控装置。

（6）从事生产、经营的纳税人、扣缴义务人必须按照国务院财政、税务主管部门规定的保管期限保管账簿、记账凭证、完税凭证及其他有关资料。

账簿、记账凭证、完税凭证及其他有关资料不得伪造、变造或者擅自损毁。

4. 纳税申报

纳税申报是指纳税人按照税法规定，定期就计算缴纳税款的有关事项向税务机关提交书面报告的法定手续。纳税申报是确定纳税人是否履行纳税义务，界定法律责任的主要依据。

（1）纳税申报的内容。

纳税人、扣缴义务人的纳税申报或者代扣代缴、代收代缴税款报告表的主要内容包括税种、税目；应纳税项目或者应代扣代缴、代收代缴税款项目；计税依据；扣除项目及标准；适用税率或者单位税额；应退税项目及税额、应减免税项目及税额；应纳税额或者应代扣代缴、代收代缴税额；税款所属期限、延期缴纳税款、欠税、滞纳金等。

（2）纳税申报的方式。

纳税申报方式是指纳税人和扣缴义务人在纳税申报期限内，依照规定到指定税务机关进行申报纳税的形式。纳税申报的方式主要有以下几种：

①自行申报。自行申报也称直接申报，是指纳税人、扣缴义务人在规定的申报期限内，自行直接到主管税务机关指定的办税服务场所办理纳税申报手续。这是一种传统的申报方式。

②邮寄申报。邮寄申报，是指经税务机关批准，纳税人、扣缴义务人使用统一的纳税申报专用信封，通过邮政部门办理交寄手续，并以邮政部门收据作为申报凭据的纳税申报方式。邮寄申报以寄出的邮戳日期为实际申报日期。

③数据电文申报。数据电文申报，是指经税务机关批准，纳税人、扣缴义务人以税务机关确定的电话语音、电子数据交换和网络传输等电子方式进行纳税申报。这种方式运用了新的电子信息技术，代表着纳税申报方式的发展方向，使用范围逐渐扩大。纳税人、扣缴义务人采取数据电文方式办理纳税申报的，申报日期以税务机关计算机网络系统收到该数据电文的时间为准，与数据电文相对应的纸质申报资料的报送期限由税务机关确定。

④其他方式。实行定期定额缴纳税款的纳税人，可以实行简易申报、简并征期等方式申报纳税。

（3）纳税申报的其他要求。

①纳税人在纳税期内没有应纳税款的，也应当按照规定办理纳税申报。

②纳税人享受减税、免税待遇的，在减税、免税期间应当按照规定办理纳税申报。

③纳税人、扣缴义务人按照规定的期限办理纳税申报或者报送代扣代缴、代收代缴税款报告表确有困难，需要延期的，应当在规定的期限内向税务机关提出书面延期申请，经税务机关核准，在核准的期限内办理。

纳税人、扣缴义务人因不可抗力，不能按期办理纳税申报或者报送代扣代缴、代收代缴税款报告表的，可以延期办理；但是，应当在不可抗力情形消除后立即向税务机关报告。税务机关应当查明事实，予以核准。

经核准延期办理纳税申报、报送事项的，应当在纳税期内按照上期实际缴纳的税额或者税务机关核定的税额预缴税款，并在核准的延期内办理税款结算。

10.1.3 税务征收

（1）税务机关依照法律、行政法规的规定征收税款，不得违反法律、行政法规的规定开征、停征、多征、少征、提前征收、延缓征收或者摊派税款。

（2）除税务机关、税务人员以及经税务机关依照法律、行政法规委托的单位和人员外，任何单位和个人不得进行税款征收活动。

(3) 扣缴义务人依照法律、行政法规的规定履行代扣、代收税款的义务。对法律、行政法规没有规定负有代扣、代收税款义务的单位和个人，税务机关不得要求履行代扣、代收税款义务。

扣缴义务人依法履行代扣、代收税款义务时，纳税人不得拒绝。纳税人拒绝的，扣缴义务人应当及时报告税务机关处理。

税务机关按照规定付给扣缴义务人代扣、代收手续费。

(4) 纳税人、扣缴义务人按照法律、行政法规规定或者税务机关依照法律、行政法规的规定确定的期限，缴纳或者解缴税款。

纳税人因有特殊困难，不能按期缴纳税款的，经省、自治区、直辖市国家税务局、地方税务局批准，可以延期缴纳税款，但是最长不得超过三个月。

(5) 纳税人未按照规定期限缴纳税款的，扣缴义务人未按照规定期限解缴税款的，税务机关除责令限期缴纳外，自滞纳税款之日起，按日加收滞纳税款万分之五的滞纳金。

(6) 纳税人依照法律、行政法规的规定办理减税、免税。

地方各级人民政府、各级人民政府主管部门、单位和个人违反法律、行政法规规定，擅自作出的减税、免税决定无效，税务机关不得执行，同时应向上级税务机关报告。

(7) 税务机关征收税款时，必须向纳税人开具完税凭证。扣缴义务人代扣、代收税款时，纳税人要求扣缴义务人开具代扣、代收税款凭证的，扣缴义务人应当开具。

(8) 纳税人存在下列情形之一的，税务机关有权核定其应纳税额：

①依照法律、行政法规的规定可以不设置账簿的；

②依照法律、行政法规的规定应当设置账簿但未设置的；

③擅自销毁账簿或者拒不提供纳税资料的；

④虽设置账簿，但账目混乱或者成本资料、收入凭证、费用凭证残缺不全，难以查账的；

⑤发生纳税义务，未按照规定的期限办理纳税申报，经税务机关责令限期申报，逾期仍不申报的；

⑥纳税人申报的计税依据明显偏低，又无正当理由的。

税务机关核定应纳税额的具体程序和方法由国务院税务主管部门规定。

(9) 企业或者外国企业在中国境内设立的从事生产、经营的机构、场所与其关联企业之间的业务往来，应当按照独立企业之间的业务往来收取或者支付价款、费用；不按照独立企业之间的业务往来收取或者支付价款、费用，而减少应纳税的收入或者所得额的，税务机关有权进行合理调整。

(10) 对未按照规定办理税务登记的从事生产、经营的纳税人以及临时从事经营的纳税人，由税务机关核定应纳税额，责令缴纳；不缴纳的，税务机关可以扣押价值相当于应纳税款的商品、货物。扣押后缴纳应纳税款的，税务机关必须立即解除扣押，并归还所扣押的商品、货物；扣押后仍不缴纳应纳税款的，经县以上税务局（分局）局长批准，可以依法拍卖或者变卖所扣押的商品、货物，以拍卖或者变卖所得抵缴税款。

(11) 税务机关有根据认为从事生产、经营的纳税人有逃避纳税义务行为的，可以在规定的纳税期之前，责令限期缴纳应纳税款；在限期内发现纳税人有明显的转移、隐匿应纳税的商品、货物以及其他财产或者应纳税收入迹象的，税务机关可以责成纳税人提供纳税担保。如果纳税人不能提供纳税担保，经县以上税务局（分局）局长批准，税务机关可以采取下列税收保全措施：

①书面通知纳税人开户银行或者其他金融机构冻结纳税人的金额相当于应纳税款的存款；

②扣押、查封纳税人价值相当于应纳税款的商品、货物或者其他财产。

纳税人在前款规定的限期内缴纳税款的，税务机关必须立即解除税收保全措施；限期期满仍未缴纳税款的，经县以上税务局（分局）局长批准，税务机关可以书面通知纳税人开户银行或者其他金融机构从冻结的存款中扣缴税款，或者依法拍卖或者变卖所扣押、查封的商品、货物或者其他财产，以拍卖或者变卖所得抵缴税款。

个人及其扶养家属维持生活必需的住房和用品，不在税收保全措施的范围之内。

（12）纳税人在限期内已缴纳税款，税务机关未立即解除税收保全措施，使纳税人的合法利益遭受损失的，税务机关应当承担赔偿责任。

（13）从事生产、经营的纳税人、扣缴义务人未按照规定期限缴纳或者解缴税款，纳税担保人未按照规定期限缴纳所担保的税款，由税务机关责令限期缴纳，逾期仍未缴纳的，经县以上税务局（分局）局长批准，税务机关可以采取下列强制执行措施：

①书面通知开户银行或者其他金融机构从其冻结的存款中扣缴税款；

②扣押、查封、依法拍卖或者变卖价值相当于应纳税款的商品、货物或者其他财产，以拍卖或者变卖所得抵缴税款。

税务机关采取强制执行措施时，对前款所列纳税人、扣缴义务人、纳税担保人未缴纳的滞纳金同时强制执行。

个人及其扶养家属维持生活必需的住房和用品，不在强制执行措施的范围之内。

（14）采取税收保全措施、强制执行措施的权力，不得由法定税务机关以外的单位和个人行使。

（15）税务机关采取税收保全措施和强制执行措施必须依照法定权限和法定程序，不得查封、扣押纳税人个人及其扶养家属维持生活必需的住房和用品。

（16）税务机关滥用职权违法采取税收保全措施、强制执行措施，或者采取税收保全措施、强制执行措施不当，使纳税人、扣缴义务人或者纳税担保人的合法权益遭受损失的，应当依法承担赔偿责任。

（17）欠缴税款的纳税人或者他的法定代表人需要出境的，应当在出境前向税务机关结清应纳税款、滞纳金或者提供担保。未结清税款、滞纳金，又不提供担保的，税务机关可以通知出境管理机关阻止出境。

（18）税务机关征收税款，税收优先于无担保债权，法律另有规定的除外；纳税人欠缴的税款发生在纳税人以其财产设定抵押、质押或者纳税人的财产被留置之前的，税收应当先于抵押权、质权、留置权执行。

纳税人欠缴税款，同时又被行政机关决定处以罚款、没收违法所得的，税收优先于罚款、没收违法所得。

税务机关应当对纳税人欠缴税款的情况定期予以公告。

（19）纳税人有欠税情形而以其财产设定抵押、质押的，应当向抵押权人、质权人说明其欠税情况。抵押权人、质权人可以请求税务机关提供有关欠税情况的证明。

（20）税务机关扣押商品、货物或者其他财产时，必须开付收据；查封商品、货物或者其他财产时，必须开付清单。

（21）纳税人有合并、分立情形的，应当向税务机关报告，并依法缴清税款。纳税人合并时未缴清税款的，应当由合并后的纳税人继续履行未履行的纳税义务；纳税人分立时未缴清税款的，分立后的纳税人对未履行的纳税义务应当承担连带责任。

（22）欠缴税款数额较大的纳税人在处分不动产或者大额资产之前，应当向税务机关报告。

（23）欠缴税款的纳税人因怠于行使到期债权，或者放弃到期债权，或者无偿转让财产，或者以明显不合理的低价转让财产而受让人知道该情形，给国家税收造成损害的，税务机关可以依照合同法的有关规定行使代位权、撤销权。

税务机关依照前款规定行使代位权、撤销权的，不免除欠缴税款的纳税人尚未履行的纳税义务和应承担的法律责任。

（24）纳税人超过应纳税额缴纳的税款，税务机关发现后应当立即退还；纳税人自结算缴纳税款之日起三年内发现的，可以向税务机关要求退还多缴的税款并加算银行同期存款利息，税务机关及时查实后应当立即退还；涉及从国库中退库的，依照法律、行政法规有关国库管理的规定退还。

（25）因税务机关的责任，致使纳税人、扣缴义务人未缴或者少缴税款的，税务机关在三年内可以要求纳税人、扣缴义务人补缴税款，但是不得加收滞纳金。

因纳税人、扣缴义务人计算错误等原因，未缴或者少缴税款的，税务机关在三年内可以追征税款、滞纳金；有特殊情况的，追征期可以延长到五年。

对偷税、抗税、骗税的，税务机关追征其未缴或者少缴的税款、滞纳金或者骗取的税款，不受前款规定期限的限制。

（26）国家税务局和地方税务局应当按照国家规定的税收征收管理范围和税款入库预算级次，将征收的税款缴入国库。

对审计机关、财政机关依法查出的税收违法行为，税务机关应当根据有关机关的决定、意见书，依法将应收的税款、滞纳金按照税款入库预算级次缴入国库，并将结果及时回复有关机关。

10.1.4　税务检查

1. 税务检查的形式和方法

（1）税务检查的形式。

①重点检查，是指对公民举报、上级机关交办或有关部门转来的有逃避缴纳税款行为或嫌疑的，纳税申报与实际生产经营情况有明显不符的纳税人及有普遍逃税行为的行业的检查。

②分类计划检查，是指根据纳税人历来纳税情况、纳税人的纳税规模及税务检查间隔时间的长短等综合因素，按事先确定的纳税人分类、计划检查时间及检查频率进行的检查。

③集中性检查，是指税务机关在一定时间、一定范围内，统一安排、统一组织的税务检查，这种检查一般规模比较大，如以前年度的全国范围内的税收、财务大检查就属于这类检查。

④临时性检查，是指由各级税务机关根据不同的经济形势、偷逃税趋势、税收任务完成情况等综合因素，在正常的检查计划之外安排的检查。如行业性解剖、典型调查性的检查等。

⑤专项检查，是指税务机关根据税收工作实际，对某一税种或税收征收管理某一环节进行的检查。如增值税一般纳税专项检查、漏征漏管户专项检查等。

（2）税务检查的方法。

①全查法，是对被查纳税人一定时期内所有会计凭证、账簿、报表及各种存货进行全面、系统检查的一种方法。

②抽查法，是对被查纳税人一定时期内的会计凭证、账簿、报表及各种存货，抽取一部分进行检查的一种方法。

③顺查法，是对被查纳税人按照会计核算的顺序，依次检查会计凭证、账簿、报表，并将其相互核对的一种检查方法，是逆查法的对称。

④逆查法，是指按逆会计核算的顺序，依次检查会计报表、账簿及凭证，并将其相互核对的一种稽查方法，是顺查法的对称。

⑤现场检查法，是指税务机关派人员到被查纳税人的机构办公地点对其账务资料进行检查的一种方法，是调账检查法的对称。

⑥调账检查法，是指将被查纳税人的账务资料调到税务机关进行检查的一种方法，是现场检查法的对称。

⑦比较分析法，是将被查纳税人检查期有关财务指标的实际完成数进行纵向或横向比较，分析异常变化情况，从中发现纳税问题线索的一种方法。

⑧控制计算法，也称逻辑推算法，是指根据被查纳税人财务数据的相互关系，依据可靠或科学测定的数据，验证检查期账面记录或申报的资料是否正确的一种检查方法。

⑨审阅法，是指对被查纳税人的会计账簿、凭证等账务资料，通过直观地审查阅览，发现纳税方面是否存在问题的一种检查方法。

⑩核对法，是指通过对被查纳税人的各种相

关联的会计凭证、账簿、报表及实物进行相互核对，验证其在纳税方面是否存在问题的一种检查方法。

⑪观察法，是指通过实地观察被查纳税人的生产经营场所、仓库、工地等现场的生产经营及存货等情况，以发现纳税问题或验证账中可疑问题的一种检查方法。

⑫外调法，是指对被查纳税人有怀疑或已掌握一定线索的经济事项，通过向与其有经济联系的单位或个人进行调查，予以查证核实的一种方法。

⑬盘存法，是指通过对被查纳税人的货币资金、存货及固定资产等实物进行盘点清查，核实账实是否相符，进而发现纳税问题的一种检查方法。

⑭交叉稽核法，是指国家为加强增值税专用发票管理，应用计算机将开出的增值税专用发票抵扣联与存根联进行交叉稽核，以查出虚开及假开发票行为，避免国家税款流失的一种方法。目前这种方法通过"金税工程"体现，对利用增值税专用发票偷逃税款的行为起到了极大的遏制作用。

2. 税务检查的职责

（1）税务机关有权进行下列税务检查：

①检查纳税人的账簿、记账凭证、报表和有关资料，检查扣缴义务人代扣代缴、代收代缴税款账簿、记账凭证和有关资料。

②到纳税人的生产、经营场所和货物存放地检查纳税人应纳税的商品、货物或者其他财产，检查扣缴义务人与代扣代缴、代收代缴税款有关的经营情况。

③责成纳税人、扣缴义务人提供与纳税或者代扣代缴、代收代缴税款有关的文件、证明材料和有关资料。

④询问纳税人、扣缴义务人与纳税或者代扣代缴、代收代缴税款有关的问题和情况。

⑤到车站、码头、机场、邮政企业及其分支机构检查纳税人托运、邮寄应纳税商品、货物或者其他财产的有关单据、凭证和有关资料。

⑥经县以上税务局（分局）局长批准，凭全国统一格式的检查存款账户许可证明，查询从事生产、经营的纳税人、扣缴义务人在银行或者其他金融机构的存款账户。税务机关在调查税收违法案件时，经设区的市、自治州以上税务局（分局）局长批准，可以查询案件涉嫌人员的储蓄存款。税务机关查询所获得的资料，不得用于税收以外的用途。

税务机关对从事生产、经营的纳税人以前纳税期的纳税情况依法进行税务检查时，发现纳税人有逃避纳税义务行为，并有明显的转移、隐匿应纳税的商品、货物以及其他财产或者应纳税收入迹象的，可以按照法律规定的批准权限采取税收保全措施或者强制执行措施。

（2）纳税人、扣缴义务人必须接受税务机关依法进行的税务检查，如实反映情况，提供有关资料，不得拒绝、隐瞒。

（3）税务机关依法进行税务检查时，有权向有关单位和个人调查纳税人、扣缴义务人和其他当事人与纳税或者代扣代缴、代收代缴税款有关的情况，有关单位和个人有义务向税务机关如实提供有关资料及证明材料。

（4）税务机关调查税务违法案件时，对与案件有关的情况和资料，可以记录、录音、录像、照相和复制。

（5）税务机关派出的人员进行税务检查时，应当出示税务检查证和税务检查通知书，并有责任为被检查人保守秘密；未出示税务检查证和税务检查通知书的，被检查人有权拒绝检查。

10.1.5 法律责任

1. 违反税务管理基本规定行为的处罚

（1）根据《征管法》及其实施细则规定：纳税人存在下列行为之一的，由税务机关责令限期改正，可以处以 2 000 元以下的罚款；情节严重的，处以 2 000 元以上 1 万元以下的罚款。

①未按照规定的期限申报办理税务登记、变更或者注销登记的；

②未按照规定设置、保管账簿或者保管记账凭证和有关资料的;

③未按照规定将财务、会计制度或者财务、会计处理办法和会计核算软件报送税务机关备查的;

④未按照规定将全部银行账号向税务机关报告的;

⑤未按照规定安装、使用税控装置,或者损毁或擅自改动税控装置的;

⑥纳税人未按照规定办理税务登记证件验证或者换证手续的。

(2)纳税人不办理税务登记的,由税务机关责令限期改正;逾期不改正的,由工商行政管理机关吊销营业执照。

(3)纳税人通过提供虚假的证明资料等手段,骗取税务登记证的,处以 2 000 元以下的罚款;情节严重的,处以 2 000 元以上 10 000 元以下的罚款。纳税人涉嫌其他违法行为的,按有关法律、行政法规的规定处理。

(4)扣缴义务人未按照规定办理扣缴税款登记的,税务机关应当自发现之日起 3 日内责令其限期改正,并可处以 1 000 元以下的罚款。

(5)纳税人未按照规定使用税务登记证件,或者转借、涂改、损毁、买卖、伪造税务登记证件的,处以 2 000 元以上 10 000 元以下的罚款;情节严重的,处以 10 000 元以上 50 000 元以下的罚款。

2. 扣缴义务人违反账簿、凭证管理的处罚

《征管法》规定:"扣缴义务人未按照规定设置、保管代扣代缴、代收代缴税款账簿或者保管代扣代缴、代收代缴税款记账凭证及有关资料的,由税务机关责令限期改正,可以处以 2 000 元以下的罚款;情节严重的,处以 2 000 元以上 5 000 元以下的罚款。"

3. 纳税人、扣缴义务人未按规定进行纳税申报的法律责任

《征管法》规定:"纳税人未按照规定的期限办理纳税申报和报送纳税资料的,或者扣缴义务人未按照规定的期限向税务机关报送代扣代缴、代收代缴税款报告表和有关资料的,由税务机关责令限期改正,可以处以 2 000 元以下的罚款;情节严重的,可以处以 2 000 元以上 10 000 元以下的罚款。"

4. 对偷税的认定及其法律责任

(1)《征管法》规定:"纳税人伪造、变造、隐匿、擅自销毁账簿、记账凭证,或者在账簿上多列支出或者不列、少列收入,或者经税务机关通知申报而拒不申报或者进行虚假的纳税申报,不缴或者少缴应纳税款的,是偷税行为。对纳税人偷税的,由税务机关追缴不缴或者少缴的税款和滞纳金,并处不缴或者少缴税款的50%以上 5 倍以下的罚款;构成犯罪的,依法追究刑事责任。

扣缴义务人采取前款所列手段,不缴或者少缴已扣、已收税款,由税务机关追缴不缴或者少缴的税款、滞纳金,并处不缴或者少缴税款的50%以上 5 倍以下的罚款;构成犯罪的,依法追究刑事责任。"

(2)《中华人民共和国刑法》(以下简称《刑法》)第二百〇一条规定:"纳税人采取欺骗、隐瞒手段进行虚假纳税申报或者不申报,逃避缴纳税款数额较大并且占应纳税额10%以上的,处 3 年以下有期徒刑或者拘役,并处罚金;数额巨大并且占应纳税额30%以上的,处 3 年以上 7 年以下有期徒刑,并处罚金。

扣缴义务人采取前款所列手段,不缴或者少缴已扣、已收税款,数额较大的,依照前款的规定处罚。

对多次实施前两款行为,未经处理的,按照累计数额计算。

存在第一款行为,经税务机关依法下达追缴通知后,补缴应纳税款,缴纳滞纳金,已受行政处罚的,不予追究刑事责任;但是,5 年内因逃避缴纳税款受过刑事处罚或者被税务机关给予两次以上行政处罚的除外。"

5. 进行虚假申报或不进行申报行为的法律责任

《征管法》规定:"纳税人、扣缴义务人编造虚假计税依据的,由税务机关责令限期改正,并处 5 万元以下的罚款。

纳税人不进行纳税申报,不缴或者少缴应纳税款的,由税务机关追缴不缴或者少缴的税款、

滞纳金,并处不缴或者少缴税款50%以上5倍以下的罚款。"

6. 逃避追缴欠税的法律责任

《征管法》规定:"纳税人欠缴应纳税款,采取转移或者隐匿财产的手段,妨碍税务机关追缴欠缴的税款的,由税务机关追缴欠缴的税款、滞纳金,并处欠缴税款50%以上5倍以下的罚款;构成犯罪的,依法追究刑事责任。"

《刑法》规定:"纳税人欠缴应纳税款,采取转移或者隐匿财产的手段,致使税务机关无法追缴欠缴的税款,数额在1万元以上不满10万元的,处3年以下有期徒刑或者拘役,并处或者单处欠缴税款1倍以上5倍以下罚金;数额在10万元以上的,处3年以上7年以下有期徒刑,并处欠缴税款1倍以上5倍以下罚金。"

7. 骗取出口退税的法律责任

《征管法》规定:"以假报出口或者其他欺骗手段,骗取国家出口退税款的,由税务机关追缴骗取的退税款,并处骗取税款1倍以上5倍以下的罚款;构成犯罪的,依法追究刑事责任。"

对骗取国家出口退税款的,税务机关可以在规定期间内停止为其办理出口退税。《刑法》规定:"以假报出口或者其他欺骗手段,骗取国家出口退税款,数额较大的,处5年以下有期徒刑或者拘役,并处骗取税款1倍以上5倍以下的罚金;数额巨大或者存在其他严重情节的,处5年以上10年以下有期徒刑,并处骗取税款1倍以上5倍以下的罚金;数额特别巨大或者存在其他特别严重情节的,处10年以上有期徒刑或者无期徒刑,并处骗取税款1倍以上5倍以下的罚金或者没收财产。"

8. 抗税的法律责任

《征管法》规定:"以暴力、威胁方法拒不缴纳税款的,是抗税行为,除由税务机关追缴拒缴的税款和滞纳金外,依法追究刑事责任。情节轻微,未构成犯罪的,由税务机关追缴拒缴的税款、滞纳金,并处拒缴税款1倍以上5倍以下的罚款。"

《刑法》规定:"以暴力、威胁方法拒不缴纳税款的,处3年以下有期徒刑或者拘役,并处拒缴税款1倍以上5倍以下的罚金;情节严重的,处3年以上7年以下有期徒刑,并处拒缴税款1倍以上5倍以下的罚金。"

9. 在规定期限内不缴或者少缴税款的法律责任

《征管法》规定:"纳税人、扣缴义务人在规定期限内不缴或者少缴应纳或者应解缴的税款,经税务机关责令限期缴纳,逾期仍未缴纳的,税务机关除依规定采取强制执行措施追缴不缴或者少缴的税款外,可以处不缴或者少缴税款50%以上5倍以下的罚款。"

10. 扣缴义务人不履行扣缴义务的法律责任

《征管法》规定:"扣缴义务人应扣未扣、应收而不收税款的,由税务机关向纳税人追缴税款,对扣缴义务人处应扣未扣、应收未收税款50%以上3倍以下的罚款。"

11. 不配合税务机关依法检查的法律责任

(1)《征管法》规定:"纳税人、扣缴义务人逃避、拒绝或者以其他方式阻挠税务机关检查的,由税务机关责令改正,可以处1万元以下的罚款;情节严重的,处1万元以上5万元以下的罚款。"

逃避、拒绝或者以其他方式阻挠税务机关检查的情形:

①提供虚假资料,不如实反映情况,或者拒绝提供有关资料的。

②拒绝或者阻止税务机关记录、录音、录像、照相和复制与案件有关的情况和资料的。

③在检查期间,纳税人、扣缴义务人转移、隐匿、销毁有关资料的。

④有不依法接受税务检查的其他情形的。

(2)税务机关依照《征管法》规定,到车站、码头、机场、邮政企业及其分支机构检查纳税人有关情况时,有关单位拒绝的,由税务机关责令改正,可以处1万元以下的罚款;情节严重的,处1万元以上5万元以下的罚款。

12. 非法印制发票的法律责任

(1)《征管法》规定:"违反规定,非法印制发票的,由税务机关销毁非法印制的发票,没收违法所得和作案工具,并处 1 万元以上 5 万元以下的罚款;构成犯罪的,依法追究刑事责任。"

(2)《刑法》规定:"伪造或者出售伪造的增值税专用发票的,处 3 年以下有期徒刑、拘役或者管制,并处 2 万元以上 20 万元以下的罚金;数量较大或者存在其他严重情节的,处 3 年以上 10 年以下有期徒刑,并处 5 万元以上 50 万元以下的罚金;数量巨大或者有其他特别严重情节的,处 10 年以上有期徒刑或者无期徒刑,并处 5 万元以上 50 万元以下的罚金或者没收财产。

单位犯本条规定之罪的,对单位判处罚金,并对直接负责的主管人员和其他直接责任人员,处 3 年以下有期徒刑、拘役或者管制;数量较大或者存在其他严重情节的,处 3 年以上 10 年以下有期徒刑;数量巨大或者有其他特别严重情节的,处 10 年以上有期徒刑或者无期徒刑。"

(3)《刑法》规定:"伪造、擅自制造或者出售伪造、擅自制造的可以用于骗取出口退税、抵扣税款的其他发票的,处 3 年以下有期徒刑、拘役或者管制,并处 2 万元以上 20 万元以下的罚金;数量巨大的,处 3 年以上 7 年以下有期徒刑,并处 5 万元以上 50 万元以下的罚金;数量特别巨大的,处 7 年以上有期徒刑,并处 5 万元以上 50 万元以下的罚金或者没收财产。

伪造、擅自制造或者出售伪造、擅自制造的前款规定以外的其他发票的,处 2 年以下有期徒刑、拘役或者管制,并处或者单处 1 万元以上 5 万元以下的罚金;情节严重的,处 2 年以上 7 年以下有期徒刑,并处 5 万元以上 50 万元以下的罚金。"

(4)非法印制、转借、倒卖、变造或者伪造完税凭证的,由税务机关责令改正,处以 2 000 元以上 1 万元以下的罚款;情节严重的,处以 1 万元以上 5 万元以下的罚款;构成犯罪的,依法追究刑事责任。

13. 有税收违法行为而拒不接受税务机关处理的法律责任

《征管法》规定:"从事生产、经营的纳税人、扣缴义务人有本法规定的税收违法行为,拒不接受税务机关处理的,税务机关可以收缴发票或者停止向其发售发票。"

14. 银行及其他金融机构拒绝配合税务机关依法执行职务的法律责任

(1)银行和其他金融机构未依照《征管法》的规定在从事生产、经营的纳税人的账户中登录税务登记证件号码,或者未按规定在税务登记证件中登录从事生产、经营的纳税人的账户账号的,由税务机关责令其限期改正,处以 2 000 元以上 2 万元以下的罚款;情节严重的,处以 2 万元以上 5 万元以下的罚款。

(2)为纳税人、扣缴义务人非法提供银行账户、发票、证明或者其他方便,导致未缴、少缴税款或者骗取国家出口退税款的,税务机关除没收违法所得外,可以处未缴、少缴或者骗取的税款 1 倍以下的罚款。

(3)《征管法》规定:纳税人、扣缴义务人的开户银行或者其他金融机构拒绝接受税务机关依法检查纳税人、扣缴义务人存款账户,或者拒绝执行税务机关作出的冻结存款或者扣缴税款的决定,或者在接到税务机关的书面通知后帮助纳税人、扣缴义务人转移存款,造成税款流失的,由税务机关处以 10 万元以上 50 万元以下的罚款,对直接负责的主管人员和其他直接责任人员处以 1 000 元以上 1 万元以下的罚款。

15. 擅自改变税收征收管理范围的法律责任

《征管法》规定:税务机关违反规定擅自改变税收征收管理范围和税款库预算级次的,责令限期改正,对直接负责的主管人员和其他直接责任人员依法给予降级或者撤职的行政处分。

16. 不移送的法律责任

《征管法》规定:纳税人、扣缴义务人涉嫌犯罪的,税务机关应当依法移送司法机关追究刑事责任。

税务人员徇私舞弊,对依法应当移送司法机关追究刑事责任的不移送,情节严重的,依法追究刑事责任。

17. 税务人员不依法行政的法律责任

《征管法》规定："税务人员与纳税人、扣缴义务人勾结，唆使或者协助纳税人、扣缴义务人有本法第六十三条、第六十五条、第六十六条规定的行为，构成犯罪的，按照《刑法》关于共同犯罪的规定处罚；尚不构成犯罪的，依法给予行政处分。税务人员私分扣押、查封的商品、货物或者其他财产，情节严重，构成犯罪的，依法追究刑事责任；尚不构成犯罪的，依法给予行政处分。"

18. 渎职行为的法律责任

（1）《征管法》规定："税务人员利用职务上的便利，收受或者索取纳税人、扣缴义务人财物或者谋取其他不正当利益，构成犯罪的，依法追究刑事责任；尚不构成犯罪的，依法给予行政处分。"

（2）《征管法》规定："税务人员徇私舞弊或者玩忽职守，不征收或者少征应征税款，致使国家税收遭受重大损失，构成犯罪的，依法追究刑事责任；尚不构成犯罪的，依法给予行政处分。

税务人员滥用职权，故意刁难纳税人、扣缴义务人的，调离税收工作岗位，并依法给予行政处分。

税务人员对控告、检举税收违法违纪行为的纳税人、扣缴义务人以及其他检举人进行打击报复，依法给予行政处分；构成犯罪的，依法追究刑事责任。"

（3）《刑法》规定："税务机关的工作人员徇私舞弊，不征或者少征应征税款，致使国家税收遭受重大损失的，处5年以下有期徒刑或者拘役；造成特别重大损失的，处5年以上有期徒刑。"

（4）《刑法》规定："税务机关的工作人员违反法律、行政法规的规定，在办理发售发票、抵扣税款、出口退税工作中，徇私舞弊，致使国家利益遭受重大损失的，处5年以下有期徒刑或者拘役；致使国家利益遭受特别重大损失的，处5年以上有期徒刑。"

19. 不按规定征收税款的法律责任

《征管法》规定："违反法律、行政法规的规定提前征收、延缓征收或者摊派税款的，由其上级机关或者行政监察机关责令改正，对直接负责的主管人员和其他直接责任人员依法给予行政处分。"

《征管法》规定："违反法律、行政法规的规定，擅自作出税收的开征、停征或者减税、免税、退税、补税以及其他同税收法律、行政法规相抵触的决定的，除依照本法规定撤销擅自作出的决定外，补征应征未征税款，退还不应征收而征收的税款，并由上级机关追究直接负责的主管人员和其他直接责任人员的行政责任；构成犯罪的，依法追究刑事责任。"

此外，《征管法》还对行政处罚的权限作出了规定，指出："罚款额在2000元以下的，可以由税务所决定。"

20. 违反税务代理的法律责任

税务代理人违反税收法律、行政法规，造成纳税人未缴或者少缴税款的，除由纳税人缴纳或者补缴应纳税款、滞纳金外，对税务代理人处纳税人未缴或者少缴税款的50%以上3倍以下的罚款。

任务 10.2　税务行政法制

税务行政法制是规范税务执法机关和工作人员执法行为的基本规范，是保护纳税人合法权益的司法保障。税务行政法制的基本内容包括税务行政处罚、税务行政复议和税务行政诉讼三个部分。

10.2.1 税务行政处罚

1. 税务行政处罚的概念

税务行政处罚是指公民、法人或者其他组织存在违反税收征收管理秩序的违法行为，尚未构成犯罪，依法应当承担行政责任的，由税务机关给予行政处罚。

税务行政处罚是行政处罚的主要组成部分，它包括以下几方面内容：

（1）当事人行为违反了税收法律规范，客体是侵犯了税收征收管理秩序，应当承担的税务行政责任。

（2）从主观方面讲，并不区分当事人是否具有主观故意或者过失，只要有税务违法行为存在，并且有法可依，就要承担行政责任，依法给予税务行政处罚。

（3）尚未构成犯罪，依法应当给予的行政处罚行为。

一是要区分税收违法与税收犯罪的界限，二是要区分税收违法行为是不是轻微。

（4）行政处罚的主体是税务机关。

2. 税务行政处罚的原则

（1）法定原则。
（2）公正、公开原则。
（3）以事实为依据原则。
（4）处罚相当原则。
（5）处罚与教育相结合原则。
（6）监督、制约原则。

3. 税务行政处罚的设定和种类

（1）税务行政处罚的设定。

税务行政处罚的设定是指由特定的国家机关通过一定形式首次独立规定公民、法人或者其他组织的行为规范，并规定违反该行为规范的行政制裁措施。我国现行税收法制的原则是税权集中、税法统一，税收的立法权主要集中在中央。

全国人大及其常委会可以通过法律形式，设定各种税务行政处罚。

国务院可以通过行政法规形式，设定除限制人身自由以外的税务行政处罚。

国家税务总局可以通过规章形式，设定警告和罚款。税务行政规章对非经营活动中的违法行为设定罚款不得超过1 000元；对经营活动中的违法行为，有违法所得的，设定罚款不得超过违法所得的3倍，且最高不得超过3万元，没有违法所得的，设定罚款不得超过1万元；超过限额的，应当报国务院批准。

税务局及其以下各级税务机关制定的税收法律、法规、规章以外的规范性文件，在税收法律、法规、规章规定给予行政处罚的行为、种类和幅度范围内作出具体规定，是一种执行税收法律、法规、规章的行为，不是对税务行政处罚的设定。

提示

这类规范性文件与《中华人民共和国行政处罚法》规定的处罚设定原则并不矛盾，是有效的，是可以执行的。

（2）税务行政处罚的种类。

根据税务行政处罚的设定原则，税务行政处罚的种类是可变的，它将随着税收法律、法规、规章设定的变化而变化或者增减。根据税法规定，现行税务行政处罚主要包括：

①罚款；
②没收财物违法所得；
③停止出口退税权；
④法律、法规和规章规定的其他行政处罚。

4. 税务行政处罚的主体与管辖

（1）主体。

税务行政处罚的实施主体主要是县以上的税务机关。税务机关是指能够独立行使税收征收管理职权，具有法人资格的行政机关。我国税务机关的组织构成包括国家税务总局；省、自治区、直辖市税务局；地（市、州、盟）税务局；县（市、旗）税务局四级。这些税务机关都具有税务行政处罚的主体资格。

各级税务机关的内设机构、派出机构不具有处罚的主体资格,不能以自己的名义实施税务行政处罚。但是税务所可以实施罚款额在2 000元以下的税务行政处罚,这是《征管法》对税务所的特别授权。

(2)管辖。

根据《中华人民共和国行政处罚法》和《中华人民共和国征管法》的规定,税务行政处罚由当事人税收违法行为发生地的县(市、旗)以上税务机关管辖。

①从税务行政处罚的地域管辖来看,税务行政处罚实行行为发生地原则。只有当事人违法行为发生地的税务机关才有权对当事人实施处罚,其他地方的税务机关无权实施。

②从税务行政处罚的级别管辖来看,必须是县(市、旗)以上的税务机关。法律特别授权的税务所除外。

③从对税务行政处罚管辖主体的要求来看,必须具有税务行政处罚权。

5. 税务行政处罚的程序

税务行政处罚的程序,分为简易程序和一般程序两种。

(1)简易程序。

税务行政处罚的简易程序是指税务机关及其执法人员对于公民、法人或者其他组织违反税收征收管理秩序的行为,当场作出税务行政处罚决定的行政处罚程序。

简易程序的适用条件:一是案情简单、事实清楚、违法后果比较轻微且有法定依据应当给予处罚的违法行为;二是给予的处罚较轻,仅适用于对公民处以50元以下和对法人或者其他组织处以1 000元以下罚款的违法案件。税务行政执法人员可以当场做出处罚决定:

①向当事人出示税务检查证或其他税务执法身份证件;

②告知当事人受到税务行政处罚的违法事实、依据和陈述申辩权;

③听取当事人陈述申辩意见;

④填写正式的税务行政处罚决定书,并当场交付当事人。

税务行政处罚决定书,包括:税务机关名称;编码;当事人姓名(名称)、住地等;税务违法事实、依据;税务行政处罚种类、罚款数额;做出税务行政处罚决定的时间地点;罚款代收机构名称、地址;缴纳罚款期限;逾期缴纳是否追加罚款;当事人不服税务行政处罚的复议权和起诉权;税务行政执法人员签字或者盖章。

(2)一般程序。

适用除简易程序外的其他税务违法案件,在做出处罚决定前都须经过下列程序:

①立案与调查。立案是指通过税收管理或群众的举报,发现当事人税务违法行为,再经过计算机或人工归类采集的案源进行选取,以确定具体的调查对象。

调查是税务机关对当事人的税务违法行为经过检查、勘验、鉴定等手段获取证据、查清事实的过程,为正确适用法律规范提供坚定的事实基础。

②告知与听证。税务机关在对当事人的违法行为调查终结后,做出处罚决定之前,必须及时以税务机关的名义向当事人发出"税务行政处罚告知书",包括:当事人违法行为事实证据;所触犯的法律规范;违法行为应受的行政处罚;拟给当事人行政处罚的种类、幅度、标准;当事人应享有的各种权利,如陈述申辩权、符合听证条件的听证权等。

听证是指税务机关在对当事人某些违法行为做出处罚决定前按一定形式听取调查人员和当事人意见的程序。听证范围是对公民做出2 000元以上或者对法人或其他组织做出1万元以上罚款的案件。

③审查。调查终结,调查机构制作调查报告,连同所有案卷材料移交审查机构,由审查机构进行登记、审查。调查机构应自收到调查报告和移交案卷之日起10日内审查终结,制作审查报告,并连同案卷材料报送税务机关负责人审批。

④税务行政处罚决定。税务机关负责审批后,由审查机构根据不同情况分别制作处理决定书,再报税务机关负责人签发:

Ⅰ.存在应受行政处罚的违法行为的,根据情节轻重和具体情况予以处罚;

Ⅱ. 违法行为轻微，依法可不予以处罚的不予行政处罚；

Ⅲ. 违法事实不能成立，不得予以行政处罚；

Ⅳ. 违法行为已构成犯罪的，移送公安机关。

税务机关做出罚款决定的行政处罚决定书，应当载明罚款代收机构的名称、地址和当事人应当缴纳罚款的数额、期限等，并明确当事人逾期缴纳是否加处罚款。

6. 税务行政处罚的执行

税务机关做出行政处罚决定后，应当依法送达当事人执行。

税务行政处罚的执行，是指履行税务机关依法做出的行政处罚决定的活动。税务机关依法做出行政处罚决定后，当事人应当在行政处罚决定规定的期限内，予以履行。当事人在法定期限内不申请复议又不起诉，并且在规定期限内又不履行的，税务机关可以依法强制执行或者申请法院强制执行。

税务机关对当事人作出罚款行政处罚决定的，当事人应当在收到行政处罚决定书之日起15日内缴纳罚款，逾期不缴纳的，税务机关可以对当事人每日按罚款数额的3%加处罚款。

（1）税务机关行政执法人员当场收缴罚款。

税务机关对当事人当场作出行政处罚决定，具有依法给予20元以下罚款或者不当场收缴罚款事后难以执行情形的，税务机关行政执法人员可以当场收缴罚款。税务机关行政执法人员当场收缴罚款的，必须向当事人出具合法罚款收据，并应当自收缴罚款之日起2日内将罚款交至税务机关。税务机关应当在2日内将罚款交付指定的银行或者其他金融机构。

（2）税务行政罚款决定与罚款收缴分离。

除依法可以当场收缴罚款的情形外，税务机关作出罚款的行政处罚决定的执行，自1998年1月1日起，应当按照国务院制定的《罚款决定与罚款收缴分离实施办法》的规定，要求作出罚款决定的税务机关与收缴罚款的机构分离。

税务机关作出的罚款处罚决定，代收罚款的银行或其他金融机构（代收机构）由国家税务总局与财政部、中国人民银行研究决定。各级地方税务机关的代收机构也可以由各地税务局与当地财政部门、中国人民银行分支机构研究确定。

自代收罚款协议签订之日起15日内，税务机关应当将代收罚款协议报上一级税务机关和同级财政部门备案；代收机构应当将代收罚款协议报中国人民银行或当地分支机构备案。

代收机构代收罚款，应当向当事人出具财政部规定的罚款收据。

10.2.2 税务行政复议

1. 税务行政复议的概念

税务行政复议是指当事人（纳税人、扣缴义务人、纳税担保人及其他税务当事人）不服税务机关及其工作人员作出的税务具体行政行为，依法向上一级税务机关（复议机关）提出申请，复议机关经审理对原税务机关具体行政行为依法作出维持、变更、撤销等决定的活动。

税务行政复议是我国行政复议制度的重要组成部分。为了防止和纠正税务机关违法或者不当的具体行政行为，保护纳税人及其他当事人的合法权益，保障和监督税务机关依法行使职权，根据《中华人民共和国行政复议法》《中华人民共和国税收征收管理法》和其他有关规定，国家税务总局制定了《税务行政复议规则》已于2009年12月15日由国家税务总局第2次局务会议审议通过并予公布，自2010年4月1日起实施。2015年12月28日国家税务总局对该规则进行了修正。

2. 税务行政复议的特点

（1）税务行政复议以当事人不服税务机关及其工作人员作出的税务具体行政行为为前提。这是由行政复议对当事人进行行政救济的目的决定的。如果当事人认为税务机关的处理合法、适当，或税务机关还没有作出处理，当事人的合法权益没有受到侵害，就不存在税务行政复议。

（2）税务行政复议因当事人的申请而产生。当事人提出申请是引起税务行政复议的重要条件之一。当事人不申请，就不可能通过行政复议这种形式获得救济。

（3）税务行政复议案件的审理一般由原处理税务机关的上一级税务机关进行。

（4）税务行政复议与行政诉讼相衔接。根据《中华人民共和国行政诉讼法》（以下简称《行政诉讼法》）和《中华人民共和国行政复议法》的规定，对于大多数行政案件来说，当事人都可以选择行政复议或者行政诉讼程序解决，当事人对行政复议决定不服的，还可以向法院提起行政诉讼。在此基础上，两个程序的衔接方面，税务行政案件的适用还有其特殊性。根据《征管法》第八十八条的规定，对于因征税问题引起的争议，税务行政复议是税务行政诉讼必经的前置程序，未经复议不能向法院起诉，经复议仍不服的，才能起诉；对于因处罚、保全措施及强制执行引起的争议，当事人可以选择适用复议或诉讼程序，如选择复议程序，对复议决定仍不服的，可以向法院起诉。

3. 税务行政复议的机构和人员

（1）各级行政复议机关负责法制工作的机构（以下简称行政复议机构）依法办理行政复议事项，履行下列职责：

①受理行政复议申请。

②向有关组织和人员调查取证，查阅文件和资料。

③审查申请行政复议的具体行政行为是否合法和适当，起草行政复议决定。

④处理或者转送对后续第二项税务行政复议范围第2条所列有关规定的审查申请。

⑤对被申请人违反《行政复议法》及其实施条例和本规则规定的行为，依照规定的权限和程序向相关部门提出处理建议。

⑥研究行政复议工作中发现的问题，及时向有关机关或者部门提出改进建议，重大问题及时向行政复议机关报告。

⑦指导和监督下级税务机关的行政复议工作。

⑧办理或者组织办理行政诉讼案件应诉事项。

⑨办理行政复议案件的赔偿事项。

⑩办理行政复议、诉讼、赔偿等案件的统计、报告、归档工作和重大行政复议决定备案事项。

⑪其他与行政复议工作有关的事项。

（2）各级行政复议机关可以成立行政复议委员会，研究重大、疑难案件，提出处理建议。行政复议委员会可以邀请本机关以外的具有相关专业知识的人员参加。

（3）行政复议工作人员应当具备与履行行政复议职责相适应的品行、专业知识和业务能力，并取得行政复议法实施条例规定的资格。

4. 税务行政复议的范围

（1）行政复议机关受理申请人对税务机关下列具体行政行为不服提出的行政复议申请：

①征税行为。包括确认纳税主体、征税对象、征税范围、减税、免税、退税、抵扣税款、适用税率、计税依据、纳税环节、纳税期限、纳税地点和税款征收方式等具体行政行为，征收税款、加收滞纳金，扣缴义务人、受税务机关委托的单位和个人作出的代扣代缴、代收代缴、代征行为等。

②行政许可、行政审批行为。

③发票管理行为，包括发售、收缴、代开发票等。

④税收保全措施、强制执行措施。

⑤行政处罚行为，包括罚款、没收财物和违法所得、停止出口退税权。

⑥不依法履行下列职责的行为：颁发税务登记；开具、出具完税凭证、外出经营活动税收管理证明；行政赔偿；行政奖励；其他不依法履行职责的行为。

⑦资格认定行为。

⑧不依法确认纳税担保行为。

⑨政府信息公开工作中的具体行政行为。

⑩纳税信用等级评定行为。

⑪通知出入境管理机关阻止出境行为。

⑫其他具体行政行为。

（2）申请人认为税务机关的具体行政行为所依

据的下列规定不合法，对具体行政行为申请行政复议时，可以一并向行政复议机关提出对有关规定的审查申请；申请人对具体行政行为提出行政复议申请时不知道该具体行政行为所依据的规定的，可以在行政复议机关作出行政复议决定以前提出对该规定的审查申请。

①国家税务总局和国务院其他部门的规定。
②其他各级税务机关的规定。
③地方各级人民政府的规定。
④地方人民政府工作部门的规定。

前款中的规定不包括规章。

5. 税务行政复议的管辖

（1）对各级税务局的具体行政行为不服的，向其上一级税务局申请行政复议。对计划单列市税务局的具体行政行为不服的，向国家税务总局申请行政复议。

（2）对税务所（分局）、各级税务局的稽查局的具体行政行为不服的，向其所属税务局申请行政复议。

（3）对国家税务总局的具体行政行为不服的，向国家税务总局申请行政复议。对行政复议决定不服的，申请人可以向人民法院提起行政诉讼，也可以向国务院申请裁决。国务院的裁决为最终裁决。

（4）对下列税务机关的具体行政行为不服的，按照下列规定申请行政复议：

①对两个以上税务机关以共同的名义作出的具体行政行为不服的，向共同上一级税务机关申请行政复议；对税务机关与其他行政机关以共同的名义作出的具体行政行为不服的，向其共同上一级行政机关申请行政复议。

②对被撤销的税务机关在撤销以前所作出的具体行政行为不服的，向继续行使其职权的税务机关的上一级税务机关申请行政复议。

③对税务机关作出逾期不缴纳罚款加处罚款的决定不服的，向做出行政处罚决定的税务机关申请行政复议。但是对已处罚款和加处罚款都不服的，一并向做出行政处罚决定的税务机关的上一级税务机关申请行政复议。

提示

申请人向具体行政行为发生地的县级地方人民政府提交行政复议申请的，由接受申请的县级地方人民政府依照上述第（1）、第（2）、第（3）项的规定予以转送。

6. 税务行政复议的申请

（1）申请人可以在知道税务机关作出具体行政行为之日起60日内提出行政复议申请。

因不可抗力或者被申请人设置障碍等原因耽误法定申请期限的，申请期限的计算应当扣除被耽误时间。

（2）申请人对"征税行为"规定的行为不服的，应当先向行政复议机关申请行政复议；对行政复议决定不服的，可以向人民法院提起行政诉讼。

申请人按照前款规定申请行政复议的，必须依照税务机关根据法律、法规确定的税额、期限，先行缴纳或者解缴税款和滞纳金，或者提供相应的担保，才可以在缴清税款和滞纳金以后或者所提供的担保得到作出具体行政行为的税务机关确认之日起60日内提出行政复议申请。

申请人提供担保的方式包括保证、抵押和质押。作出具体行政行为的税务机关应当对保证人的资格、资信进行审查，对不具备法律规定资格或者没有能力保证的，有权拒绝。作出具体行政行为的税务机关应当对抵押人、出质人提供的抵押担保、质押担保进行审查，对不符合法律规定的抵押担保、质押担保，不予确认。

（3）申请人对"征税行为"以外的其他具体行政行为不服，可以申请行政复议，也可以直接向人民法院提起行政诉讼。

申请人对税务机关作出逾期不缴纳罚款加处罚款的决定不服的，应当先缴纳罚款和加处罚款，再申请行政复议。

（4）申请人可以在知道税务机关作出具体行政行为之日起60日内提出行政复议申请。申请期限的计算，依照下列规定办理：

①当场作出具体行政行为的，自具体行政行为作出之日起计算。

②载明具体行政行为的法律文书直接送达的，自受送达人签收之日起计算。

③载明具体行政行为的法律文书邮寄送达的，自受送达人在邮件签收单上签收之日起计算；没有邮件签收单的，自受送达人在送达回执上签名之日起计算。

④具体行政行为依法通过公告形式告知受送达人的，自公告规定的期限届满之日起计算。

⑤税务机关作出具体行政行为时未告知申请人，事后补充告知的，自该申请人收到税务机关补充告知的通知之日起计算。

⑥被申请人能够证明申请人知道具体行政行为的，自证据材料证明其知道具体行政行为之日起计算。

税务机关作出具体行政行为，依法应当向申请人送达法律文书而未送达的，视为该申请人不知道该具体行政行为。

（5）申请人依照《中华人民共和国行政复议法》第六条第（八）项、第（九）项、第（十）项的规定申请税务机关履行法定职责，税务机关未履行的，行政复议申请期限依照下列规定计算：

①有履行期限规定的，自履行期限届满之日起计算。

②没有履行期限规定的，自税务机关收到申请满60日起计算。

（6）税务机关作出的具体行政行为对申请人的权利、义务可能产生不利影响的，应当告知其申请行政复议的权利、行政复议机关和行政复议申请期限。

（7）申请人书面申请行政复议的，可以采取当面递交、邮寄或者传真等方式提出行政复议申请。

有条件的行政复议机关可以接受以电子邮件形式提出的行政复议申请。

对以传真、电子邮件形式提出行政复议申请的，行政复议机关应当审核确认申请人的身份、复议事项。

（8）申请人书面申请行政复议的，应当在行政复议申请书中载明下列事项：

①申请人的基本情况，包括公民的姓名、性别、出生年月、身份证件号码、工作单位、住所、邮政编码、联系电话；法人或者其他组织的名称、住所、邮政编码、联系电话和法定代表人或者主要负责人的姓名、职务。

②被申请人的名称。

③行政复议请求、申请行政复议的主要事实和理由。

④申请人的签名或者盖章。

⑤申请行政复议的日期。

（9）申请人口头申请行政复议的，行政复议机构应当当场制作行政复议申请笔录，交申请人核对或者向申请人宣读，并由申请人确认。

（10）存在下列情形之一的，申请人应当提供证明材料：

①认为被申请人不履行法定职责的，提供要求被申请人履行法定职责而被申请人未履行的证明材料。

②申请行政复议时一并提出行政赔偿请求的，提供受具体行政行为侵害而造成损害的证明材料。

③法律、法规规定需要申请人提供证据材料的其他情形。

（11）申请人提出行政复议申请时错列被申请人的，行政复议机关应当告知申请人变更被申请人。申请人不变更被申请人的，行政复议机关不予受理，或者驳回行政复议申请。

（12）申请人向行政复议机关申请行政复议，行政复议机关已经受理的，在法定行政复议期限内申请人不得向人民法院提起行政诉讼；申请人向人民法院提起行政诉讼，人民法院已经依法受理的，不得申请行政复议。

7. 税务行政复议的受理

（1）复议机关收到行政复议申请后，应当在5日内进行审查，对不符合规定的行政复议申请，决定不予受理，并书面告知申请人；对符合规定，但是不属于本机关受理的行政复议申请，应当告知申请人向有关行政复议机关提出申请。

（2）对符合规定的行政复议申请，自复议机关法制工作机构收到之日起即为受理；受理行政复议申请，应书面告知申请人。

（3）对应当先向复议机关申请行政复议，对行政复议决定不服再向人民法院提起行政诉讼的具体行政行为，复议机关决定不予受理或者受理后超过复议期限不做答复的，纳税人和其他税务当事人可以自收到不予受理决定书之日起，或者行政复议期满之日起15日内，依法向人民法院提起行政诉讼。

（4）纳税人及其他税务当事人依法提出行政复议申请，复议机关无正当理由不予受理且申请人没有向人民法院提起行政诉讼的，上级税务机关应当责令其受理；必要时，上级税务机关也可以直接受理。

（5）行政复议期间税务具体行政行为不停止执行。但是，存在下列情形之一的，可以停止执行：

①被申请人认为需要停止执行的。

②复议机关认为需要停止执行的。

③申请人申请停止执行，复议机关认为要求合理，决定停止执行的。

④法律、法规规定停止执行的。

8. 税务行政的复议决定

（1）行政复议原则上采用书面审查的办法，但是申请人提出要求或者税务机关内部负责行政复议的工作机构认为有必要时，应当听取申请人、被申请人和第三人的意见，并可以向有关组织和人员调查了解情况。

（2）复议机关内部有关工作机构应当自受理行政复议申请之日起7日内，将行政复议申请书副本或者行政复议申请笔录复印件发送被申请人。被申请人应当自收到申请书副本或者申请笔录复印件之日起10日内，提出书面答复，并提交当初作出具体行政行为的证据、依据和其他有关材料。

（3）申请人和第三人可以查阅被申请人提出的书面答复、作出具体行政行为的证据、依据和其他有关材料，除涉及国家秘密、商业秘密或者个人隐私外，复议机关不得拒绝。

（4）在行政复议过程中，被申请人不得自行向申请人和其他有关组织或者个人收集证据。

（5）行政复议决定作出前，申请人要求撤回行政复议申请的，经说明理由，可以撤回；撤回行政复议申请的，行政复议终止。

（6）申请人在申请行政复议时，依据本规则第八条规定一并提出对有关规定的审查申请的，复议机关对该规定有权处理的，应当在30日内依法处理；无权处理的，应当在7日内按照法定程序转送有权处理的行政机关依法处理，有权处理的行政机关应当在60日内依法处理。处理期间，中止对具体行政行为的审查。

（7）复议机关在对被申请人作出的具体行政行为进行审查时，认为其依据不合法，本机关有权处理的，应当在30日内依法处理。无权处理的，应当在7日内按照法定程序转送有权处理的行政机关依法处理。处理期间，中止对具体行政行为的审查。

（8）复议机关内部有关工作机构应当对被申请人作出的具体行政行为进行合法性与适当性审查，提出意见，经复议机关负责人同意，按照下列规定作出行政复议决定：

①具体行政行为认定事实清楚，证据确凿，适用依据正确，程序合法，内容适当的，决定维持。

②被申请人不履行法定职责的，决定其在一定期限内履行。

③具体行政行为存在下列情形之一的，决定撤销、变更或者确认该具体行政行为违法；决定撤销或者确认该具体行政行为违法的，可以责令被申请人在一定期限内重新作出具体行政行为：

Ⅰ. 事实不清、证据不足的；

Ⅱ. 适用依据错误的；

Ⅲ. 违反法定程序的；

Ⅳ. 超越或者滥用职权的；

Ⅴ. 具体行政行为明显不当的。

复议机关责令被申请人重新作出具体行政行为的，被申请人不得以同一事实和理由作出与原具体行政行为相同或者基本相同的具体行政行为。

④被申请人不按照规定提出书面答复，提交当初作出具体行政行为的证据、依据的，应决定撤销该具体行政行为。

重大、疑难的复议申请，复议机关应集体讨论决定。重大、疑难复议申请的标准，由各复议机关自行确定。

（9）申请人在申请行政复议时可以一并提出行政赔偿请求，复议机关对符合国家赔偿法的有关规定应予赔偿的，在决定撤销、变更具体行政行为或者确认具体行政行为违法时，应当同时决定被申请人依法给予赔偿。

申请人在申请行政复议时没有提出行政赔偿请求的复议机关在依法决定撤销或者变更原具体行政行为确定的税款、滞纳金、罚款以及对财产的扣押、查封等强制措施时，应当同时责令被申请人退还税款、滞纳金和罚款，解除对财产的扣押、查封等强制措施，或者赔偿相应的价款；税务机关退还多征纳税人多缴的税款时，应加算银行同期存款利息。

（10）复议机关应当自受理申请之日起60日内作出行政复议决定。情况复杂，不能在规定期限内作出行政复议决定的，经复议机关负责人批准，可以适当延长，并告知申请人和被申请人；但是延长期限最多不超过30日。

复议机关作出行政复议决定，应当制作行政复议决定书，并加盖公章。

行政复议决定书一经送达，即发生法律效力。

（11）被申请人应当履行行政复议决定。被申请人不履行或者无正当理由拖延履行行政复议决定的，复议机关或者有关上级行政机关应当责令其限期履行。

（12）申请人逾期不起诉又不履行行政复议决定的，或者不履行最终裁决的行政复议决定的，按照下列规定分别处理：

①维持具体行政行为的行政复议决定，由作出具体行政行为的行政机关依法强制执行，或者申请人民法院强制执行。

②变更具体行政行为的行政复议决定，由复议机关依法强制执行，或者申请人民法院强制执行。

10.2.3 税务行政诉讼

1. 税务行政诉讼的概念

行政诉讼是人民法院处理行政纠纷、解决行政争议的法律制度，与刑事诉讼、民事诉讼一起，共同构筑起现代国家的诉讼制度。《行政诉讼法》颁布实施后，人民法院审理行政案件以及公民、法人和其他组织与行政机关进行行政诉讼进入了一个有法可依的新阶段。税务行政诉讼作为行政诉讼的一个重要组成部分，也必须遵循《行政诉讼法》所确立的基本原则和普遍程序；同时税务行政诉讼又不可避免地具有本部门的特点。

税务行政诉讼是指公民、法人和其他组织认为税务机关及其工作人员的具体税务行政行为违法或者不当，侵犯了其合法权益，依法向人民法院提起行政诉讼，由人民法院对具体税务行政行为的合法性进行审查并作出裁决的司法活动。目的是保证人民法院正确、及时审理税务行政案件，保护纳税人、扣缴义务人等当事人的合法权益，维护和监督税务机关依法行使行政职权。

2. 税务行政诉讼的特殊性

从税务行政诉讼与税务行政复议及其他行政诉讼活动的比较中可以看出，税务行政诉讼具有以下特殊性：

（1）税务行政诉讼是由人民法院进行审理并作出裁决的一种诉讼活动。这是税务行政诉讼与税务行政复议的根本区别。税务行政复议和税务行政诉讼是解决税务行政争议的两条重要途径。由于税务行政争议范围广、数量多、专业性强，大量税务行政争议由税务机关以税务复议方式解决，只有由人民法院对税务进行审理并作出裁决的活动，才是税务行政诉讼。

（2）税务行政诉讼以解决税务行政争议为前提，这是税务行政诉讼与其他行政诉讼活动的根本区别，具体体现在：

①被告必须是税务机关，或经法律、法规授

权的行使税务行政管理权的组织，而不是其他行政机关或组织。

②税务行政诉讼解决的争议发生在税务行政管理过程中。

③因税款征纳问题发生的争议，当事人在向人民法院提起行政诉讼前，必须先经税务行政复议程序，即复议前置。

3. 税务行政诉讼的原则

除共有原则外（如人民法院独立行使审判权，实行合议、回避、公开、辩论、两审、终审等），税务行政诉讼还必须和其他行政诉讼一样，遵循以下特有原则：

（1）人民法院特定主管原则，即人民法院对税务行政案件只有部分管辖权。根据《行政诉讼法》规定，人民法院只能受理因具体行政行为引起的税务行政争议案。

（2）合法性审查原则，除审查税务机关是否滥用权力、税务行政处罚是否显失公正外，人民法院只对具体税务行为是否合法予以审查，并不审查具体税务行为的适当性。与此相适应，人民法院原则上不直接判决变更。

（3）不适用调解原则，税收行政管理权是国家权力的重要组成部分，税务机关无权依自己意愿进行处置。因此，人民法院也不能对税务行政诉讼法律关系的双方当事人进行调解。

（4）起诉不停止执行原则，即当事人不能以起诉为理由停止执行税务所作出的具体行政行为，如税收保全措施和税收强制执行措施。

（5）税务机关负举证责任原则，由于税务行政行为是税务机关单方依一定事实和法律作出的，因此只有税务机关最了解作出该行为的证据。如果税务机关不提供或不能提供证据，就可能败诉。

（6）由税务机关负责赔偿的原则，依据《中华人民共和国国家赔偿法》的有关规定，税务机关及其工作人员因执行职务不当，给当事人造成人身及财产损害，应负担赔偿责任。

4. 税务行政诉讼的管辖

税务行政诉讼管辖，是指人民法院受理第一审税务案件的职权分工。《行政诉讼法》第十三条至第二十三条详细具体地规定了行政诉讼管辖的各类和内容。这对税务行政诉讼当然也是适用的。具体来讲，税务行政诉讼的管辖分为级别管辖、地域管辖和裁定管辖。

（1）级别管辖。

级别管辖是上下级人民法院之间，受理第一审税务案件的分工和权限。根据《行政诉讼法》的规定，基层人民法院管辖一般的税务行政诉讼案件；中高级人民法院管辖本辖区内重大、复杂的税务行政诉讼案件；最高人民法院管辖全国范围内重大、复杂的税务行政诉讼案件。

（2）地域管辖。

地域管辖是同级人民法院之间，受理第一审行政案件的分工和权限，分为一般地域管辖和特殊地域管辖两种。

①一般地域管辖，是指按照最初作出具体行政行为的机关所在地来确定管辖法院。凡是未经复议直接向人民法院提起诉讼的，或者经过复议，复议裁决维持原具体行政行为，当事人不服向人民法院提起诉讼的，根据《行政诉讼法》规定，均由最初作出具体行政行为的税务机关所在地人民法院管辖。

②特殊地域管辖，是指根据特殊行政法律关系或特殊行政法律关系所指的对象来确定管辖法院。税务行政案件的特殊地域管辖主要是指：经过复议的案件，复议机关改变原具体行政行为的，由原告选择最初作出具体行政行为的税务机关所在地的人民法院，或者复议机关所在地人民法院管辖。原告可以向任何一个有管辖权的人民法院起诉，最先收到起诉状的人民法院为第一审法院。

（3）裁定管辖。

裁定管辖是指人民法院依法自行裁定的管辖，包括移送管辖、指定管辖及管辖权的转移三种情况。

①移送管辖，是指人民法院将已经受理的案件，移送给有管辖权的人民法院审理。根据《行政诉讼法》规定，移送管辖必须具备三个条件：一是移送人民法院已经受理了该案件；二是移送法院发现自己对该案件没有管辖权；三是接受移送的人民法院必须对该案件确有管辖权。

②指定管辖，是指上级人民法院以裁定的方式，指定某下一级人民法院管辖某一案件。根据《行政诉讼法》规定，有管辖权的人民法院因特殊原因不能行使对行政诉讼的管辖权的，由上级人民法院指定管辖；人民法院对管辖权发生争议且协商不成的，由它们共同的上级人民法院指定管辖。

③管辖权的转移，根据《行政诉讼法》规定，上级人民法院有权审理下级人民法院管辖的第一审税务行政案件，也可以将自己管辖的第一审行政案件移交下级人民法院审判；下级人民法院对其管辖的第一审税务行政案件，认为需要由上级人民法院审判的，可以报请上级人民法院决定。

5. 税务行政诉讼的受案范围

税务行政诉讼的受案范围，是指人民法院对税务机关的哪些行为拥有司法审查权。换言之，公民、法人或者其他组织对税务机关的哪些行为不服可以向人民法院提起税务行政诉讼。在实际生活中，税务行政争议种类多、涉及面广，不可能也没有必要都诉诸人民法院通过诉讼程序解决。界定税务行政诉讼的受案范围，便于明确人民法院、税务机关及其他国家机关间在解决税务行政争议方面的分工和权限。

税务行政诉讼案件的受案范围除受《行政诉讼法》有关规定的限制外，也受《征管法》及其他相关法律、法规的调整和制约。具体来说，税务行政诉讼的受案范围与税务行政复议的受案范围基本一致，包括：

（1）税务机关作出的征税行为：一是征收税款、加收滞纳金；二是扣缴义务人、受税务机关委托的单位作出代扣代缴、代收代缴行为及代征行为。

（2）税务机关作出的责令纳税人提交纳税保证金或者纳税担保行为。

（3）税务机关作出的行政处罚行为：一是罚款；二是没收违法所得；三是停止出口退税权；四是收缴发票和暂停供应发票。

（4）税务机关作出的通知出境管理机关阻止出境行为。

（5）税务机关作出的税收保全措施：一是书面通知银行或者其他金融机构冻结存款；二是扣押、查封商品、货物或者其他财产。

（6）税务机关作出的税收强制执行措施：一是书面通知银行或者其他金融机构扣缴税款；二是拍卖所扣押、查封的商品、货物或者其他财产抵缴税款。

（7）认为符合法定条件申请税务机关颁发税务登记证和发售发票，税务机关拒绝颁发、发售或者不予答复的行为。

（8）税务机关的复议行为：一是复议机关改变了原具体行政行为；二是期限届满，税务机关不予答复。

6. 税务行政诉讼的起诉和受理

（1）税务行政诉讼的起诉。

税务行政诉讼的起诉，是指公民、法人或者其他组织认为自己的合法权益受到税务机关具体行政行为的侵害，而向人民法院提出诉讼请求，要求人民法院行使审判权，依法予以保护的诉讼行为。起诉，是法律赋予税务行政管理相对人、用以保护其合法权益的权利和手段。在税务行政诉讼等行政诉讼中，起诉权是单向性的权利，税务机关不享有起诉权，只有应诉权，即税务机关只能作为被告；与民事诉讼不同，作为被告的税务机关不能反诉。

纳税人、扣缴义务人等税务管理相对人在提起税务行政诉讼时，必须符合下列条件：

①原告是认为具体税务行为侵犯其合法权益的公民、法人或者其他组织。

②有明确的被告。

③有具体的诉讼请求和事实、法律根据。

④属于人民法院的受案范围和受诉人民法院管辖。

此外，提起税务行政诉讼，还必须符合法定的期限和必经的程序。根据《征管法》规定，对税务机关的征税行为提起诉讼，必须先经过复议；对复议决定不服的，可以在接到复议决定书之日起15日内向人民法院起诉。对其他具体行政行为不服的，当事人可以在接到通知或者知道之日起6个月内直接向人民法院起诉。

税务机关作出具体行政行为时,未告知当事人诉权和起诉期限,致使当事人逾期向人民法院起诉的,起诉期限从当事人实际知道诉权或者起诉期限时计算。但最长不得超过2年。

(2) 税务行政诉讼的受理。

原告起诉,经人民法院审查,认为符合起诉条件并立案审理的行为,称为受理。对当事人的起诉,人民法院一般从以下几方面进行审查并作出是否受理的决定:一是审查是否属于法定的诉讼受案范围;二是审查是否具备法定的起诉条件;三是审查是否已经受理或者正在受理;四是审查是否有管辖权;五是审查是否符合法定的期限;六是审查是否经过必经复议程序。

根据法律规定,人民法院接到诉状,经过审查,应当在7日内立案或者作出裁定不予受理。原告对不予受理的裁定不服的,可以提起上诉。

7. 税务行政诉讼的审理和判决

(1) 税务行政诉讼的审理。

人民法院审理行政案件实行合议、回避、公开审判和两审终审的审判制度。审理的核心是审查被诉具体行政行为是否合法,即作出该行为的税务机关是否依法享有该税务行政管理权;该行为是否依据一定的事实和法律作出;税务机关作出该行为是否遵照必备的程序等。

根据《行政诉讼法》第五十二条、第五十三条的规定,人民法院审查具体行政行为是否合法,依据法律、行政法规和地方性法规(民族自治地方的自治条例和单行条例);参照部门规章和地方性规章。

(2) 税务行政诉讼的判决。

人民法院对受理的税务行政案件,经过调查、收集证据、开庭审理之后,分别作出如下判决:

①维持判决。适用于具体行政行为证据确凿,适用法律、法规正确,符合法定程序的案件。

②撤销判决。被诉的具体行政行为主要证据不足,适用法律、法规错误,违反法定程序,或者超越职权、滥用职权,人民法院应判决撤销或部分撤销,同时可判决税务机关重新作出具体行政行为。

③履行判决。税务机关不履行或拖延履行法定职责的,判决其在一定期限内履行。

④变更判决。税务行政处罚显失公正的,可以判决变更。

对一审人民法院的判决不服,当事人可以上诉。对发生法律效力的判决,当事人必须执行,否则人民法院有权依对方当事人的申请予以强制执行。

项目小结

本项目介绍了税收征收管理法、税务管理、税务征收、税务检查、法律责任、税务行政处罚、税务行政复议和税务行政诉讼。

思考与练习

一、单项选择题

1. 根据《征管法》的规定，以假报出口或者其他欺骗手段，骗取国家出口退税款，由税务机关追缴其骗取的退税款，并处（ ）的罚款；构成犯罪的，依法追究刑事责任。

   A. 2 000 元以下
   B. 2 000 元以上 5 000 元以下
   C. 骗取税款 1 倍以上 5 倍以下
   D. 骗取税款 50% 以上 3 倍以下

2. 根据《征管法》规定，下列各项中对税款的退还和追征表述正确的是（ ）。

   A. 纳税人多缴纳的税款，税务机关发现后应当立即退还，并加算银行同期存款利息
   B. 因税务机关责任，纳税人少缴纳税款的，税务机关可在 3 年内要求纳税人补缴税款，同时加收滞纳金
   C. 因纳税人计算失误，税务机关可在 3 年内追征税款、滞纳金；特殊情况的，追征期可延长到 5 年
   D. 纳税人偷税、抗税、骗税的，税务机关追征期可延长至 10 年

3. 纳税人不能按照税法规定的纳税期限缴纳税款，（ ）不足以缴纳税款的，可申请延期纳税。

   A. 当期银行存款在扣除应付职工工资、社会保险费后
   B. 当期货币资金在扣除应付职工工资、社会保险费后
   C. 当期货币资金在扣除银行存款及各项上交款项后
   D. 当期货币资金在扣除应付职工工资和应计提的公益金、公积金以后

4. 下列关于退还纳税人多缴税款的表述中，正确的是（ ）。

   A. 纳税人发现多缴税款但距缴款日期已超过 3 年的，税务机关不再退还多缴税款
   B. 税务机关发现多缴税款的，在退还税款的同时，应一并计算银行同期存款利息
   C. 税务机关发现多缴税款但距缴款日期已超过 3 年的，税务机关不再退还多缴税款
   D. 纳税人发现当年预缴企业所得税款超过应缴税额的，可要求退款并加计银行同期存款利息

5. 因纳税人、扣缴义务人计算错误等失误，未缴或者少缴税款的，税务机关在 3 年内可以追征税款、滞纳金；存在特殊情况的，追征期可以延长到（ ）。

   A. 5 年 B. 7 年 C. 10 年 D. 无限期

二、多项选择题

1. 下列各项中，适用纳税信用管理试行办法的有（ ）。

   A. 已办理税务登记，从事生产、经营并适用查账征收的企业
   B. 从首次在税务机关办理涉税事宜之日起时间不满 1 个评价年度的企业
   C. 评价年度内无生产经营业务收入的企业
   D. 适用企业所得税核定征收办法的企业

2. 下列所示的各种税费中，不适用《征管法》的有（ ）。

   A. 房产税 B. 教育费附加
   C. 土地增值税 D. 关税

3. 根据《征管法》和《税务登记管理办法》的有关规定，下列各项中应当进行税务登记的有（ ）。

   A. 从事生产经营的事业单位
   B. 企业在境内其他城市设立的分支机构

C. 不从事生产经营只缴纳车船税的社会团体

D. 有来源于中国境内所得但未在中国境内设立机构、场所的非居民企业

4. 根据《征管法》和《税务登记管理办法》的有关规定，下列各项中应当进行税务登记的有（　　）。

A. 个体工商户

B. 无固定生产、经营场所的流动性农村小商贩

C. 国家机关

D. 从事生产、经营的事业单位

5. 根据《征管法》规定，下列属于纳税申报对象的有（　　）。

A. 代扣代缴义务人

B. 享受减税的纳税人

C. 纳税期内没有应纳税款的纳税人

D. 享受免税的纳税人

三、判断题

1. 企业在外地设立从事生产、经营的场所不需要办理税务登记。（　　）

2. 纳税人在减免税期间不需办理纳税申报。（　　）

3. 任何单位和个人不得转借、转让、代开发票。（　　）

4. 税务机关行使代位权，可以免除欠缴税款的纳税人尚未履行的纳税义务和应承担的法律责任。（　　）

5. 《征管法》属于税收程序。（　　）

四、简答题

1. 简述税务登记的概念。

2. 税务检查的方式有哪些？

3. 税务检查的形式有哪些？

REFERENCE 参考文献

[1] 杨则文. 纳税实务[M]. 北京：中国财政经济出版社，2020.

[2] 伊虹，田淑华. 纳税实务[M]. 北京：清华大学出版社，2017.

[3] 梁文涛，苏衫. 纳税筹划实务[M]. 大连：东北财经大学出版社，2019.

[4] 朱淑梅，邓亚丽，孔令一. 纳税申报实务[M]. 上海：立信会计出版社，2021.

[5] 张瑞珍. 纳税实务[M]. 北京：人民邮电出版社，2021.